논술 필수문장·핵심용어 1

논술 필수문장 · 핵심용어 1

발행일	2016년 10월 12일		
지은이	전 왕		
펴낸이	손 형 국		
펴낸곳	(주)북랩		
편집인	선일영	편집	이종무, 권유선, 안은찬, 김송이
디자인	이현수, 이정아, 김민하, 한수희	제작	박기성, 황동현, 구성우, 양수연
마케팅	김회란, 박진관		
출판등록	2004. 12. 1(제2012-000051호)		
주소	서울시 금천구 가산디지털 1로 168, 우림라이온스밸리 B동 B113, 114호		
홈페이지	www.book.co.kr		
전화번호	(02)2026-5777	팩스	(02)2026-5747

ISBN   979-11-5987-203-7 04370 (종이책)   979-11-5987-204-4 05370 (전자책)
        979-11-5987-202-0 04370 (세트)

이 도서의 국립중앙도서관 출판예정도서목록(CIP)은 서지정보유통지원시스템 홈페이지(http://seoji.
nl.go.kr)와 국가자료공동목록시스템(http://www.nl.go.kr/kolisnet)에서 이용하실 수 있습니다.
(CIP제어번호 : CIP2016023904)

현직 변호사가 엄선하고 해설한 인류 최고 사상가들의 명문장

논술
필수문장
핵심용어

전 왕 지음

북랩 book Lab

I·N·T·R·O

학생들의 사고력과 창의력을 평가한다는 취지에서 도입된 논술평가는 바람직한 것이지만, 평소에 에세이 작성, 토론 등으로 자기 생각을 가다듬을 기회가 없었고 논술에 대한 교육 매뉴얼이나 커리큘럼, 준비된 교사가 없었기에 많은 혼란을 겪어 왔습니다. 저자 역시 학부형으로서 아이에게 논술을 어떻게 가르칠 것인가를 고민하고 쓸만한 논술교재를 찾아보았으나 분야별로 골고루 잘 정리된, 동서양 사상의 흐름을 관통하는 명쾌한 논리를 갖춘 교재를 찾을 수 없었습니다. 수능, 내신 준비에도 바쁜 수험생들이 그 많은 논술 필독서를 언제 읽고 언제 정리하여 소화할 시간이 있겠는가 생각하여 내 아이가 대학에 가기 전에 뭔가 정리를 해두어야 한다는 생각이 들었습니다.

변호사가 매일같이 해야 하는 일은 사안의 쟁점을 파악하고 설득력 있는 논리와 이를 뒷받침하는 증거를 제시하여 승소판결을 받아내는 것인데 이것은 제시문의 쟁점을 파악하여 논리와 증거를 제시하고 채점관을 설득하여 고득점을 받아내는 과정과 거의 같습니다. 이 때문에 변호사가 논술교재를 집필하게 되면 교사들과 다른 시각을 제공함으로써 수험생들에게 도움이 될 수도 있을 것으로 생각하게 되었습니다.

이후 논술 필독서로 알려진 수많은 책을 탐독하였고 논술 기출문제를 분석하였습니다. 그 과정에서 논술의 전체적인 흐름과 통로가 보였습니다. 과거 및 현재 모든 분야의 선지자, 석학들의 사상의 핵심을 정리하여 해설과 의견을 덧붙이면 그 많은 논술 필독서들을 다 읽고 정리하여 자기 생각을 가다듬을 시간을 대폭 줄여줄 수 있다는 생각이 들었습니다. 오랫동안의 고된 과정을 거친 후 정리된 교재로 출간한 것은 『카툰 인문학』 시리즈입니다. 그러나 그림이 많은 지면을 차지하는 카툰의 특성상 기본적인 내용 이외에 수많은 분야의 다양한 내용을 다 담을 수가 없었기에 거기에서 다루지 못한 것을 논술 필수문장·핵심용어로 명명하여 논술교재로 발간하게 되었습니다.

논술과 토론에서 어떤 논리를 전개하여 타인을 설득할 것인가, 강의나 연설에서 어떤 인용문을 활용하여 대중의 마음을 움직일 것인가 하는 것은 고민이 아닐 수 없습니다. 우리는 이 같은 문제에 직면하여 인간과 자연에 대한 근본적인 통찰이 담겨 있는 명언들을 자주 이용하곤 합니다.

예컨대 "너 자신을 알라"(소크라테스), "날아가는 화살은 멈춰있다"(제논), "인간은 만물의 척도"(프로타고라스), "시간은 계량할 수 없다. 영원한 현재만이 있을 뿐"(아우구스티누스), "실천이성은 우리에게 도덕법칙을 부과한다"(칸트), "인간에게는 낯선 것에 대한 본능적 두려움과 공격성이 있다"(프로이트), "실존은 본질에 앞선다"(사르트르), "인간의 욕망은 타자에 대한 욕망이다"(라캉), "사유는 인간의 능력이 아니라 의무다"(한나 아렌트), "아이디어도 예술이다"(뒤샹), "지도가 세계를 덮고 있다"(장 보드리야르), "빈곤은 위계적이지만 스모그는 민주적이다"(울리히 벡), "자본 수익률의 증가는 세습자본주의를 초래하여 불평등을 심화시킨다"(토마 피케티) 등 고대부터 현재까지 다방면의 선지자들이 남긴 명언에는 우리 삶의 모든 영역에서 인간의 통찰력과 지혜가 담겨 있기 때문에 지금까지 논술시험에 단골로 출제되고 있으며 토론의 주제로 빠짐없이 다루어지고 있습니다.

또 강의나 연설에서 인용문으로도 자주 활용되고 있습니다. 위와 같은 말들이 어떤 깨달음을 주고자 한 것인가를 살펴보는 것은 세계에 대한 다양한 시각을 제공하고 우리의 시각을 바꾸거나 넓힐 수 있게 해주며 경솔한 어리석음을 범하지 않도록 가르침을 줍니다. 인류사상의 핵심을 담고 있는 말들은 논술 준비에 꼭 필요한 필수문장으로서 위와 같은 말들을 이해하고 사유능력을 기르는 것은 논술과 토론준비에서 많은 시간을 절약해주는 좋은 방법이 될 수 있을 것입니다.

고대부터 지금에 이르기까지에는 수많은 사상가의 다양한 주장과 이론이 있습니다. 이 책에서는 그 주장과 이론이 진실성이 있는지, 잘못되었거나 시대에 뒤처진 면이 있는지, 올바른 시각을 제공하고 있는지를 고심하여 논술과 토론에 필수불가결한 문장을 엄선하였습니다. 그리고 필자 스스로의 판단에 한계가 있고 해석이 완벽하지 않다는 점을 감안하여 다른 의견들을 검토하고 반대 견해를 소개함으로써 비판적으로 검토하고 다르게 생각하거나 새로운 측면을 볼 기회를 제공하고자 노력하였습니다.

또 논술을 전개함에 있어 꼭 알아야 할 핵심용어를 정리하였습니다. 독자 여러분은 이 책에 소개된 인류 최고 사상가들의 사상과 가르침을 무작정 따를 것이 아니라 그 시대적 배경과 의미를 이해하고 현재의 시점에서 다시 생각해 보고 스스로의 생각의 방향을 잡아 자신의 정신으로 생각하여 자신의 것으로 만들 필요가 있습니다. 이 책을 통하여 에세이 작성능력을 기르고 논술·구술시험에 도움이 될 수 있기를 바랍니다.

재판 준비업무로 바쁜 와중에도 헌신적으로 원고 정리작업을 도와준 비서 탁수정 님께 감사드립니다.

2016. 10.
서초동 사무실에서
변호사 전왕

C·O·N·T·E·N·T·S

제1장

논술 필수문장

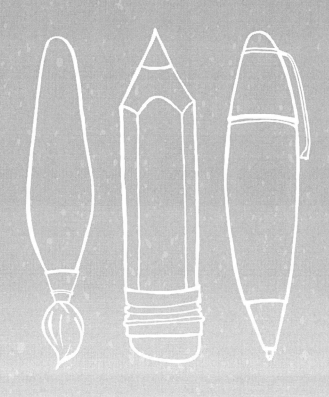

제1절 인간

1. 인간은 열려있는 존재다

 동물들은 처음부터 생존에 어려움이 없도록 완전한 기능을 가지고 태어나 죽을 때까지 그 기능만 사용하면서 본능에 의존하며 살아간다. 즉, 동물은 자연이 구축해 놓은 프로그램에 전적으로 따르고 스스로 발전할 능력이 없다.

 인간은 미완성의 존재로 태어나지만, 교육과 학습 등 부단한 노력을 통해 잠재력을 개발하고 더욱 성숙한 존재로 나아갈 수 있다. 인간은 유전자, 본능에 고정되어 있는 존재가 아니라 자유 의지에 의해 행동과 삶의 방식을 스스로 결정하고 삶을 개척해 나간다. 인간은 무한한 발전 가능성을 가지고 있으며 인간의 삶은 미래를 향해 열려있다는 점에서 인간은 열려있는 존재다.

....

• 인간은 자유 의지가 있기 때문에 자연이 구축해 놓은 프로그램에 따르지 않고 스스로를 개선해 나갈 수 있다.

....

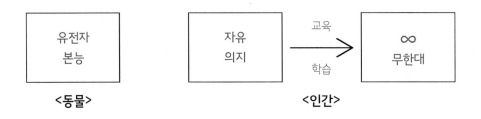

2. 인간은 만물의 척도 - 프로타고라스

굶주린 자의 눈에 보이는 세계는 배부른 자의 것과는 다르다. 추위에 떠는 자에게는 바람이 시리나 떨지 않는 자에게는 그렇지 않다. 누구의 감각이 옳은 것인지는 알 수 없고 감각으로 인지되는 것들은 나름대로 다 진실이다.

모든 인간은 각자의 기준과 전제조건으로 만사를 판별한다는 점에서 자기 나름대로는 만물의 척도이다. 인간의 감각과 기분은 시시각각으로 변하는 것이므로 객관적 진실은 존재하지 않는다.

• 인간이 만물의 척도라는 것은 인류 전체가 보편적 인식의 틀로 자연을 체계화할 수 있다든가 인간이 자연 위에 군림해야 한다는 의미로는 해석하지 않는 것이 보편적이다.

3. 인간은 사회적 동물이다 - 아리스토텔레스

인간은 혼자서 수많은 욕망을 만족하게 해 줄 다양한 수단을 확보할 수 없고 자연상태에서는 안전을 확보할 수 없기 때문에 사회적 삶을 선택한다. 사회제도와 문명은 약육강식, 적자생존의 냉혹한 자연법칙으로부터 인간을 보호해 준다.

인간의 자아실현과 행복은 공동체 안에서만 실현이 가능하며 공동체는 개인의 이익에 궁극적으로 이바지한다. 야수나 신이 아닌 이상 인간은 사회 공동체를 필요로 한다.

• 사람은 사람 사이에서만 인간일 수 있다. 인간人間은 사람人과 사이間를 합친 말로서 사람은 사람 사이에서만 인간일 수 있음을 나타낸다.
• 인간은 태어나면서부터 사회에 속해 있으며 우리가 가진 모든 것은 사회와의 관계에서 획득한 것들이다. 무인도에서는 신체를 치장할 필요도 없고 열정을 쏟아 작품을 만들 필요도 없고 거짓말을 할 필요도 없다. 인간의 삶은 사회를 떠나서는 아무런 의미가 없는 것이다.

4. 인간은 정신적, 윤리적 존재다

인간의 생명은 단순한 생리 현상 또는 생물학적으로 살아 있다는 것만을 의미하는 것이 아니라 영혼을 포함하는 것으로 가치·의미와 필연적 관련성이 있다. 즉, 생명은 자유, 영혼, 신성 등을 포함하는 고차원적인 개념으로서 생리적 작용을 넘어서는 정신적 원리를 포함하고 있다.

대부분 인간은 살기 위해 아무 짓이나 저지르며 살아가지 않는다. 인간은 정신적·윤리적 존재로서 생물적 삶에 만족하지 않고 자신의 이상과 가치를 실현하면서 살아가고자 하며 생명의 위협을 무릅쓰고라도 지켜야 할 소중할 가치가 있다고 생각한다.

....

- 사람들은 살기를 바라지만 삶보다 더 간절히 바라는 것이 있으므로 구차하게 삶을 얻으려 하지 않는다. - 맹자
- 인간은 정신적·윤리적 존재이므로 생물적 삶을 초월한 가치를 생각한다. 윤리 문제는 인간이 삶을 초월한 가치를 상정하는 순간부터 대두하며 고귀하고 성스럽게 나타난다. 즉, 그것을 위해 고생할 만하고 희생을 감수하겠다는 판단이 선다면 윤리라고 부를 수 있다. 인간이 자신을 희생하는 것은 생물적 목숨을 잃더라도 정신적 목숨을 보전하겠다는 것이다.
- 인간을 육체적 존재로만 본다면 유전자 결정론에 빠질 수 있고 인격이나 도덕적 주체성을 부정하게 되어 윤리적 행위가 불가능하게 될 것이며 책임회피, 가치붕괴의 상황을 맞이할 수 있다.

....

5. 도덕의식은 인간에게 자연스러운 것이다

인간의 운명은 본능에 의해 정해져 있지 않다. 인간은 주어진 것에 무조건 따르지 않을 수 있는 이성과 자유 의지를 가지고 있다. 인간은 도덕적 인격체로서 다른 존재와 구별되는 지혜, 용기, 절제, 관용 등의 미덕을 지니고 있으며 이성을 사용하여 문화를 발전시켜 나가는 존재이다. 따라서 이성을 사용하여 도덕적인 행위를 한다는 것은 인간에게는 자연스러운 일이다.

이성의 사유는 끊임없이 생각하고 반성하는 특징을 가지고 있으며 이성을 도구로 활용하여 타당성을 무시하고 효율성만을 앞세워 전쟁, 자연파괴를 일삼는 것은 자연스럽지 못한 것이다.

6. 사유는 인간의 능력이 아니라 의무다 - 한나 아렌트

인간이 끔찍한 악행을 저지르는 가장 중요한 이유는 그 사람의 잔혹성이나 이상 인격, 어리석음에 있는 것이 아니라 생각없음(무사유)이라는 악의 평범성 banality of evil에 있다. 무사유thoughtlessness는 인간 속에 존재하는 모든 악을 합친 것보다 더 많은 파멸을 가져올 수 있다. 인간의 의무는 명령이 아니라 사유능력, 자율적 의사결정에 의해서만 정당화될 수 있으며 사유는 인간의 능력이 아니라 의무다.

- 유대인 학살에 핵심적으로 관여하였다가 예루살렘에서 재판을 받게 된 아이히만은 관료사회의 규칙을 잘 지키고, 근면하고 승진을 꿈꾸었던 평범한 독일인이었다. 인간은 이념이나 공동체를 위한다는 명분으로 잘못된 신념에 의해 수많은 악을 저지른다.
- 인간의 사유능력을 일깨우고 무지를 시정하기 위해 교육하는 것도 인간의 의무다.

7. 인간이 기능, 효용성으로만 평가된다면 도구와 다름이 없다

도구는 기능, 효용으로 평가되며 성능과 품질이 더 좋은 새 것이 나오면 언제든지 바꿔서 사용할 수 있다. 인간도 기능과 이용가치로만 평가하면 인간관계가 도구적 관계가 되어 솜씨나 서비스가 좋지 못하거나 계약이행을 게을리하면 언제든지 다른 사람으로 대체될 수 있다. 도구적 관계는 계약으로 성립·유지 된다.

한편 전체주의 국가에서는 인민들이 독재자의 호화생활과 정권유지를 위한 도구로 이용된다. 반면 부모와 자식, 부부, 친구 관계 등 혈연과 신뢰, 사랑을 기반으로 하는 관계는 대체가 불가능하고 서로가 존중하고 배려하며 친밀감과 유대감, 정서적 안정감을 확보하게 된다.

8. 인간의 본성은 선하다. 그것은 물이 아래로 흐르는 것과 같다
   - 맹자

고자는 "인간의 본성은 웅덩이에 고여 있는 물과 같아서 동쪽으로 터놓으면 동쪽으로 흐르고 서쪽으로 터놓으면 서쪽으로 흐른다"고 하였다. 이에 대하여 맹자는 "물이 동서의 구분은 없지만 위아래의 구분도 없겠는가"라고 하면서 물의 본성은 아래로 흐르는 것이며 사람의 성품이 선한 것도 물이 아래로 흐르는 것과 같다고 하였다.

어린아이가 우물에 빠지려고 하는 것을 본다면, 놀라며 측은히 여기는 마음이 생기는 것은 인간의 자연스러운 성향이며 어린아이의 부모와 교제를 맺거나 동네 사람들로부터 칭찬을 받기 위한 것도 아니라는 것이다. 맹자는 인간의 본성은 선한데 욕심 때문에 악하게 되었다고 하였다. 맹자는 사람이 다니지 않으면 산길에 나무나 풀이 돋아서 길을 꽉 메우듯이 인간의 본성을 잘 펼쳐 쓰지 않으면 악해진다고 하면서 사리사욕을 멀리하고 인간의 선한 본성을 회복하는 수양과 실천을 강조하였다. 맹자에 의하면 인仁은 사람의 마음이요, 의義는 사람의 길이다.

9. 인간은 인간에게 늑대다Homo homini lupus - 토마스 홉스

홉스는 자연 그대로의 원초적 삶은 외롭고 가난하고 구역질 나며 짐승이나 다를 바 없고 단명할 것이라고 하였다. 즉, 인간이 그들 모두를 두렵게 하는 공통의 힘이 없이 사는 때에는 만인 대 만인의 전쟁상태에 있게 된다는 것이다.

인간은 자기보존의 욕구로, 자신의 만족을 위해 살아가며 영혼의 구원을 위해 노력하기보다는 정열과 감정, 본능에 이끌려 다니는 존재로서 사회적 인정, 부유함, 명예 등을 좇는 본능에 묶여있다.

아직도 부족 간의 전쟁, 내전, 범죄집단·테러집단과의 전쟁이 끝나지 않는 것을 보면 사람들의 안정과 평화를 위해 국가가 폭력을 독점해야 한다는 홉스의 지적은 설득력이 있다.

10. 인간은 팽이와 같이 움직이는 물건이며 채찍질이 움직임의
   원동력이다 - 토마스 홉스

홉스는 인간을 채찍을 휘둘러야 돌아가는 팽이에 비유하였다. 홉스에 의하면 인간은 자기보존 욕구로 조종되는 존재이며 정치는 이 욕구에 맞추어 행해져야 하고 국가는 엄격한 법과 감시, 강제로 국민을 보호해야 한다.

홉스에 의하면 칼 없는 계약은 말에 지나지 않고 힘에 대한 공포가 없다면 정의, 평등, 자비심 같은 것은 인간을 보호할 힘이 전혀 없는 단순한 말에 지나지 않는다.

11. 인간의 본성에는 분쟁의 원인이 있다 - 토마스 홉스

인간의 본성에 있는 분쟁의 원인은 경쟁심, 자신 없음, 영예이다. 인간은 타인보다 우월한 데서 즐거움을 느끼고 경쟁심으로 남에게 앞서고자 하며 자신 없음으로부터 자신을 보호하고 안정을 도모할 뿐 아니라 명성을 얻고자 한다. 이 때문에 폭력과 침략을 일삼고 분쟁이 끊이지 않는다.

• 홉스(1588~1679)는 인간을 자기의 존재를 보존하고 환락만을 바라는 이기적 존재로 보았다. 홉스가 살던 시대에는 처참한 종교전쟁과 치열한 계층 간 갈등, 근대국가의 해외 팽창과 식민지 경쟁의 시대였고 홉스 자신도 병적인 공포증을 갖고 있었다. 홉스의 부정적 인간관은 이러한 시대적 배경과 개인적 성향에서 이해할 수 있다.

12. 인간은 그들이 편안할 때 가장 곤란하다 - 토마스 홉스

동물들은 그들이 안전한 한 동료들에게 반감을 갖지 않는다. 그러나 인간은 그의 지혜를 과시하고 타인의 행동을 규제하고 싶어 한다. 또 인간은 자신을 지키기 위해 선수를 치고 안전을 위하여 점점 더 힘을 증대시키려고 하며 안전에 필요한 것 이상으로 인간을 지배하고 정복행위를 일삼는다. 따라서 인간은 그들이 편안할 때 가장 곤란하다.

13. 인간은 가장 약한 사람이라도 가장 강한 자를 죽이기에 충분한 힘을 가지고 있다 - 토마스 홉스

어떤 사람은 다른 사람보다 강한 신체와 명석한 두뇌를 가지고 있는 것이 사실이나 그 차이는 그렇게 크지 않다. 왜냐하면, 가장 약한 사람도 음모 또는 다른 사람들과 공모함으로써 가장 강한 자를 죽이기에 충분한 힘을 갖고 있기 때문이다. 즉, 인간은 사회성으로 능력의 차이를 극복할 수 있다.

14. 인간은 나무와 같은 존재다 - 존 스튜어트 밀

인간 존재로서의 가치는 사람이 무엇을 하는가 뿐만 아니라 그 일을 어떠한 방법으로 하는가에 달려 있다. 인간은 자신의 생활을 통해 자신을 완벽하게 만들고 미화하는 것이 정당화되는데 인간의 작품 가운데 가장 중요한 것은 당연히 그 자신이다.

인간 본성은 모형에 따라 형성되어 그에 부과된 작업을 정확하게 해내도록 설정된 로봇과 같은 존재가 아니라 자신을 생명체로 만드는 내면적 힘의 성향에 따라 모든 방향으로 발달하고 성장하기를 요구하는 나무와 같은 존재이다.

15. 인간은 도구를 만드는 동물이다

인간은 동물에 비하여 불완전한 신체적·생리적 조건으로 태어나지만, 도구를 만들어 사용하면서 불리한 조건을 극복하고 자연에 적응하면서 살아나간다. 동물들도 도구를 이용하는 사례가 있으나 그것은 자연물을 그대로 이용하는 정도에 그친다.

인간은 자연물을 가공하여 새로운 물건을 만들고 농기구, 무기, 교통수단 등의 유형의 도구뿐 아니라 결혼제도, 교육제도, 사법제도, 언어, 문자 등 무형의 도구도 만들어 사용한다. 또 인간은 도구를 만들어 한 번 쓰고 버리는 것이 아니라 그것을 보관하면서 지속적으로 사용한다는 점에서 자신을 현재에 가두지 않고 과거와 현재를 바탕으로 미래의 새로운 가능성을 열어나간다.

- 도구 의존성이 커짐에 따라 인간의 육체적·정신적 능력은 저하되었고 인간이 도구에 종속되어 도구가 오히려 인간의 삶을 지배하게 되는 것은 문제이다.

16. 육체를 경멸하는 것은 생을 경멸하고 인간을 부정하는 행위이다 - 니체

인간은 육체이며 영혼이다. 육체는 하나의 거대한 이성이자 다양한 실체이며, 전쟁과 동시에 평화이며 양 떼인 동시에 목자이다. 육체를 경멸하는 자들은 그들의 불행으로부터 달아나기 위해 샛길과 핏빛 음료를 만들어내고 신과 피안에 대한 환상을 만들어냈다. 육체를 경시하는 것은 덧없는 행복의 광기이다.

니체에 의하면 있는 그대로의 것을 긍정하지 못하고 피안의 세계를 위하여 지상의 삶을 저버리는 것, 육체와 대지에 등을 돌리고 신의 보상을 기대하며 저편의 세계를 동경하는 미망에 잠겨 있는 자들은 스스로의 의지와 결단에 따라 살아가지 못하는 병든 자들, 가식과 속임수로 살아가는 자들이며 창조자, 자유인으로 살아가지 못하는 자들이다.

- 육체는 인간의 가장 구체적 현실이다. 그러나 서양의 전통철학은 영혼과 정신을 중심으로 생각하였고 육체를 정신의 껍데기, 감옥, 도구, 원죄를 담고 있는 곳으로 생각했다. 특히 데카르트는 영혼과 분리된 신체는 하나의 기계나 고깃덩어리에 지나지 않는다고 하였다.
- 니체는 이러한 이성 중심의 사유를 반박하고 인간은 육체와 욕심을 있는 그대로 인정하고 신체에 대한 죄책감에서 벗어나야 한다고 주장하였다. 니체가 이성을 거부하고 감각과 육체의 해방, 성적 자유를 주장한 것은 아니다. 니체는 삶을 이루는 무수한 힘들이 조화를 이루어 더 풍요롭고 다채로우면서 더 강렬한 삶을 살도록 요구하였다.

17. 인간은 육체이며 영혼이다

- 신체와 정신은 다른 실체가 아니라 모두 신의 속성이다 - 스피노자

신(자연)은 만물의 근원이며 모든 것에 깃들어 있으며 무한한 존재이다. 육체와 정신은 서로 다른 실체가 아니라 모두(신) 자연의 속성이며 정신과 물질은 신을 중심으로 평행을 이루고 있다(스피노자의 심신평행론).

- 색불이공色不異空, 공불이색空不異色

○ 색色(물질)과 공空(실체가 없는 무한한 에너지)은 둘이 아닌 하나이며 정신과 물질, 마음과 몸은 하나이다.

○ 공空은 텅 비어 있는 상태가 아니라 무한한 에너지와 생명력의 바다이며 모든 것을 생성한다는 점에서 텅 빈 충만의 상태이다.

○ 마음이 움직이면 기氣가 움직이고 에너지를 끌어모아 물질이 형성되며 하나의 생각이 우주를 펼친다(일념즉시 무량겁, 一念卽是 無量劫).

- 신체는 육화된 의식으로서 정신은 신체에 체화되어 있다 - 메를로 퐁티

'나'라고 하는 의식은 몸 안에 깃들어 있는 것이며 '나'라고 하는 존재는 몸으로 존재하고 몸으로 지각된다. 우리는 몸을 통하여 세계를 이해하고 타자와 만나게 된다. 몸은 사물도 아니고 순수의식도 아니다. 신체는 일종의 육화된 의식으로서 정신의 수레가 아니라 정신이라는 꽃이나 열매가 달려 있는 나무와 같다. 인간은 육체와 정신의 복합체로서 육체이면서 정신이며 육체와 정신은 서로 영향을 미친다.

- 성리학의 이기론理氣論

이理는 사물의 필연적인 법칙, 인간의 선한 본성, 기氣는 우주 만물을 구성하는 질료, 인간의 육체, 감각적 욕구를 가리킨다. 이理와 기氣의 세계는 나뉘어질 수 없고, 분리되어 존재할 수 없으며 세상 만물은 반드시 이와 기가 함께 존재한다. 현상세계의 운동은 기氣에 의해 이루어지는 것이며 이理는 기氣의 틀 없이는 드러날 수 없다.

18. 실존은 본질에 앞선다 - 사르트르

연필, 의자, 컵 등의 도구는 인간이 만든 취지에 따라 그 본질이 이미 정해져 있다. 동물도 자연의 프로그램에 따라 본능에 고정되어 있다는 점에서 그 본질이 정해져 있다. 그러나 인간은 자유 의지에 따라 자연이 짜놓은 프로그램을 벗어날 수 있으며 본능에 따라 정해진 길을 가지 않는다.

인간은 그 본질이나 삶의 목적을 생각하기 전에 이 세계에 내던져져 있으며 구체적·실질적으로 현재 존재하고 있다. 생명을 가진 현실적 존재인 인간은 인간의 본질, 삶의 목적이 무엇이든 간에 일단 살아남아야 한다. 실존은 본질에 앞선다. 인간에게는 주어진 본질이 없으며 인간은 스스로 그 가치와 본질을 구축해 나가야 한다. 인간의 본질은 무엇이고 어떻게 살아야 하는가? 그것은 철학으로 묻고 삶으로 답하는 것이다.

- 플라톤 이래의 전통 서양철학에 의하면 본질이 먼저 만들어지고 본질을 원형으로 하여 실존이 만들어지며 실존은 본질의 그림자에 지나지 않는다. 기독교에서는 인간의 본질, 삶의 목적은 신의 섭리에 의해 이미 정해져 있고 인간은 신의 피조물로서 신의 섭리를 구현하기 위해 살아가야 하며 인간 개인의 존재(실존)는 부인된다.

- 실존주의 철학에 의하면 인간에게는 주어진 본질이 없기 때문에 자유 의지에 의해 스스로의 삶을 구축해 나가야 한다. 주어진 본질이 없다는 점에서 인간은 자유로운 존재이며 이 때문에 인간에게는 책임 윤리의 문제가 대두된다.

- 인간에게 주어진 본질이 있다면 차별이 정당화될 수도 있다.

19. 인간은 자기 자신을 대상화하여 스스로를 바라볼 수 있는 존재다 - 사르트르

사물들은 자기 존재에 대한 의식이 없이 그 자리에 그 상태로 남아 있는 즉자존재卽者存在, being in itself인데 비해 인간은 자기 자신을 대상화하여 스스로를 바라볼 수 있는 대자존재對者存在, being for itself이다. 즉, 인간은 자기 자신에 대해 반성을 할 줄 아는 존재이며 반성을 통하여 스스로의 본질을 만들어 나갈 수 있다는 점에서 인간은 미래의 삶을 결정할 수 있는 자유의 가능성을 확보하게 된다.

20. 인간은 자유롭게 태어났으나 어디에서나 사슬에 묶여 있다 - 루소

인간은 사회생활을 하게 되면서 관습, 규범에 얽매이고 자기형성 가능성을 틀 안에 가둔다. 사회에서는 항상 남들과 비교하고 타인을 의식하며 허영심이 강해지고 이기적으로 된다. 경쟁의식과 질시·불신에 시달려야 하며 타인을 의식하여 거짓말을 해야 한다. 주변의 기대와 강요 역시 인간의 자유를 억압한다. 자유로워 보이는 노예 주인 역시 노예들의 저항을 걱정하며 항상 조심해야 하기 때문에 자유롭지 못하다. 루소에 있어서 문명과 진보는 자연스러움과 선량함의 상실을 의미한다. 즉, 문명은 풍속의 향상에 기여하지 않았고 조작을 일삼고 잘못된 욕구를 일깨움으로써 오히려 인간을 타락시켰다는 것이다.

사회 속의 인간은 불신과 질시, 반사회적 자기애로 가득 차있다. 인간은 스스로의 내면에 따라 살아가지 못하고 다른 이들의 의견에 따라 살아가며, 타인의 판단을 통해서 존재감을 얻는다. 이들은 자기 자신으로 살아가지 못하고 질서와 경쟁의식의 지배를 받으며 자기 자신 밖에서 살아간다. 루소는 "자연은 인간의 진정한 스승이며 자연으로 돌아가라"고 하였다.

21. 인간은 자유를 선고받았다 - 사르트르

　자유는 인간에게 선물이라기보다 부담스러운 과제이며 피할 수 없는 숙명과 같다. 어릴 적에는 부모님이 모든 것을 알아서 해 주고 종교에서는 신의 명령에 따르고 복종할 때 평온과 안식을 얻게 된다. 그러나 인간은 매 순간 선택의 기로에 놓여 있으며 누구도 나 대신 결정을 내려 주거나 결과에 대하여 책임져 주지 않는다.

　항상 이성적으로 생각하고, 선택하고 자신의 삶에 책임져야 한다는 것은 고독하고 피곤한 일이며 에너지를 소모하게 하고 두려움을 안겨 준다. 스스로 생각하고 결정하고 책임진다는 것은 안일하고 편안한 삶과는 거리가 멀다. 자유는 안정과의 결별이며 자유를 부여받은 인간은 죽기 전까지 평화를 누릴 수 없다.

　사르트르에 의하면 인간은 자유롭거나 자유롭지 않을 수 있는 것이 아니라 자유롭도록 운명 지어졌다. 자유로운 선택과 결단을 통해 스스로의 모습을 만들어 나가는 것이 인간의 사명이자 숙명이라는 것이다.

- 인간이 자유를 포기할 수 없는 이유
  노예 상태는 인간의 본성에 어긋난다. 자유는 곧 인간성이며 인간을 존엄하게 하는 요소가 된다. 인간은 자유를 통해 인생에 의미를 부여하고 자신의 선택과 행동에 대하여 책임을 지고 성숙해 짐으로써 스스로의 본질을 만들어 나간다. 자유는 인간을 인간답게 하는 최상의 가치이며 진정한 행복을 맛볼 수 있게 한다.

---

22. 인간은 유한성과 무한성, 자유와 필연의 종합이다
- 키에르케고르

　인간은 홀로서는 아직 자기가 아니며 자신 및 타자와의 관계에서 자기를 찾을 수 있다. 인간은 유한한 존재이나 관계 맺음을 통해서 자신을 확장해 나간다.

　한편 인간은 자유로운 것 같지만, 인간의 생활에는 누구도 넘을 수 없는 숙명적인 벽이 있으며 그 넓은 벽의 테두리 안에서만 인간은 자유롭다. 따라서 인간은 유한성과 무한성, 자유와 필연의 종합이다.

23. 운명은 인간 행동의 반을 좌우한다 - 마키아벨리

마키아벨리는 운명이란 우리 활동의 반을 좌지우지할 뿐 나머지 반은 우리의 손에 달려 있다고 하였다. 마키아벨리는 운명의 여신을 위험한 강에 비유하였다. 강은 노하면 평야를 덮치고 나무와 집을 파괴하기도 하며 인간은 이것을 제지할 수가 없다. 그러나 강이 평온할 때 인간이 제방과 둑을 쌓아 예방조치를 취함으로써 그 힘을 통제하거나 약화시킬 수는 있다.

즉, 우리가 강물의 힘을 조절할 수는 없지만, 미리 제방을 쌓고 저수지를 만들어 홍수를 조절함으로써 피해를 최대한 줄일 수는 있다는 것이다.

24. 인간의 운명이나 기호는 그 어떤 곳에도 기록되어 있지 않다 - 자크 모노

인간은 자유 의지로 인생을 이끌어가고 스스로를 결정할 기회를 얻는다. 복잡한 인간 행동은 유전자에 의해 1:1로 결정되지 않는다. 또 유전자도 외부의 영향을 받으며 우리의 행동이 유전자에 영향을 미치기도 한다. 단백질의 결합방식은 분자의 모양이라는 우연적 요소에 의해 결정되며 자식은 부모를 닮지만, 부모와 완전히 똑같은 자식은 없다.

뉴턴의 법칙에 의하면 모든 것이 결정되어 있는 듯하나 미시적 세계로 갈수록 우연성이 분명하게 드러나며 과학지식이 늘어날수록 알 수 없는 영역이 늘어난다. 유전자, 사주, 관상, 손금 등에 인간의 운명이 기록되어 있는 것처럼 보이지만 인간의 운명은 생각과 행동이 만들어내고 그 바탕에는 자유 의지가 있기 때문에 삶의 방향이나 운명은 미리 결정되어 있지 않다.

• 윤회론을 지지하는 입장에서는 미리 정해진 것처럼 보이는 인간의 운명도 오랜 세월에 걸쳐 그 자신의 카르마에 의해 형성된 것일 뿐이라고 한다.

25. 신으로부터 부여받은 기쁨이 아니라 고통을 거쳐서 웃는 인간이 되어라 - 니체

기독교는 영원한 진리, 초월적인 선, 피안의 세계를 갈구하게 함으로써 현재, 지금 여기의 삶을 왜소화시키고 무력화하였다. 니체는 "신은 죽었다"고 선언함으로써 인간은 복종과 인내의 노예적 생활을 끝내고 자기 스스로의 가치의 주인이 될 수 있어야 한다고 주장하였다. 인간의 생명력, 생동감, 의지를 무력화시켜온 이데아, 절대정신, 이성, 진리 등의 우상 체계는 허구이며 인간은 우상숭배를 종식시키고 생명력과 에너지, 정열이 넘치는 생동적인 삶, 자율과 의지에 의한 건강한 삶을 살아가야 한다는 것이다.

- 니체는 철학자, 종교인, 도덕주의자들이 수 천 년 동안 개념이라는 미라를 다루면서 현실을 죽이고 개념의 틀에 박제해 버렸다고 하였으며 개념과 이성의 숭배자들을 현존하는 모든 것의 생명력을 앗아가는 위험한 존재라고 비판하였다.

- 니체는 힘을 향한 의지를 내세워 세계에서 의미를 걷어내고 초월적 이상들을 폐기처분하였으며, 가치가 있는 유일한 삶은 현재에 있으니 세상을 있는 그대로 사랑하라고 하였다. 그러나 우상, 이상의 해체는 인간 해방이 아니라 역사에 대한 목적과 통제력의 상실로 이어질 수도 있다.

26. 인간은 생존에 필요하지 않은 것들을 욕망한다

인간은 목마르지 않아도 마시고 아무 때나 사랑을 한다. 인간의 욕망은 사회적이다. 인간은 생존이라는 현실적 목적에서 벗어나 재미와 여가를 위해 놀이나 예술 등 활동을 한다는 점에서 유희적 인간(호모 루덴스, home ludens)이다. 또 인간은 물질적 쾌락이나 이해관계를 떠나 타자를 돕기도 하고 종교적 이상, 가치를 추구하기도 한다.

다른 동물이나 생물체들이 생물적 이익에 반하는 행동을 하지 않는 데 비해 인간은 진리, 도덕, 아름다움을 위해 생물학적 이기심을 포기하기도 한다. 인간은 이상을 추구하고 불가능한 것을 꿈꾼다. 이러한 욕망이 있기에 인간은 문화를 창조하고 진보를 이룰 수 있었다. 생존을 위해 필요하지 않은 것을 욕망함으로써 인간은 삶을 보다 높은 경지로 이끌었으며 이러한 욕망의 비효율적 성격은 인간의 삶을 보다 인간답고 가치 있게 만드는 원동력이 되어 왔다.

27. 인간은 현재 존재하지 않는 일에도 몰두할 수 있는 유일한 동물이다 - 사르트르

동물은 복합적 상상능력이 없기 때문에 본능에 따라 행동하고, 존재하지 않는 것이나 아직 도래하지 않는 것들은 생각할 수 없다. 그러나 인간은 여태껏 한 번도 존재하지 않았던 것들을 창안해 낼 수 있는 능력을 갖추고 있으며 거짓말을 하기도 하고 신을 만들어내기도 한다.

28. 인간은 창조의 정점에 서 있는 것이 아니다 - 니체

모든 창조물은 인간과 나란히 인간과 동일한 단계에서 완전을 향해 서 있다. 인간은 상대적으로 가장 성공하지 못한 동물, 가장 병약한 동물, 자신의 본능으로부터 가장 위험하게 벗어난 동물이다. 인간에게는 한층 높은 질서로부터 선물로서 자유 의지와 이성이 주어졌으나 인간은 이성을 도구로 활용하여 자연과 다른 인간을 정복하고자 하였고 전쟁, 환경파괴 등으로 지구를 파멸시키고 있다.

- 인간은 창조의 정점에 있지 않다. 진화론자들에 의하면 수백만년에 걸쳐 수십억의 유인원 가운데 경쟁자, 맹수, 곤충, 기생충, 어려움을 가장 잘 극복할 수 있는 개체가 자연 선택에 의해 살아남아 인간이 되었다. 자연은 쓸모없는 것을 무수히 만들어내고 의도적으로 창조하지 않는다. 자연은 현재의 시점에서 이로운 것을 정확하고 무자비하게 선택할 뿐이다. 강인함, 아름다움, 기교, 교활함, 무자비 등은 자연 선택에 유리한 조건이 된다. 검은 나방, 흰 곰과 같이 우연한 변이가 일어난다 하더라도 그것이 생존에 유리하다면 자연의 선택을 받게 된다. 자연 선택에 따른 종種의 꾸준한 변화는 새로운 종種을 만들어낸다.

29. 개인은 도덕적이지만 집단은 비도덕적이다 - 라인홀트 니버

개인은 자신의 이해관계뿐 아니라 다른 사람들의 이해관계를 고려할 수 있으며 다른 사람들의 이익을 더 존중할 수도 있고 다른 사람들에 대한 공감과 배려가 교육을 통해 확장되므로 개인은 도덕적이다. 그러나 집단은 개인들의 이기적 충동이 집단화되기 쉽고 합리적 사회세력을 구성하기 어려우므로 양심과 이성으로 제어하기 어렵다.

개인들의 이기적 충동은 여럿이 결합할 때 더욱 생생하게 더욱 누적되어 표출되며 그것은 집단이라는 익명성 속에 숨어서 위력을 발휘한다. 또 인간은 남들과의 비교 우위에서 즐거움을 느끼며 개인적으로 우위를 확보하지 못하면 집단 간의 비교에서 우위를 확보함으로써 우세의 즐거움을 맛보고자 한다.

- 개인적으로 도덕적인 사람들도 자기가 소속된 집단의 이익을 위해서는 이기적으로 행동하기 쉽고 집단은 비도덕적으로 되기 쉽다.
- "비이기성은 국가의 이기심으로 바뀐다"는 니버의 주장은 집단이기주의가 횡행하는 현대사회를 분석하는 유용한 도구로 받아들여지고 있다.

30. '인간이 어떻게 사는가'는 '인간이 어떻게 살아야 하는가' 와는 너무도 다르다 - 마키아벨리

자비, 신의, 용기, 정직, 경건함 등이 인간의 미덕이기는 하나 현실 세계에서는 이 모든 것을 갖추는 것이 가능하지 않고 유덕한 삶을 살아가는 것을 용납하지 않는다. '인간이 어떻게 사는가'는 '인간이 어떻게 살아야 하는가'와는 너무나 다르기 때문에 선하게 행동할 것을 고집하는 자는 삶은 무자비한 자들에게 둘러싸여 몰락을 자초하는 것이 불가피하다.

정치지도자는 필요하다면 부도덕하게 행동할 태세가 되어 있어야 한다. 정치지도자가 자비롭고, 신의 있고, 인간적이고, 인자하다고 생각되기를 원한다면 무질서한 혼란을 초래할 수도 있고 평화조약과 협정을 파기하는 등 신의를 지키지 않고 술책을 쓰는 이웃 나라에 정복당하여 노예생활을 하게 될 수도 있다. 정치지도자는 인간에게 합당한 방도를 사용하여야 하고 짐승처럼 행동할 수 있어야 하며 윤리를 포기할 줄도 알아야 한다. 이것이 냉혹한 정치 현실에서 국민의 안전과 평화를 지키는 길이다.

• 인간은 자신의 욕망을 무한히 확장하는 욕구의 존재이며 기회가 주어지면 악한 본성을 드러낸다. 인간의 선의와 이성을 신뢰하였다가는 총기사고와 살인, 약탈이 난무할 것이며 외국의 먹잇감이 될 수도 있다. 정치지도자는 인간의 본성을 직시하고 현실에 입각한 정치를 함으로써 국가와 국민의 안전과 평화를 지켜야 한다.

---

31. 인간에게는 낯선 것에 대한 본능적 두려움과 공격성이 있다
- 프로이트

어두운 밤길을 걸을 때 뒤에서 들리는 발소리는 공포감을 안겨준다. 낯선 이방인이 나타나면서 그 지역에 전염병이 전파되어 전 주민이 몰살당하기도 한다.

인간이 타자에 대해 두려움, 적대감을 느끼는 이유는 타인이 나와 다르다는 것에서 그 원인을 찾을 수 있다. 알 수 없는 타인의 마음과 의도는 나에게 불안감을 준다. 타인은 나의 신체와 소유권을 침해할 수 있으며 내 생각과 행동을 평가하거나 비판할 수 있고 그것을 자신에 맞도록 강요할 수 있는 위협적 존재이다.

이 때문에 프로이트는 "인간에게는 낯선 것에 대한 본능적 두려움과 공격성이 있다"고 하였다. 낯선 것에 대한 본능적 두려움과 공격성은 폭행, 강도, 강간 등 보다 직접적인 방법으로 나타날 수도 있고 사회적 성공이나 권력추구 등 보다 문명화된 모습으로 나타나기도 한다.

나와 다른 문명권에 속하는 사람들을 야만인으로 부르고 차이를 다름으로 인식하지 않고 모멸과 무시의 이유로 삼으려는 경향은 아직까지 지속되고 있다.

제2절 욕망

1. 욕망은 인간이 자기의 존재를 유지하고자 하는 노력이며 인간의 본질 그 자체이다 - 스피노자

전통철학은 욕망을 결핍과 부정으로 이해하였다. 그러나 스피노자에 의하면 욕망은 인간의 자기보존 또는 자기 존재를 지속시키고자 하는 노력이며 생명의 원동력이다.

스피노자에게 있어서 욕망은 억제되어야 하는 대상이 아니라 어쩔 수 없는 인간의 본성이며 인간은 자명한 정신으로 정의되는 이성적 존재, 자족적 존재가 아니라 욕망과 본능의 목소리에 귀를 기울여야 하는 존재이다.

2. 우리는 좋기 때문에 욕망하는 것이 아니라 욕망하기 때문에 그것을 좋다고 판단하는 것이다 - 스피노자

스피노자에 의하면 욕망의 대상은 원래부터 가치가 정해져 있는 것이 아니라 욕망에 의하여 가치가 생산된다. 전통철학에서는 욕망을 결핍, 혼란, 불안, 고통으로 이끄는 것으로 보아 부정적으로 인식하였으나 스피노자는 욕망은 자기보존 또는 자기 지속을 위한 생명의 원동력이며 가치를 만들어낸다고 하였다.

- 자연의 입장에서는 다이아몬드가 돌보다 더 가치 있다고 할 수 없으나 인간의 욕망이 다이아몬드의 가치를 만들어낸다.

3. 욕망은 에너지의 능동적 흐름이다 - 들뢰즈

들뢰즈에 의하면 욕망은 허상과 환영을 만들어내는 파괴적 병리 현상이 아니라 생산성·창조성의 원천이며 욕망은 상실, 결핍에서 기인하는 부정적 운동이 아니라 능동적이고 생산적인 리비도libido의 흐름이다. 욕망은 인간에게 에너지를 주고 인간을 성장시킨다.

4. 인간이 어쩔 수 없는 것을 욕망하기 때문에 사람들은 불행하다 - 에픽테토스

인간은 부, 건강, 사랑, 자유, 불멸 등 자신이 어쩔 수 없는 것을 욕망하기 때문에 불행하다. 철학은 전통적으로 욕망을 불신하고 경계하였으며 욕망은 구멍 난 물통과 같이 채워질 수 없어서 인간을 지속적인 결핍과 고통 속에서 머물게 하는 것으로 인식하였다.

스토아 철학에서는 운명에 순응하고 이성에 의해 욕망을 억제함으로써 평정심을 유지하고 행복을 찾을 수 있는 것으로 보았다. 데카르트는 우리의 능력으로 가능한 것은 생각을 바꾸는 것이므로 자신의 욕망을 바꾸도록 힘쓰는 것을 생활법칙으로 일상화하고자 하였고 불가능한 욕망을 추구하지 말고 가능한 욕망만을 추구하라고 하였다.

5. 불필요한 욕망을 포기함으로써 평정의 상태ataraxia에 이를 수 있다 - 에피쿠로스

에피쿠로스는 대부분의 쾌락은 오래 지속되지 못하고 인간은 무한으로 증대되는 욕망 때문에 행복을 망각할 위험이 있으므로 생존에 필요한 욕구와 불필요한 욕구(욕망)를 구분하여 후자를 포기함으로써 혼란이나 불안, 질투가 없는 평정의 상태(아타락시아, ataraxia)에 이를 수 있다고 하였다.

에피쿠로스학파에서는 지속적인 행복을 가져다주는 것은 절제를 통한 쾌락의 조절이며 행복을 위해서는 균형 감각, 사회적 관계가 매우 중요하다고 한다.

6. 우리를 불행하게 하는 것은 불가능한 욕망이 아니라 우리가 그것을 얻기 위해 최선을 다하지 않은 가능한 욕망이다 - 데카르트

데카르트는 우리를 불행하게 하는 것은 불가능한 욕망이 아니라 우리가 그것을 얻기 위해 최선을 다하지 않은 가능한 욕망이라고 하면서 가능한 욕망만을 추구하라고 권고하였다. 불가능을 갈구하는 인간은 편안할 수도 행복할 수 없기 때문이다.

• 전통철학은 불필요한 욕망을 억제하고 이성을 활용하여 지혜롭게 살아갈 것을 강조하였다.

7. 우리가 욕망하는 대상을 취할 수 없을 때 그것은 다른 어떤 것보다 우수해 보인다. 그러나 그것을 차지하는 순간 우리는 다른 것을 원한다 - 루크레티우스

욕망은 갈구하는 대상을 차지한다고 하여 사라지는 것이 아니라 더 강렬하게 되살아난다. 소비사회는 끊임없이 욕망을 일깨우고 소비를 부추긴다. 생존에 필요한 욕구는 결핍된 것을 채우면 진정되지만, 욕망은 만족을 모르고 끝없이 증대된다. 따라서 욕망을 적절히 조절할 수 없다면 인간은 불신에 빠지거나 방탕한 생활에 빠져 파멸하거나 불행하게 될 수도 있다.

8. 욕망하는 인간은 영원히 권태와 결핍 사이를 방황한다
- 쇼펜하우어

전통철학이나 정신분석학에서는 욕망을 결핍, 부족, 부정성 등으로 이해해왔다. 욕망한다는 것은 부족하다는 것이며 부족하다는 것은 고통을 받고 있다는 것을 의미하므로 욕망은 인간을 불행하게 한다.

쇼펜하우어는 욕망이 무한한 데 비해 인간의 만족은 보잘것없고 하나의 만족에 도달하면 곧 새로운 욕망이 고개를 들기 때문에 인간은 불행하다고 하였다. 욕망을 충족시킴으로써 얻게 되는 쾌락은 순간적이며 곧 권태에 빠지게 된다. 따라서 욕망하는 인간은 권태와 결핍의 고통 사이를 영원히 방황하게 되므로 삶 자체가 불행하다는 것이다.

9. 인간의 욕망은 최대한의 권력으로 향해 있다 - 토마스 홉스

홉스에 의하면 인간은 자기보존의 욕구, 자신의 만족을 위해 살아가며 영혼의 구원을 위해 노력하기보다는 정열과 감정, 본능에 이끌려 다니는 존재로서 사회적 인정, 부유함, 명예 등을 좇는 본능에 묶여있다. 인간 욕망의 진정한 목표는 쾌락이 아니라 미래의 욕망(안전)을 보장할 수 있는 가능성이며 사람들이 새로운 것을 욕망하는 이유는 더 큰 기쁨을 누리기 위해서가 아니라 나와 같은 것을 욕망하는 자들로부터 내가 이미 획득한 것들을 지키기 위해서이다.

그러나 내가 가진 것을 탐내고 질투하는 이들이 많기 때문에 인간은 그것을 잃지 않기 위해 더 많은 권력을 요구하게 되는데 이 때문에 인간의 욕망은 최대한의 권력으로 향해 있고 언제나 결핍의 감정은 피할 수 없다는 것이다.

10. 이 세상은 필요를 위해서는 풍요롭지만, 탐욕을 위해서는 궁핍하다 - 간디

욕망은 동물의 본능을 뛰어넘어 사회적 동물로서 인간이 원하는 것이다. 이 때문에 동물적 생존 욕구, 본능과 충동은 욕구이고, 사회적·문화적 욕구는 욕망이라고 하여 이를 구분하기도 한다.

전통철학은 불필요한 욕망을 억제하고 이성을 활용하여 지혜롭게 살아갈 것을 강조하였고 불교에서는 생존유지에 반드시 필요한 욕망으로 반드시 충족되어야 하는 욕망(선욕, 善慾, chanda), 생존에 필요한 이상의 지나친 욕망으로서 그 충족이 반드시 필요하지 않은 욕망(갈애, 渴愛, tanha)을 구분하였다.

이러한 구분은 육체와 정신의 조화 속에 행복한 삶을 영위해 나가야 하는 사람들에게 욕망의 방향을 제시해 준다.

11. 욕망은 사회적이다

인간의 욕망이 반드시 생존과 직결되는 것은 아니다. 인간은 동물과는 달리 기본 욕구의 충족에 만족하지 않고 그 이상을 추구하며 더 질 좋고 세련된 것, 가질 수 없는 것을 원하기도 한다.

인간은 자아실현을 꾀하고 사치, 애도, 숭배 등 비생산적인 일도 기꺼이 하며 타인과 교류한다. 성적 욕구에 있어서도 인간은 자기증식 욕구 외에 사랑이라는 사회적·문화적 코드를 사용한다. 욕망은 필요성에 의해서만 결정되는 것이 아니라 욕망의 대상이 무엇을 상징하는가 하는 것과도 관련이 있다. 즉, 내가 어떤 사람으로 보이게 되는가 하는 상징적 의미를 찾기 위해 욕망의 대상을 원한다.

인간은 사회 속에서 비교 우위를 통하여 만족을 얻고자 하는데 욕망은 사회 속에서 언어와 감정교류에 의해 생성되고 전달된다. 내가 마음을 비워도 사회는 끊임없이 나에게 그것들의 중요성을 일깨워 주고 욕망을 부추긴다. 이리하여 타자의 욕망은 나의 욕망이 된다. 따라서 욕망은 사회적이다.

12. 육체적 욕구와 물욕의 충족은 인간을 불구로 만들기도 한다 - 에리히 프롬

쾌락의 종류에는 여러 가지가 있으며 인간다운 삶을 위한 쾌락도 있고 그렇지 않은 경우도 있다.

에리히 프롬은 욕망과 쾌락이 인간적인 것이기는 하지만 그것이 인간 조건의 적절한 해결이나 개선을 향하지 않는 한 병적인 것이며 인간을 성장시키기보다 오히려 인간을 불구로 만든다고 하였다. 즉, 극단적 쾌락의 추구, 끊임없는 물욕의 충족 등은 흥분을 불러일으키지만 기쁨을 주지는 못하며, 진정한 기쁨이 없기 때문에 항상 더 새롭고 자극적인 쾌락을 추구하게 되어 오히려 슬픔이 뒤따르고 인간을 불구로 만들게 된다는 것이다.

13. 욕망은 주체에게서 자발적으로 생겨나는 것이 아니라 매개체를 필요로 한다 - 르네 지라르

르네 지라르Rene Girard는 욕망은 내부에서 자발적으로 생기는 것이 아니라 매개체를 필요로 하는 것이라고 하였다. 플로베르의 소설 『보바리 부인』의 주인공 엠마가 꿈꾸는 '낭만적 사랑'은 처녀 시절 수녀원 기숙사에서 읽은 저급한 연애소설의 영향을 받은 것이다.

르네 지라르는 자신의 욕망이 모방된 것이 아니라 자발적이고 독자적이라는 주장은 '낭만적 거짓'이라고 하였고 문학작품에서 욕망의 허위를 폭로하고 욕망이 모방의 산물임을 알려주는 것은 '소설적 진실'이라고 하였다.

14. 욕망을 거스르는 법은 실패한다

술을 모든 사회악의 근원으로 간주하고 주류의 생산, 운송, 판매, 소비를 금지한 1920년대 미국의 금주법은 불법주점, 밀주제조, 주류밀수, 마피아들의 수입 증대, 이권 다툼을 위한 갱들의 전쟁, 스트레스와 자살자의 증가 등 엄청난 부작용을 초래한 끝에 폐지되었다.

이것은 욕망을 거스르는 법은 실패한다는 것을 보여준 대표적 사례로 거론된다. 욕망은 억압하면 사라지는 것이 아니라 무의식의 차원으로 숨어들어 정신적 상처로 자리 잡아 신경증, 정신 불안정을 초래하게 될 수도 있다. 욕망은 어쩔 수 없는 인간의 본성이며 억눌러야 하는 것이 아니라 조절하고 관리해야 하는 대상이다.

15. 현실적인 사람이 되어라. 그러나 불가능을 꿈꾸어라
- 체 게바라

백인이 흑인이 되려고 하는 것처럼 불가능한 욕망을 꿈꾸는 것은 우리를 불행하게 한다. 그러나 인간은 생존에 반드시 필요하지 않은 것을 욕망하고 불가능한 것에 도전한다.

불가능에 도전하는 것은 위험하고 좌절감을 안겨주기도 하지만 오늘 불가능한 것이 미래에도 불가능하다고 단언할 수는 없다. 인간은 불가능을 추구함으로써 문화와 예술, 과학의 발전을 이루었다.

불가능을 추구하는 욕망은 인간을 불행하게 하지만 한편으로는 스스로를 초월하게 하고 인간을 보다 높은 경지로 이끄는 긍정적인 힘이 될 수도 있다. 욕망은 무한, 불가능을 지향하기 때문에 좌절을 안겨주기 쉽지만, 욕망의 비생산적, 비효율적 성격이 인간의 삶을 진정 인간답게 하고 진보로 이끌기도 한다.

16. 성공하는 인간은 욕망의 환상들을 현실로 변형시킬 수 있는 자이다 - 프로이트

인류는 불가능에 도전함으로써 문화의 진보를 이루었다. 예술은 항상 새로운 것을 추구하고 사상은 사회의 개조와 변혁을 추구한다. 욕망은 스스로의 대상을 창출해 내며 스스로를 초월하게 하고 예상치 못한 방향으로 발전시키는 동력이 된다. 인간은 생존의 욕구에 만족하지 않고 자신의 이상을 실현하고자 하며 성공하는 인간은 불가능한 것으로 여겨졌던 욕망의 환상들을 현실로 만든다.

17. 인간의 욕망은 타자에 대한 욕망이다 - 라캉

인간은 사회생활을 하면서 서로를 비교하게 되고 비교 우위에서 만족감을 느끼고 시기·질투를 하게 된다. 욕망은 사회·문화 속에서 타자에 대한 관계에서 생성된다.

헤겔은 "타자의 욕망을 욕망할 때 그 욕망은 인간적이다"라고 하였는데 인간의 궁극적인 욕망은 타인으로부터 인정받기 위한 욕망이라는 것이다. 사회생활을 하는 인간은 자신이 다른 사람들에게 어떻게 보이고 어떻게 받아들여지는가 하는 것을 항상 의식하며 살아가고 있는데 결국 그것은 나의 욕망이 아니라 타자의 욕망이다.

18. 현대인의 욕망은 스스로를 허망한 방식으로 채우려고 하는 부족함의 표면이다 - 장 보드리야르

장 보드리야르에 의하면 현대인들은 이미지로 만든 세계에 스스로를 가두고 있으며 우리는 이미지가 실재보다 더 중요한 사회, 가짜가 진짜를 압도하는 가상의 세계에 살고 있다. 이미지는 환상을 비추는 거울일 뿐인데 인간은 더 높은 이상을 바라보지 못하고 자신의 욕망만을 쳐다보며 가짜 이미지를 만드는 데 주력하며 살아가고 있다.

이러한 현대인의 욕망은 스스로를 허망한 방식으로 채우려고 하는 부족함의 표현이라는 것이다.

19. 자본주의 사회는 욕망을 조작하고 상품화한다
– 들뢰즈, 가타리

들뢰즈와 가타리는 "자본주의 사회의 특징은 대중의 욕망을 가두어 두려고 하지 않는 데 있다"고 하였다.

자본주의 사회는 욕망을 창조하고 재생산하며 통제·조작한다. 자본주의는 대중의 욕망을 두려워하고 억제하려 하기보다는 오히려 욕망의 물길을 교묘하게 트고 욕망을 조작해 냄으로써 대중의 욕망을 상품화한다는 것인데 이것은 대중의 욕망을 긍정하고 해소시켜 주는 듯하지만, 사실은 자본이나 이익을 창출하기 위해 욕망을 상품화하여 팔아먹고 있다는 것이다.

• 인간의 욕망은 본성을 만족하게 하기 위한 것 외에도 인간다운 삶, 사회개혁, 인류의 문제를 해결하고자 하는 욕망이 있을 수 있는데 자본주의 사회는 모든 욕망을 물질적 욕망으로 전환시키고 왜곡·억압함으로써 인간을 좁은 세계에 가두고 있다.

20. 자본주의에 반대해서는 안 되는 것이 내 욕망의 숙명이다
– 들뢰즈, 가타리

들뢰즈와 가타리는 아버지를 죽여서는 안 되는 것처럼 자본주의에 반대해서는 안 되는 것이 자본주의 사회에서의 숙명이라고 하였다.

자본주의 사회에서 인간은 물질적 욕망에 순응하도록 길들여지며 사회는 욕망의 본성을 억압하고 변질시킨다. 자본주의는 모든 관념의 코드를 수량화하여 돈으로 바꾸었고 개인의 욕망도 돈으로 만들어 그 욕망이 좌절될 때 정신병을 만든다. 자본주의는 욕망을 만들어내는 기계장치이며 현대인의 정신병을 만들어낸다.

제3절 이성과 합리성

1. 인간에게는 이성이 있기 때문에 이데아를 추구하면서 올바른 삶을 살아가야 한다 - 플라톤

이데아는 감각을 통하여 알 수 있는 현상의 세계를 초월하여 있는 변하지 않는 참실재, 근원적 형태의 세계로서 세계를 있게 하는 존재의 근원이다. 선, 정의 등 객관적 진리는 일상을 초월한 곳에 이데아로서 존재하고 있으며 최고의 이데아는 선의 이데아이다.

우리가 사는 현상의 세계는 이데아의 그림자이며 현실 세계의 모든 사물은 이데아의 모사에 지나지 않는다. 영혼이 무지에서 벗어나기 위해서는 그림자의 세계와 결별해야 하는데 육체적 욕망은 이데아를 직시하는 것을 방해하기 때문에 이데아는 감각으로는 파악할 수 없다.

그러나 인간에게는 사유능력(이성)이 있기 때문에 인간은 욕망을 제어하고 이데아를 추구하면서 올바른 삶을 살아가야 한다.

2. 이성이 욕망에 지배당할 때 인간의 영혼은 타락하게 된다
- 플라톤

인간의 영혼은 이성이 욕망을 어떻게 다루는가에 따라 얼마나 아름다운지가 결정된다. 이성이 욕망에 지배당할 때 인간의 영혼은 타락하게 된다. 인간은 이성으로 욕망과 기개를 조절·통제하여 올바른 길을 가도록 함으로써 행복한 삶을 영위할 수 있도록 해야 한다.

3. 이데아, 이성은 배제의 논리이며 이성의 폭력이다 - 질 들뢰즈

서양철학은 그리스 시대 이후부터 자기동일적인 존재를 강조해 왔다. 자기동일성은 누구에게도 의존하지 않고 스스로 존재하는 성질인데 이데아, 신, 이성, 진리 등이 이에 해당한다.

참실재인 이데아나 신은 누구에게도 의존하지 않고 그 자체로 존재하며 모든 것의 원형이 된다. 감각이 인식할 수 있는 사물은 원형의 복제로서 얼마나 원형에 가까운가에 의해 그 우열이 매겨진다.

이러한 사고방식은 배제의 논리이며 이성의 폭력이다. 차이와 다양성을 인정하지 않고 본래 있지도 않은 실체를 절대시하는 왜곡된 사고방식은 폭력으로 전환될 위험성이 있다. 이 같은 차별의식은 이데아적 발상에서 유래한다.

• 모든 것을 기계처럼 분석·해부하여 파악할 수 있다는 이성 중심의 사유는 사물의 고유함을 추구하지 않고 동일성의 논리에 가둔다. 이성적이고 합리적인 서구 문명은 나치즘이라는 극단적 비합리주의와 집단적 광기로 치닫게 되었다.

4. 행복은 이성의 작용을 통해서 얻을 수 있다 - 아리스토텔레스

행복은 단순한 만족과 쾌락이 아니라 덕을 동반하고 이성을 중심으로 움직이는 영혼의 활동에서 얻어지는 것이다. 중용의 덕은 넘치거나 모자람이 없는 인간이 도달할 수 있는 최상의 상태이며 우리는 이성을 통하여 이러한 상태에 도달할 수 있다.

5. 행복하기 위해서는 이성에 따르는 삶을 살아가야 한다
  - 세네카

　자연은 세계의 질서에 따르는 의미 있는 삶을 살라고 인간에게 이성을 주었다. 물질적, 육체적 본능은 비이성적 본능이므로 행복을 찾기 위해서는 안락함, 물질적 풍요 등 세속적 본능에서 벗어나 이성에 따르는 삶을 살아야 한다. 이성적 활동을 통해서 무지와 어리석음에서 벗어나고 금욕적 생활, 의무를 다하며 선을 행함으로써 인간은 진정한 행복에 도달할 수 있다.

- 스토아 철학은 자연의 질서에 따르는 삶, 감정과 욕망에 지배되지 않는 삶을 강조하였다.
- 이성 중심의 사유는 후일 비판을 받게 된다. 니체는 이성중심주의, 금욕주의는 허무를 열망하는 의지를 갖게 하고 창조적 정열의 힘과 삶의 역동성을 사라지게 한다고 비판하였다.
  비이성은 인간에게 유리하게 작용하기도 한다. 인간이 이성적이기만 하다면 모든 것을 불신하고, 일을 즐기지 못하고 비관적으로 될 수도 있다. 인간은 비이성적이기 때문에 새로운 환경에 적응하고, 다른 사람을 믿게 되고, 자기 일을 즐기고 자녀들을 더욱 사랑한다. 비이성은 삶을 낙관적으로 보게 하고 위대한 일을 이루어 내는 데 도움이 된다. 인간은 어느 정도는 비이성적이기 때문에 행복할 수 있는 것이다.

6. 인간에게는 선천적으로 선과 악을 구별할 수 있는 이성이 있다 - 칸트

　칸트는 인간의 인식이 경험과 함께 시작된다는 것을 인정하면서도 경험을 토대로 하지 않은 선험적 판단도 인정하였다. 우리 안에 상대적 진리가 아닌 보편적 진리가 있다는 전제에서 사람은 경험(감성적 지각)으로부터 독립하여 어떤 것을 선천적으로 인식하는 객관적인 능력(순수이성)이 있다는 것이다.

- 칸트의 순수이성은 경험으로부터 독립하여 어떤 것을 선천적으로 인식하는 능력을 가리킨다.
- 양명학자 왕수인(왕양명)에 의하면 양지良志는 생각하지 않고도 선善을 알 수 있는 것이며 양능良能을 배우지 않고도 누구라도 선을 행할 수 있는 것이다.
  그러나 양지가 선천적으로 주어졌다 하더라도 사람이 이를 주체적으로 자각하고 발육시키지 않으면 사욕에 가려져 그것이 표출될 수 없으므로 사람은 마땅히 갈고 닦으며 공부를 해야 한다.

7. 실천이성은 우리에게 도덕법칙을 부과한다 - 칸트

실천이성은 도덕적인 실천의 의지를 규정하는 이성으로서 도덕적 행동의 근거·원리가 된다. 실천이성은 인간에게 도덕법칙(의무나 당위)을 부과하여 도덕적 판단을 실천하게 한다. 실천이성이 부과한 도덕법칙은 자연법칙 또는 인과율에 따른 명령이 아니라 인간의 자율적인 정신, 자유 의지에서 나오는 양심의 목소리이다.

도덕법칙은 가정을 요구하지 않으며 무조건적으로 당연히 따라야 하는 것(정언명령)이다. 인간은 이해관계, 욕망에 좌우되지 않고 스스로 부과한 도덕법칙에 따라 스스로 떳떳하기 위하여 도덕을 준수하는 것이며 이러한 자유 의지를 가진다는 점에서 존엄한 존재가 된다.

- 정언명령은 어떤 목적달성을 조건으로 하는 가언명령과 구별되며 무조건적으로 당연히 따라야 하는 것이다. 칸트에 의하면 도덕법칙은 그 자체가 최고의 가치를 지니며 어떤 수단이 되지 않으므로 그것은 정언명령이다. 칸트의 의무론은 결과를 무시하고 도덕적 원리의 절대성을 추구하는 것으로서 비현실적이고 공허하다는 비판을 받는다.
  그러나 도덕성은 효용성의 기준으로만 평가할 수 없는 면이 있는 것이 사실이므로 도덕적 의무를 추구하되 다른 조건이 동일하다면 결과의 선善을 고려하는 것이 바람직하다.
- 칸트의 의무론은 인간의 본성적 경향과 행복을 도외시하고 지나치게 엄격하다는 비판을 받는다. 인간은 도덕법칙과 양립할 수 있는 범위 내에서 욕망과 행복을 추구하는 것이 바람직하다.

---

8. 이성적인 것은 현실적이고 현실적인 것은 이성적이다 - 헤겔

헤겔에 의하면 사람은 많은 것을 경험할수록 지식이 증가하기 때문에 경험은 더 많은 합리성을 보여주는 것이며 결국 경험 전체는 이성적(합리적)인 것이다. 우리가 인식하는 모든 것은 이성을 통해 경험된 종합적 관념이며 실재의 본래 모습은 사유와 이성이다. 즉, 모든 것은 사유를 통한 관념이다.

- 존재와 인식은 동일하며 모든 것은 사유된 관념이라는 헤겔의 이론을 객관적 관념론이라고 한다.

9. 인간은 이성을 통해서 현상의 세계뿐 아니라 실재의 세계까지 파악할 수 있다 - 헤겔

칸트는 인간을 이성을 통해서 현상의 세계만을 파악할 수 있을 뿐 실재의 세계는 파악할 수 없다고 보았다.

그러나 헤겔은 실재의 세계는 현상의 세계가 모여서 만들어지는 것이며 실재와 현상은 전체와 부분의 관계에 있다고 보았다. 따라서 실재는 알 수 없는 것이 아니고 이성을 통하여 파악할 수 있다고 보았다.

- 모든 것은 이성의 작용이고 만물에 이성이 깃들어 있다는 설명은 거대한 형이상학으로서 비현실적이다. 세상은 하나의 원리로 설명할 수 있을 만큼 그렇게 단순하지 않으며 복잡 미묘하고 신비로 가득 차 있다.

10. 절대정신은 만물에 깃들어 있는 최고의 이성이며 인간의 이성은 절대정신의 본질에 도달할 수 있다

경험을 통해 파악된 관념은 우리의 경험이 확장되면서 수정되어나간다. 인간의 인식은 시간을 더하고 경험이 누적되면서 발전하여 나가며 절대정신으로 나아간다. 역사는 절대정신의 자기실현과정이며 변증법적 과정을 통해 자신을 세계에 실현시킨다. 헤겔은 합리적 이성의 능력을 절대적으로 신뢰하여 이성을 통해 모든 것을 파악하고자 하였다.

- 헤겔의 절대정신은 현실 세계를 외적으로 변화시키면서 그 세계를 합목적적 진보로 이끌어 자신의 절대성을 회복하는 원리이다. 절대정신은 스스로 사유하는 주체이면서 객체이다. 그것은 종착점이 자기 자신의 다른 이름인 절대정신이기 때문에 능동성이 있는 정신적 실체이다.

  서양사상에서는 세계의 근본원리와 사물들과의 관계가 항상 본질과 현상으로 구분되는 이분법적 구조를 나타내는데 본질은 실재하지만, 눈에 보이지 않고 항상 현상(그림자)만 나타난다. 절대정신 역시 실재하는 것이나 보이지 않는다.

  헤겔에 의하면 현실 세계는 절대정신이 밖으로 드러난 현상이다.

- 모든 자연과 사물이 절대정신의 모습이며 이성이 표현된 것이라는 헤겔의 주장은 세계의 근원과 종착역을 정신으로 보는 거대한 형이상학이다. 세계가 움직이는 방식은 그렇게 단순하지 않다. 이

러한 사고는 전체주의의 출현과 세계대전으로 이어졌고 헤겔의 이성만능주의는 결국 이성의 신화가 되고 말았다.

• 헤겔은 추상적인 관념에만 집착했을 뿐 구체적인 인간을 고려하지 않았다. 이성적인 사유는 일반적이고 보편적인 것들만 강조함으로써 결국 어떤 상황에 놓인 구체적 인간에 대해서는 도움을 주지 못한다. - 키에르케고르

11. 이성의 역할이 지나치게 강조됨에 따라 창조적 정열의 힘은 사라지고 무한한 삶의 역동성은 사라지게 되었다 - 니체

그리스 문명은 아폴론적 원리와 디오니소스적 원리가 혼합되어 성립한 것이다. 아폴론은 질서와 냉정, 이성을 상징하며 디오니소스는 혼돈, 광기, 감성, 열정을 상징한다.

삶에 있어서는 이 두 가지 요소가 모두 필요한데 아폴론과 디오니소스의 결합을 통해 이룩된 그리스의 위대함은 소크라테스 이후 이성의 역할이 지나치게 강조되고 헤겔에 이르러 이성만능주의가 절정에 이르게 됨에 따라 퇴색하고 말았다.

디오니소스적인 생명력이 사라지고 질서와 이성만이 군림하는 세상에서는 창조적 정열의 힘은 사라지고 삶의 무한한 역동성이 사라지게 되었다는 것이다.

• 니체는 이성중심주의, 금욕주의는 허무를 열망하는 의지를 갖게 한다고 비판하고 욕망과 본능 역시 삶을 건강하게 만드는 요소라고 하였다.

• 니체가 이성을 거부하고 감각과 육체의 해방, 성적 자유를 주장한 것은 아니다. 니체는 삶을 이루는 무수한 힘들이 최대한 통제되어 위계화되고 생명력이 우아함과 강력함에 도달하는 경지로 이끌고자 하였다. 니체는 모든 힘을 통합하여 더 풍요롭고 더 다채로우면서 더욱 조화롭기에 그만큼 더 강렬한 삶을 살도록 요구하였다.

12. 인간을 특징짓는 것은 이성이나 사유가 아니라 마음 속 깊이 숨겨져 있는 알 수 없는 욕망이다 - 프로이트

　프로이트에 의하면 인간은 이성과 지성을 가진 고귀하고 아름다운 존재가 아니라 무의식 속에 있는 알 수 없는 욕망과 충동에 의해 지배되는 가련한 존재이다. 프로이트의 이론은 지동설, 진화론에 이어 이성적 존재로서 긍지와 자부심을 가진 인간에게 세 번째로 상처를 주었다. 무의식은 충동과 욕망의 덩어리로서 이성보다는 성적 욕구와 같은 본능에 의해 지배된다. 그러한 본능의 에너지를 프로이트는 리비도libido라고 하였다.

　문명은 도덕과 규범을 통하여 욕망을 억제하므로 사람들은 죄책감을 느끼게 된다. 또 억제된 욕망은 사라지지 않고 무의식에 남아 불만이 쌓이게 되므로 문명이 발전할수록 인간의 불행은 커진다는 것이다.

13. 아우슈비츠 수용소는 광기나 비정상 때문이 아니라 인간이 그렇게 자랑스럽게 여겼던 '이성', '합리성' 때문에 발생하였다 - 아도르노

　이성, 합리성, 절대정신 등 개념의 동일성과 완전무결성을 강요하는 헤겔의 거대 형이상학은 자기 자신 이외에는 아무것도 용인하지 않으며 자신 이외의 것을 '이성의 간계'로 보아 박해한다. 이 박해 앞에서 그 이외의 것은 언제나 뒤로 물러선다.

　이성 중심의 전통적 철학은 '이성'이나 '개념'에 포함되지 않는 것들을 억압하거나 배제하였다. 아도르노는 앞으로 도래할 철학은 '이성'이나 '개념'이 아니라 '개별적인 것', '말할 수 없는 것', '작고 상처받기 쉬운 것'에 관심과 애정을 기울여야 한다고 하였다.

14. 절대적 진리를 알아냈다고 주장하는 사람들과 역사를 지배하는 거대한 법칙이 있다고 주장하는 사람들은 열린 사회를 파괴하고 그 발전을 저해하는 최대의 적이다 - 칼 포퍼

사회는 수없이 다양한 요소와 구조로 구성되어 있으며 전체를 총괄하는 통일성은 존재하지 않는다.

칼 포퍼는 절대적 진리를 알아냈다고 주장하는 학자들과 전체를 총괄하는 하나의 법칙으로 인간과 사회를 해석할 수 있다고 믿는 전체론자들holistics을 불신하였다. 칼 포퍼에 의하면 플라톤, 헤겔은 이성을 중심으로 세계에 질서를 부여한다.

국가와 사회는 질서 있는 체계를 구축하고 개인은 그 체계 안에서 특정한 기능을 수행해야 하는데 그들이 추구하는 사회에서는 자유와 다원성의 원리가 존중받을 수 없다. 칼 포퍼는 이러한 사상이 전체주의의 뿌리가 되었다고 하였다.

15. 세상의 모든 것은 이성에 의해서가 아니라 맹목적 의지에 의해 지배된다 - 쇼펜하우어

세상의 모든 존재는 맹목적 의지가 현상으로 표현된 것이며 그 의지는 이성적인 것이 아니라 자연스러운 충동이다. 그것은 생명을 지속시키고자 하는 것이며 영원히 충족될 수 없는 것을 충족시키려고 하는 끊임없는 안간힘이다.

이러한 삶의 의지는 끊임없는 갈등과 살육, 파괴를 부르고 세계는 충동적 의지에 의해 지배되는 투쟁의 장이다. 또 충동적 욕구의 충족은 일시적일 뿐 또다시 새로운 욕구로 대체되므로 인생은 어쩔 수 없이 불행한 것이며 아무런 가치가 없는 것을 위해 노력해야 하는 고난의 연속이다.

- 쇼펜하우어의 철학은 이성의 힘에 대한 비판적 사유를 가능케 하였고 이성의 작용을 방해하는 것, 정신에 비해 열등한 것으로 취급되었던 육체를 인간의 생생한 현실로 중시하여 인간을 폭넓게 바라보는 안목을 제공하였다.

16. 인간을 특징짓는 것은 이성이 아니라 힘을 향한 의지이다
- 니체

인간을 특징짓는 것은 힘을 향한 의지이다. 힘을 향한 의지는 힘, 권력을 가지려는 의지가 아니라 강렬함을 추구하는 의지, 내적 분열로 약해지는 것을 바라지 않는 의지로서 의지 자체에 대한 의지를 의미한다.

이것은 강렬한 삶을 희구하는 욕망이며 생명력이 약동하는 삶을 향한 의지이다. 이것은 모든 존재의 가장 내밀한 본질로서 자기를 실현하고 환경을 지배하여 더욱 강해지고 성장하려는 근원적인 힘이다.

- 니체에 의하면 죄의식은 사람을 내적으로 분열시키는 더할 나위 없이 해로운 감정이며 쾌감을 감소시키고 삶을 무겁게 한다. 죄의식은 힘과 관련해서는 파괴적 결과를 초래한다는 것이다.
- 니체는 이성 중심의 서양철학, 금욕주의, 기독교 윤리를 비겁자의 도덕, 노예의 도덕으로 비판하고 어린아이와 같은 긍정의 정신, 창조의 정신으로 거듭 태어나 경쾌하고 순수하게 자기의 힘으로 건강한 삶을 꾸려나가야 한다고 주장하였다.
- 니체는 '힘을 향한 의지'를 통하여 아무런 내적 장애를 갖지 않는 자유로운 인간, 적극성과 용기를 가진 인간, 자기 운명의 진정한 주인으로 건강하게 살아갈 것을 촉구하였다.

17. 이성의 역사는 광기의 역사이다 - 미셸 푸코

인간은 지배적인 이성의 작용 속에서 타자를 비정상 또는 광기의 대상으로 분류하여 이웃을 감금하고 인간을 통제·지배해왔다. 비이성적이라고 낙인찍히면 자율적 주체로서의 인간은 더는 존재하지 않으며 억압되고 훈육된다. 이성과 지식, 지식과 권력은 결탁하여 새로운 분류기준을 계속 만들어 가면서 사람들을 감금하고 길들여왔다.

이러한 역사는 지배욕에 근거하여 인간과 사회를 정교하게 지배하기 위한 인간의 음모에 의한 것이며 광기의 역사이다.

- 개인은 권력에 포위되어 보이고 알 수 있는 대상이 되고 권력은 감시, 감금, 검사, 축적된 기록 등으로 개인을 지배한다.

- 권력이 생산한 감옥은 확대되었다. 회사, 군대, 병원, 학교, 공장은 규율과 훈련 체계 시간표, 작업 일정 등을 통해 시간과 공간을 나누는 방식으로 사소한 영역까지 인간을 세밀하게 길들인다. 현대 사회는 거대한 감옥이다.
- 합리적 이성이 도달한 지점은 '또 하나의 비합리성'이며 '자율적 주체로서의 인간성의 상실'이었다. 근대사회는 파놉티콘(원형감옥, 일망감시시설)의 원리가 극대화된 사회이며 이성의 이름으로 이성을 억압하고, 인간의 이름으로 인간을 유린한다.

18. 이성을 기반으로 하는 계몽의 정신은 새로운 야만의 길을 열었다 - 호르크하이머, 아도르노

이성적 사유는 모든 것을 제어·조정하여야 한다는 강박관념에 빠져 있었고 모든 것을 목록화하여 표로 만들고 계급 질서를 부여하고자 하였으며 지나치게 권력을 추구하였다.

자연이 주는 공포에서 인간을 해방시키고 이성의 힘으로 사회를 개조하고 문명의 진보를 가져오고자 했던 계몽의 정신은 과학기술의 발전과 물질적 풍요를 가져 왔으나 계몽은 물질에 생명을 주어 인간을 물질의 노예로 만들었다.

인간은 계몽의 이름으로 자연을 지배하고 아메리카 인디언, 식민지 민중, 유대인들을 학살하였다. 인간에게 빛을 주어 인간을 세계의 진정한 주인으로 만들고자 했던 계몽은 결국 새로운 야만성을 드러내어 인간에 대한 지배, 학살, 자연파괴라는 새로운 야만의 길을 열게 된 것이다.

- 이성의 타락은 지식의 시녀화를 초래하여 지식인을 단순 기능공으로 전락시켰다. 무지와 미신을 몰아내고 자연의 공포에서 벗어나 인간을 주인으로 세운다는 계몽의 정신은 계몽 자체가 권력을 지니게 되고 숭배의 대상이 되면서 인간이 주인이 되기는커녕 권력의 노예가 되었다. 신화로부터 깨어나고자 한 계몽이 다시 신화로 돌아간 것이다.

19. 이제는 도구적 이성에서 벗어나 성찰적 이성을 회복함으로써 진정한 인간 해방으로 나아가야 한다 -호르크하이머, 아도르노

이성, 합리성의 이름으로 이루어지는 인간성 말살, 통제와 억압, 획일화 경향은 이성 자체의 문제라기보다 인간이 이성적 능력을 특정한 가치와 목적만을 위해서 도구적으로 사용한 데 있다. 이성을 모든 악의 원천으로 보는 것은 잘못이다.

대기오염과 교통사고를 일으킨다고 자동차가 주는 이점을 포기할 수 없는 것처럼 인간이 이성 그 자체를 포기할 수는 없다. 따라서 이성은 포기할 수는 없고 그 한계를 극복함으로써 진정한 계몽으로 나아가야 한다. 이성의 사유는 끊임없이 생각하고 반성하는 특징을 가지고 있으므로 이제는 도구적 이성에서 벗어나 성찰적(비판적) 이성을 회복함으로써 진정한 인간 해방으로 나아가야 하며 이렇게 할 때 계몽은 완성될 수 있다.

....

* 계몽적 이성·도구적 이성은 세계가 인간의 사유로 분석할 수 있는 사물들의 세계로 이루어져 있다는 것을 전제로 한다. 인간 앞에 무릎을 꿇은 사물의 세계에서 자연은 자원창고로서 지배와 이용의 대상이 된다.
* 근대사회 이후 이성은 자본의 힘에 굴복하여 비판적 능력을 상실하고 자연지배, 자본증식의 도구가 되었다.

....

20. 모든 문제는 의사소통적 이성에 의해 해결할 수 있다
- 하버마스

하버마스에 의하면 인간의 언어활동은 궁극적으로 상호이해를 위한 소통활동이다. 어떤 사안에 대한 합의를 이끌어내기 위해서는 의사소통을 통해 서로의 입장을 검토하고 상대방을 설득해야 하는데 인간에게는 이성의 능력이 있기 때문에 이것이 가능하다.

하버마스가 말하는 합리화의 범위에는 상호주관적 이해를 통해 교감이 이루어지는 도덕적 성숙함 또한 포함된다. 다른 사람과 교류하기 위한 비영리적 활동도 역시 합리적 활동이라는 점에서 하버마스의 합리성은 도구적 합리성을 넘어서는 개념이다.

서로의 주장을 검토하고 그에 대해 이성적 대화를 통해 토론함으로써 의견의 차이를 뛰어넘어 합의를 도출하는 것은 이성의 독재를 피하고 갈등을 조정하여 사회의 통합을 확보하는 방법이 된다.

• 하버마스는 일상세계를 생활세계the world of life라는 용어로 표현하였다. 일상은 자유롭고 산만한 활동으로 구성되어 있으나 그 와중에도 통일감이 있고 나름대로의 질서가 있다. 우리가 살아가는 일상세계는 소통의 장이다.

하버마스는 거창한 구호와 관념적인 추상으로서의 이성이 아니라 생활세계에 내재한 합리성이라는 잠재력에 주목한다. 인간의 진정한 합리성은 인위적인 체계의 구성능력에서가 아니라 비체계적이고 산만해 보이는 생활 속에서 찾을 수 있다는 것이다. 하버마스의 목표는 억지, 강제적 방식이 아닌 자유로운 방식으로 개인들이 합리적 공동체를 이루는 것이며 제도에 의해서 만들어진 통합적 체계가 아닌 공동체를 이루는 개인들의 소통적 합의에 의해 이루어지는 의사소통의 체계, 이성적 대화를 이끌어내는 것이다.

---

21. 합리성이 고도로 구현된 조직체계는 생활세계를 파괴한다

- 하버마스

하버마스는 합리성을 목적 합리성과 의사소통적 합리성으로 구분하였다. 목적 합리성은 목적을 이루기 위해 인간이 자연을 도구적으로 바라보고 인식할 때 구현되는 합리성이다. 이것은 자연파괴, 기술에 의한 인간지배 등 부정적 결과로 나타났다.

한편 의사소통적 합리성은 개인 안에 내재해 있는 것이 아니라 서로 제한 없는 토론을 통해 공동으로 형성해 가는 합리성을 말한다. 자유로운 토론과 의사소통이 합리성의 핵심을 구성한다고 보는 것이다.

하버마스는 목적 합리성의 남용과 의사소통적 합리성의 부재가 현대사회의 문제점을 낳는다고 보았다. 즉, 합리성이 고도로 구현된 체계(사회통합의 질서)가 생활세계를 식민지화하고 파괴한다는 것이다. 하버마스는 공공영역의 확대와 대화 및 토론의 활성화를 통해 의사소통의 합리성을 회복해야 한다고 주장하였다.

• 하버마스에 의하면 일상의 생활세계는 언어활동을 통해 상호이해와 소통을 지향하는 활동이 일어나는 곳이다. 자유로운 형태로 존재하는 소통적 합일은 생활세계의 모습이자 이상적 소통이다. 하버마스는 생활세계가 체계화되어 모든 행위가 효율과 기능이라는 잣대로 정당화되면 강제적 정당화의 기제가 생활세계에 침투하여 정당성을 강요당하게 되고 폭력적·기만적으로 된다고 하면서 오늘날 시급한 과제는 생활세계를 식민지 상태에서 해방시키는 것이라고 하였다.

22. 합리성은 계산되지 않는 것을 배제하고 파괴한다

이성, 합리성은 비례, 계산과 관련이 있다. 모든 것을 계산 가능한 것으로 만드는 이유는 사물과 사람에 대한 통제·조작을 위해서이다. 친구 간의 우정, 가족 간의 사랑, 황홀한 기쁨, 멋진 경치 등은 계산할 수 없다. 모든 것에 대한 수량화는 생각의 자유와 삶의 풍요를 수학적 계산의 좁은 틀 안에 가두고 인간관계, 환경, 생태계의 파괴를 초래한다.

- 합리성은 효율성과 속도를 확보하게 하여 기술발전, 생산력 증대, 편리한 생활을 가능케 한 장점이 있다. 그러나 모든 것을 계산하는 것으로 수량화하면 인간은 성적, 소득, 실적 등 숫자로 평가되고 수치에 미달되면 배제된다.

- 피타고라스학파는 우주는 수적 비례인 로고스로 이루어져 있다고 생각하였고 비율ratio로 나누어지지 않는 수는 로고스가 없는 수로서 비합리적인 수이고, 우주의 조화와 질서를 해친다고 보았다. 이 때문에 그들은 무리수를 발견한 히파수스를 배신자로 낙인찍어 살해하였다. 합리성의 추구가 결국 비이성적 폭력을 낳고 자유로운 생각과 사회 발전을 가로막은 셈이다.

23. 가장 세련된 살육자는 교육에 의해 계몽된 합리적인 인간이다 - 도스토옙스키

문명이 발달하고 이익·합리성의 체계로 모든 것이 재현되면 잔인성이 사라지고 전쟁이 없어질 것이라는 주장은 진실을 왜곡하는 것이다. 교육에 의해 계몽된 선량하고 합리적인 최고의 문명인들이 오히려 과거보다 발전된 방법으로 훨씬 대규모의 살육을 저질렀다.

- 히틀러는 술·담배를 하지 않았고 채식주의자였으며 매우 검소했다. 그는 화가 지망생으로 그림을 잘 그렸고 사치와 미식을 멀리하였으며 여성편력도 없었다. 그는 주변 사람들과 편안하게 담소하는 것을 즐겼고 그의 여비서는 히틀러를 친절하고 아버지 같은 사람이라고 평했다.

24. 진정한 자유인은 합리적으로 설명되지 않는다
- 도스토옙스키

인간은 반드시 합리적이지는 않다. 인간에게는 이익보다 자유가 중요하다. 진정한 자유인은 예측과 통제가 어렵고 자신의 이익에 반하는 행동도 할 수 있다. 이익을 포기할 수 있는 것이 인간의 인정한 자유이며 인간다운 삶을 가능케 한다.

25. 맥도날드의 합리성은 '빨리 계산하고, 빨리 먹고, 쓰레기는 네가 치우고, 빨리 꺼지라'는 것이다 - 조지 리처

맥도날드 매장은 3·5·15 법칙에 따라 30초 안에 주문하게 하고, 5분 안에 음식이 나오게 하고, 15분 만에 음식을 먹고 나가게 하려고 한다. 등받이가 딱딱하고 엉덩이가 걸치는 부분이 적은 의자는 허리가 아프고 불편하며, 매장 안에서는 경쾌하고 빠른 음악을 틀어 식사시간이 빨라지게 한다.

매장은 철저하게 이윤을 위해 설계되어 있으며 매장회전율을 높여 돈을 빨리 벌 수 있는 구조로 되어 있다. 이러한 합리화된 시스템하에서 소비자는 돈을 내기 전까지만 왕이다.

- 맥도날드는 규격화, 편리성, 효율성 속에 비합리성(비인간적 요소)이 있다는 것을 보여준다.
- 맥도날드화의 비인간적 요소
  - 길게 줄을 서서 기다린다.
  - 품질보다 비싼 값을 치른다.
  - 건강을 위협하는 음식
  - 빨리 먹고 빨리 나가야 한다.
  - 종업원과 손님의 형식적인 관계
  - 막대한 쓰레기 배출과 환경오염
  - 판매자가 제공해야 할 서비스를 소비자에게 전가한다(셀프서비스).

26. 합리성 속에는 비인간적이라는 불합리성이 있다

맥도날드화는 합리화의 이점이 있다. 제품과 서비스가 규격화되어 있고 줄 서서 기다리기, 제한된 메뉴, 스스로 그릇 치우기 등 통제가 쉽다. 이것은 자동차 이동이 많고 맞벌이 부부가 많으며 효율성이 요구되는 현대생활에 부합한다.

- 합리성의 결과 인간성은 도구로 전락하였다(막스베버).
- 아우슈비츠와 유대인 대학살은 합리성 속의 불합리성(비인간성)을 보여준다.
- 합리적이라고 하는 것은 인간주의적·생태학적으로 보면 비합리적이다. 합리성은 맹목적 이익을 추구함으로써 인간과 자연의 유대관계, 공동체의 결속력을 파괴하였고 첨단기술을 앞세우고 획

일화된 개발을 강요함으로써 환경파괴, 생물 종 멸종, 산림 파괴, 산호초 파괴 등의 결과를 초래하였다.

27. 카지노의 합리성은 시계, 창문, 거울이 없다는 점에 있다

카지노에는 시간에 신경 쓰지 말고, 해가 뜨거나 지는 것을 모르고 도박에 열중하라고 시계와 창문이 없다. 또 도박하는 초췌한 자신의 모습을 보지 못하게 하기 위해 거울이 없다. 이것은 도박으로 최대한 돈을 탕진하게 하여 이익을 남기려는 카지노의 합리성이다.

28. 상술로 설계된 구조는 백화점의 합리성을 보여준다

○ 백화점은 고객의 쇼핑패턴을 연구하여 소비자들이 많은 것을 천천히 구경하면서 구매할 수 있도록 복잡한 미로처럼 구성되어 있다.

○ 백화점에는 벽시계와 창문이 없고 불빛이 밝다. 시간 가는 줄 모르고 쇼핑을 하라는 것이다.

○ 백화점에는 유리와 거울이 많고 기둥도 반들거리는 대리석으로 되어 있다. 이것은 자신을 비춰보느라고 속도가 느려지거나 거울에 비치는 물건에 시선이 끌리게 하기 위한 것이다.

○ 백화점 시식코너는 안쪽에 있다. 이것은 가장자리만 돌다가 계산대로 직행하는 것을 막기 위해서이다.

○ 계산대 옆에는 초콜릿, 껌, 건전지 등이 있다. 계산을 기다리는 동안 지루함을 참지 못하는 손님들이 마지막까지 쇼핑하도록 하기 위한 것이다.

○ 계산대 쪽 바닥은 높게 설계되어 있다. 이것은 쇼핑카트가 매장으로 다시 들어가게 하여 또다시 쇼핑하기 쉽도록 한 것이다.

• 컨설팅회사 인바이로셀의 최고경영자이자 소비심리분석가인 파코 언더힐paco underhill은 행동심리학적 관점에서 고객의 쇼핑패턴을 조사·연구하여 『쇼핑의 과학』이라는 책으로 발표하였다.

29. 자본주의 사회에서 합리화의 원동력은 경제적 이윤이다

– 막스 베버

현대의 합리성은 이윤의 획득 가능성이며 경제적 목적이 합리성의 징표가 된다. 이윤을 목적으로 하는 회사는 비용절감으로 수익을 증대시키기 위해 합리화를 추구한다. 무인기술의 증대, 직원 감축 등을 통해 개인의 업무 분담률을 높이면 수익성이 늘어난다. 예측 가능성, 계산 가능성, 수량화를 강조하면 실적평가가 쉬워져서 더 이윤을 내도록 열심히 일하게 만든다.

합리화된 사회가 인간의 행복을 보장하는 것은 아니다. 수단과 방법의 합리화, 이윤의 최대화에 집착하게 되면 인간은 정작 자신이 원하는 바를 잊어버리게 된다. 효율적 수단만이 중시되는 거대한 합리화의 조직 안에서 개인은 인간적 가치판단과 책임의식을 잃어버리고 오직 조직의 부속품으로 맡은 임무만을 다하면서 살아가게 된다.

• 합리성은 사회에 꼭 필요한 것이지만 균형 잡힌 시각을 갖지 못하면 비인간화와 인간소외를 초래하게 되어 인간적인 삶을 위협할 수도 있다. 이윤보다 중요한 것은 인간의 존엄성이며 합리성의 장점을 살려 그것을 최대한 인간성에 도움이 되는 방향으로 활용하는 방법을 강구하여야 한다.

30. 합리주의 철학은 인간의 이성을 도구로 인식한다

합리주의 철학에서는 인간의 이성을 통해 자연 세계를 파악하고 인간은 이성적 주체로서 자연 세계라는 객체를 통제할 수 있다고 한다.

이때 자연은 객체가 되고 이용·정복의 대상이 되며 지구는 활용 가능한 자원창고가 된다. 즉, 인간은 이성이라는 합리적 도구로 지식을 탐구하고 자연 세계를 정복하여 활용하면서 삶의 질을 높여 나가는데 이러한 것은 모두 합리적인 행위로 정당화된다.

• 마르쿠제에 의하면 도구적 합리성이 지배하는 현대사회에서는 목적의 가치나 타당성을 사유하지 않고 수단의 효율성만 따짐으로써 비판적 이성의 힘을 사용하는 능력이 퇴화된다.

양심은 물질적 필요에 굴복하고 계산이 양심을 대신한다. 이러한 의식은 비합리적인 사회를 유지시키는 기능을 한다.

- 이성의 도구화는 인간의 인식활동이 컴퓨터처럼 훌륭한 계산기가 되었다는 것을 의미한다. 인간의 관심은 자연을 지배하고 인간에 필요한 방식으로 가공하고자 하는 기술적 관심, 세계를 인간의 것으로 도구화하고자 하는 관심이며 소통과 상호이해라는 근본적 관심은 무시된다.
  인간의 진정한 해방은 많은 재화를 가지고 자연을 지배하는 것이 아니라 다른 사람으로부터 인정받고 서로 소통할 때 가능하다.

31. 합리성의 실현은 관료제를 통해서만 가능하다 - 막스 베버

막스 베버는 현대사회가 합리성의 실현과정이며 합리성의 실현은 관료제를 통해서만 가능하다고 하였다. 또 관료조직은 개인의 성격이나 의사에 좌우되지 않고 각자가 맡은 역할에 충실함으로써 목적이 성취되도록 할 것이며 기술발전과 관료제를 통해 사회통제를 하게 될 것이라고 전망하였다.

막스 베버가 말한 합리성의 철장iron cage은 관료제의 역기능을 상징적으로 나타내는데 이것은 개개인이 새장에 갇힌 것과 같은 상태에서 자신이 맡은 역할과 정해진 업무만을 수행할 뿐 자신의 의미를 인식하지 못하는 인간소외의 상황을 초래할 수도 있음을 보여준다.

합리성과 효율성을 극대화하기 위해 구성된 대규모의 관료화 조직에서는 목표와 과업달성이 우선시되고 도덕적 욕구가 억압되며 목표수행을 위한 도구적 이성만이 발달하게 되는데 물질적 성과를 높이기 위해 조직을 효율적으로 관리할수록 자유롭고 도덕적인 인간성을 오히려 파괴되는 결과를 초래한다.

- 관료제는 베버가 주장한 형식적 합리성, 즉 행위가 합리적으로 계산될 수 있는 원칙에 따라 조직화하는 것으로 합리성의 의미와 목적을 적합성·타당성이 아니라 절차·과정에서만 찾는 것을 말한다. 형식적 합리성에 매몰되는 경우 인간의 가치 있는 목적 추구는 어렵게 된다.

32. 도구적 합리성은 자연, 사물, 인간까지도 수단으로 간주한다 - 막스 호르크하이머

　도구적 합리성의 지배방식은 자연이나 사회를 추상적 단위로 분해하고 측정 가능한 양적인 크기로 만든다. 수량화는 주어진 목적을 위해 재구성하거나 조작하기에 쉽다.

　사물의 본질은 수량화에 있으며 모든 것을 수량으로 파악하는 이러한 도구적 합리성은 인간의 자연지배, 인간의 인간에 대한 억압과 지배로 이어진다. 도구적 합리성은 더 많이 가지면 더 행복해진다는 사고로 나타나 욕망을 확대재생산하고 책임의 윤리, 도덕성을 망각하게 하여 인간을 불행하게 만들 수 있는 것이다.

- 자연은 인간과 공존하는 관계이며 지구는 자원창고가 아니다.
- 도구적 합리성에 의해 형성되는 형식적 인간관계가 지배하는 사회에서 사람들은 과거의 감성적이고 원초적인 끈끈한 인간관계를 그리워하게 된다.
- 모든 것을 유용성의 가치에서만 본다면 우리는 사물의 고유한 가치를 놓치게 된다.

33. 유대인 대학살은 합리적이고 효율적인 메커니즘이었다 - 지그문트 바우만

　유대인 대학살은 대량의 인명 살상을 위해 관료들이 만들어낸 합리적이고 효율적인 메커니즘이었다. 합리적으로 보이는 것에는 곳곳에 비인간성이라는 불합리성이 산재해 있다.

34. 참된 합리성은 자신의 한계에 대한 인식이며 오류 가능성을 아는 지적 겸손이다 - 칼 포퍼

이성은 비판을 통하여 성장한다. 절대적으로 옳은 이론이나 정치적 입장은 존재하지 않으며 이론은 경험에 의해 언제든지 반증될 수 있으므로 솔직한 비판을 주저한다면 비극적이고 치명적인 결과를 초래할 수 있다.

참된 합리주의는 자신의 한계에 대한 인식이며, 자신이 오류를 범할 수 있다는 것을 알고 자신의 지식이 얼마나 다른 사람의 도움에 의존하고 있는가를 아는 지적 겸손이다. 우리는 이성으로부터 너무 많은 것을 기대해서는 안 된다.

제4절 행복

1. 인생의 목적은 행복이다

인간은 살아남는 것이 목표가 아니라 행복하게 살고자 하며 일시적 행복에 만족하지 못하고 항상 행복하기를 원한다. 행복은 그 자체가 궁극적인 목적이므로 행복은 행복해지고 싶다는 그 자체의 이유 이외에는 다른 이유가 있을 수 없다.

건강, 재산, 쾌락, 지식, 지혜 등은 행복을 얻기 위한 조건이자 수단이 될 수 있지만, 그 자체가 궁극적 목적이 될 수는 없다. 행복은 다른 것을 얻기 위한 조건이 아니라 그 자체가 궁극적인 목적이며 따라서 인생의 궁극적 목적은 행복이라고 할 수 있다.

- 행복은 수움보눔summum bonum(최고선)이다.
- 행복은 우리의 욕망을 움직이는 최대의 동기이며 인간이 지향하는 궁극적인 기쁨이다. - 파스칼

2. 행복은 생존을 위한 진통제에 지나지 않는다
- 진화심리학자들

진화심리학evolutionary psychology에서는 행복은 인생의 목적이 아니라 생존을 위한 수단이며 인간은 행복해지기 위해 사는 것이 아니라 살기 위해 행복감을 느끼도록 설계되어 있다고 한다. 인간이 고통을 느끼는 것은 위험을 제거하게 하여 생존 가능성을 높이기 위한 것이고 행복을 느끼는 것은 고통을 제거함으로써 역시 생존 가능성을 높이는 것이라고 한다.

진화심리학에서 보는 행복은 인간이 생존하기 위한 뇌의 진통제이다. 인간은

행복감을 느껴야 고통을 잊고 살아갈 수 있으며 후손도 번식하려고 할 것이므로 결국 행복은 생존과 번식을 위한 수단(진통제)에 불과하다는 것이다.

- 인간은 그냥 생존하기를 원하지 않으며 생물적 삶에 만족하지 않는다. 인간은 행복하게 살기를 원하며 자신의 이상과 가치를 실현하면서 살아가고자 한다. 진화심리학은 타당성의 일면만을 흥미롭게 제시하고 있을 뿐이다.

3. 행복은 고통이 없고 마음의 근심이 없는 상태(아타락시아, ataraxia)이다 - 에피쿠로스

에피쿠로스학파에서는 인간이 쾌락을 추구하는 본성을 타고났다는 것을 전제로 쾌락을 추구하되 욕구의 조절을 통해 고통이 없고 마음에 근심이 없는 상태(아타락시아, ataraxia, 마음의 평화)로서의 행복을 추구하며 인간의 목표는 유다이모니아eudaimonia(내면의 선한 영혼)의 행복상태에 도달하는 것이다.

에피쿠로스에 의하면 쾌락은 선이고 혐오감, 불쾌감은 악이다. 그러나 대부분의 쾌락은 오래 지속되지 못하므로 쾌락은 지속적인 행복의 기초가 되기에는 부족하다. 에피쿠로스는 '지속 가능한 쾌락'을 확보하기 위해 욕망의 억제를 강조하였다.

에피쿠로스에 의하면 지속적인 행복을 가져다주는 것은 소유가 아니라 절제를 통한 쾌락의 조절이다. 또 삶은 끊임없이 배워가는 과정이므로 늘 배우고 세상사에 흥미를 잃지 않는 사람만이 나이 들어서도 삶에 대한 기쁨을 유지할 수 있다.

에피쿠로스는 행복한 인생을 위해서는 균형 감각, 인간관계를 가꾸고 건강하게 유지하는 것이 매우 중요하다고 한다.

- 수면에 바람 한 점 불지 않을 때 바다가 고요해지듯 아무런 혼돈에도 뒤흔들리지 않을 때 영혼은 평온히 자유를 찾는다. - 에피쿠로스
- 풍족해지고 싶거든 재산을 늘리지 말고 욕망을 줄여라. 풀로 엮은 잠자리에서 근심 없이 잠드는 것이 황금 침대에서 잠 못 이루는 것보다 낫다. - 에피쿠로스
- 평생 행복을 누리기 위해 지혜로 준비해야 할 것 중에서 가장 큰 것은 우정이다. - 에피쿠로스

4. 행복은 자연스럽게 사는 것이다

아리스토텔레스는 『니코마코스 윤리학』에서 인생의 가장 큰 목표는 행복이며 행복은 고유한 기능을 잘 발휘하는 것이고 주어진 역량을 최대한 개발하고 사는 것이 최선의 삶이라고 하였다. 아리스토텔레스에 의하면 인간의 고유한 기능은 이성이므로 인간은 늘 생각하고 이성을 가꾸어야 하며 이성을 잘 활용하여 바람직한 삶을 영위함으로써 행복을 얻을 수 있다.

한편 로마의 철학자 세네카는 『행복한 삶에 대하여』에서 진정한 행복이란 만족과 쾌락이 아니라 자연에 걸맞은 삶이라고 하였다. 자연은 세계의 질서에 따르는 의미 있는 삶을 살라고 우리에게 이성을 주었으므로 쾌락, 명예, 허영, 야망을 멀리하고 자신으로부터 만족을 얻어야 하며 자연의 질서에 순응하여 살아감으로써 행복을 얻을 수 있다는 것이다.

- 그리스인들은 세계를 잘 정돈되어있고 질서정연한 코스모스로 보았으며 코스모스는 정당하고 아름다운 질서, 신적이고 합리적인 질서이며 완벽한 조화를 이루고 있다. 코스모스에서 모든 존재는 그에 합당한 자리와 그의 몫이 있다. 따라서 조화롭고 선한 코스모스적 질서에 우리 자신을 짜 맞추려고 노력하는 것이 바람직한 삶이며 행복한 삶이라고 생각하였다.

- 고대의 코스모스적 세계관에 의하면 세계는 신적인 것이며 완벽한 조화를 이루고 있다. 따라서 이러한 사고구조하에서는 자연은 모방하고 관조해야 할 대상이며 인간은 그에 순응하여야 한다. 또 "너 자신을 알라", "무엇이든 지나치게 하지 말라"는 것이 주된 덕목이 된다.
  스토아 철학에서는 인간에게 주어진 특성은 이성이므로 삶에 있어서 가장 중요한 일은 영혼을 가꾸는 일이고 욕망과 감정에 휘둘리지 않고 재물, 명예에 대한 집착에서 벗어날 때 인간은 행복할 수 있다고 한다. 코스모스적 세계관에 따르면 자연적 차별이 정당화되는 문제점이 있다.

----

5. 스스로 의식하지 못하는 행복은 있을 수 없다

의식과 무관하게 작용하는 생리작용, 수면 같은 것을 행복의 전형으로 볼 수는 없다.

행복은 욕망이 현실과 부합하고 조화를 이룰 때 생기는 것이므로 행복하려면 내가 무엇을 바란다는 목표가 있어야 하고 그것을 이루기 위해 내가 해야 할 행동을 의식하고 있어야 한다. 따라서 자신이 행복하다고 자각하고 있지 않다면 그것은 나에게 진정한 행복이 될 수 없다. 내가 바라는 것을 전제하고 있지 않은 행복은 충족될 수 없으며 의식하지 못하는 행복은 존재하지 않는다.

6. 행복에 있어서는 심리적 부富가 그 기준이 된다

행복은 개인이 자신의 상황을 어떻게 생각하고 느끼는가에 큰 영향을 받으며 삶의 중요한 영역에 대하여 개인이 스스로 내리는 평가, 삶에 대한 만족도에 의해 좌우된다.

Joy is not in things, it is in us.
기쁨은 사물 안에 있지 않다. 그것은 우리 안에 있다.

긍정심리학자들의 견해에 의하면 행복에 있어서는 심리적 부富가 그 기준이 되는데 이는 개인이 지닌 순 자산이며 여기에는 물질적 자원, 사회적 자원, 삶에 대한 열정, 긍정적 태도, 건강, 일 등이 모두 포함된다고 한다. 그중에서도 심리적인 부富의 세 가지 측면인 건강, 관계, 의미 있는 일이 매우 중요한 요소가 된다.

- 진정한 부富는 마음 자세와 관련이 있으며 정신적 성숙도와 큰 관련이 있다. 남들이 보기에 행복한 조건을 많이 갖추고 있는 사람이 자살하는 이유는 행복이 심리적 부富, 정신적 성숙과 관련이 있기 때문인데 정신적 빈곤, 심리적 만족도의 저하, 부정적 태도 등은 자살 충동을 유발하여 스스로를 불행으로 몰아가기도 한다.

7. 행복은 주관적 만족감이다

　행복은 주관적 만족에 따르는 개인적인 사안으로서 나의 행복은 내가 찾아야 한다. 행복과 불행은 주관성, 개인적 감수성과 관련된 요소들이 많아 보편화할 수 없고 스스로 마음먹기에 달려 있는데 사람들은 기대수준도 다르고 느끼는 것도 다르기 때문에 행복을 느끼는 것은 사람에 따라 다를 수밖에 없다. 자신의 개성을 발휘하여 자기답게 사는 것, 자신의 만족과 행복을 얻는 것이 필요하다.

- 행복이 주관적이라 하여도 자기도취는 행복감을 주지 못한다.
  러셀에 의하면 자기도취는 사랑을 느끼는 욕망을 메마르게 하고 타인에 대한 진정한 관심을 갖지 못하게 하며 자기 안에 갇히거나 다양한 분야에 관심을 기울이지 못하게 하여 삶을 즐기기 어렵게 한다. 더구나 자기도취가 뒤떨어진 현실감각과 결합하여 과대망상으로 될 경우에는 더 큰 문제가 발생한다. 알렉산더 대왕은 꿈의 범위를 넓혀가면서 신이 되기로 결심하였다가 꿈을 이루지 못하고 일찍 죽고 말았다.
- 근본적인 행복은 인간과 사물에 대한 따뜻한 관심에서 비롯된다. 예컨대 지질학자가 바위에 대하여 가지는 관심과 고고학자가 옛 유적에 대하여 가지는 관심은 행복한 일상을 만드는 데 중요한 역할을 한다. 이들은 관심 대상과 취미 생활에서 기쁨을 느끼면서 자신의 흥미와 사랑을 만족시킬 수 있다. - 러셀 『행복의 정복』 중에서

8. 행복은 머물지 않는다

　행복을 행운이나 우연히 주어지는 것, 만족감을 주는 것으로 생각한다면 그것은 순간적으로만 지속될 수 있다. 마음에 드는 것, 만족감을 느끼는 것, 환희의 순간은 얼마 못 가 곧 시들해진다.

　파티를 즐기는 사람에게는 행복이 지속되는 것이 아니라 기력만 쇠해질 뿐이고 맛있는 음식을 먹을 때의 기분 좋은 경험도, 첫사랑의 짜릿한 느낌도 오래 지속되지 않는다. 절정의 쾌감을 맛본 마약중독자들은 세상일에 더는 호기심을 갖지 않으며 새로운 탐구나 경험을 찾지도 않는다.

　인간은 행복을 갈구하지만 지속적으로 그것을 느끼지 못하도록 프로그래밍이 되어 있기 때문에 한순간에 머물러 계속 행복할 수는 없다. 산 정상에 올랐을 때의 느낌과 행복감은 오래가지 않으며 다음에 어떻게 내려갈 것인지에 대한 걱정

을 남긴다.

그러나 그 후에 다시 계획을 세우고 준비를 하여 또 다른 산에 오른다. 이처럼 행복은 우리가 평생 끊임없이 찾아야 하는 것이며 정신적 성숙과 밀접한 관련이 있다.

> Happiness is a way of travel - not a destination.
> 행복은 여정이지 목적지가 아니다.

9. 행복은 소유하는 것이 아니라 찾는 것이다

행복은 머물러있지 않기 때문에 잡으려고 할수록 우리에게서 멀어진다. 그렇다면 지속적 행복을 얻기 위해서는 생활 속에서 수많은 작은 기쁨의 순간들에 집중하여 그것을 발견하고 느끼는 것이 중요하다.

행복은 소유의 대상이 아니기 때문에 각국의 헌법에서는 행복을 소유할 권리가 아니라 행복을 추구할 권리를 갖는다고 규정하고 있다. 행복은 일상에 의미를 부여하면서 우리가 평생 끊임없이 찾아 나가야 하는 것이며 정신적 성숙과 밀접한 관련이 있다.

철학이나 종교에서는 순간적인 행복, 덧없는 기쁨을 찾을 것이 아니라 지혜와 미덕을 갖추고 윤리적인 삶을 사는 것이 행복이라는 최고선에 도달하는 방법이라고 가르친다. 지혜와 덕성을 갖추고 더 나은 상태를 위하여 끊임없이 노력하는 과정에 행복이 있는 것이며 행복을 추구하는 삶 자체가 행복한 것임을 알아야 한다.

The bird of paradise alights only upon the hand that does not grasp.
낙원의 파랑새는 자신을 잡으려 하지 않는 사람의 손에 날아와 앉는다.

10. 인간의 참다운 행복은 먹고사는 문제가 아니라 좀 더 높은 정신적 탐구에 있으며 더 나은 세계를 추구하는 데 있다

리처드 바크Richard Bach의 『갈매기의 꿈Jonathan Livingstone Seagull』에 나오는 갈매기 조나단 리빙스턴은 찌꺼기를 주워 먹고 먹이를 얻기 위해 비행을 하는 생활에 회의를 느끼고 보다 높이 날아오르는 것을 갈망한다. 조나단은 다른 갈매기들의 외면과 놀림을 피해 외딴곳에서 고된 훈련을 하며 비행술을 연마하여 가장 빨리 날 수 있게 되고 많은 것을 터득하게 된다.

그는 인생이 짧은 이유가 권태감, 공포심, 분노를 마음속에 담고 있기 때문이라는 것을 알았고 삶의 목적은 하고 싶어 하는 일을 하며 살아가는 것이라는 사실을 깨닫게 된다. 조나단은 지상으로 내려와 제자를 가르치고 다른 갈매기들에게도 자유를 주었다. 끊임없이 사랑을 행하라는 말을 실천하고 완전한 자유를 얻은 조나단은 빛나는 갈매기가 되어 하늘 저편으로 사라져 갔다.

인간의 참다운 행복은 먹고 사는 것의 문제가 아니라 좀 더 높은 정신적 탐구와 자유에 있으며 기존의 사회규범과 인습에서 벗어나 더 높게 올라 더 멀리 바라봄으로써 참다운 삶의 가치를 찾고 더 새로운 삶과 더 나은 세계를 추구하는 데 있다.

그러기 위해서는 꿈과 이상을 간직하고 그것을 이루기 위해 끊임없이 노력하고, 자신의 한계를 규정하지 않고 자기완성에 대한 노력을 중단하지 않는 자세가 필요할 것이다.

11. 인생의 행복은 각자의 행복추구에 의해 얻어지는 것이 아니라 각자가 모든 사람의 행복을 갈망함으로써 획득된다 - 톨스토이

　사회생활을 함에 있어서는 사회 안정과 구성원들 간의 화합이 필수적이며 타자를 무시하는 행복은 있을 수 없다.

　자신의 쾌락만을 추구하는 이기적인 행위는 사회 공동체를 훼손하게 되고 사회의 불행은 곧 개인의 불행으로 직결되므로 행복은 개인적 영역에 국한되는 것으로만 볼 수는 없다. 예컨대 빈부차가 심하고 사회안전망이 취약하여 자식이 납치당하거나 밤길 다니기가 걱정될 정도라면 부자도 삶의 질이 저하될 수밖에 없고 이웃이 병들고 굶어 죽어 나가는 상황에서 나만 행복할 수는 없는 것이다.

　주관적인 것에 만족하는 개인주의적 행복은 이기적이고 비윤리적으로 흐르게 되어 사회적 조건을 악화시키게 되어 전체의 불행을 가져올 수 있기 때문에 자신이 행복하기 위해서는 각자가 다른 사람의 행복을 갈망하고 다른 사람들의 행복을 위해서 노력해야 하며 모든 사람이 행복할 수 있는 사회환경을 조성해 나가는 것이 필요하다.

- 내가 행복하기 위해서는 타인의 행복도 추구하여야 한다. - 아리스토텔레스
- 모두가 행복해질 때까지 아무도 완벽하게 행복할 수 없다. - 스펜서
- 진정한 행복은 타인에게 행복을 선물하지 않고는 얻을 수 없다. - 니체

12. 국가는 행복이 무엇이라고 합법적으로 규정할 어떠한 근거도 갖지 못하지만, 개인이 행복을 실현하기에 적합한 기본환경을 제공해 주어야 할 의무가 있다 - 칸트

행복은 개인적 영역에 그치는 것이 아니라 사회적 조건과도 밀접한 관계가 있으므로 사회는 타인으로부터 폭행당하거나 돈을 강탈당하지 않는 안전장치와 자원의 공정한 분배가 필요하다.

그러나 국가가 개인의 행복에 기여할 수 있다고 하더라도 국가가 국민의 행복을 정의하고 공식화된 행복을 강제하는 것은 위험한 시도이며 이는 새로운 억압 수단이 될 수 있다. 북한은 수령의 영도하에 전 인민이 행복한 생활을 하고 있다고 하나 그것은 강요된 이데올로기일 뿐 자유가 없는 전체주의 사회에서 행복을 기대하기는 어렵다.

한나 아렌트는 『전체주의의 기원』에서 개인의 행복을 국가가 해결해 줄 수 있다는 발상에서 전체주의가 발생하였음을 강조한 바 있다. 정치인들은 선거 때마다 자신이 속한 정치집단이 국민의 행복을 보장해줄 수 있다고 떠들어대나 행복은 기본적으로 사적인 문제이기 때문에 정치가 개인의 행복을 좌지우지할 수는 없다.

그러나 인간의 삶은 자신의 의지에 상관없이 외부의 수많은 요소에 의해 영향을 받고 있고 정치가 사회적 조건의 개선에 나섬으로써 개인의 행복에 기여할 수 있기 때문에 국가는 개인의 기본권 보장, 전쟁과 테러 위협으로부터의 안전, 교육, 보육, 복지정책 등 행복을 실현하기에 적합한 사회환경을 제공해 주어야 한다.

13. 인간은 행복을 추구하거나 원해서는 안 된다. 인간은 행복을 누릴 자격이 있는 삶을 살기를 원해야 한다 - 칸트

칸트는 이성적·윤리적 존재인 인간은 행복을 찾기보다 행복을 누릴 자격이 있는 삶을 살기를 원해야 한다고 하였다. 칸트는 쾌락을 추구하고 욕망을 채우고 고통을 피하려고 하는 것은 욕망에 복종하는 것이며 그것은 자연적 필연성에 따른 행동 또는 경향성일 뿐 자유로운 행동으로 볼 수 없다고 하였다.

칸트에 의하면 욕구를 충족시키는 행동은 물리법칙, 인과법칙에 따른 행동으로서 자유로운 행동으로 볼 수 없고 그것은 타율적 행동이므로 가치가 없다고 하였다. 인간은 이성을 이용하여 스스로에게 부과한 도덕법칙에 따라 행동하며 의무감에서 나온 행동만이 자유로운 행동이며 진정한 도덕적 가치가 있다.

그렇다면 인간은 행복을 추구하기보다는 그것을 포기하고서라도 이성이 자신에게 부과한 의무와 도덕을 지키는 것이 중요하다. 따라서 인간은 행복을 추구하거나 원해서는 안 되고 행복을 누릴 자격이 있는 삶을 살기를 원해야 한다는 것이다.

- 인간이 이성이 명하는 바에 따라 순수하게 자신의 행동을 결정하는 경우는 없으며 도덕적 행위도 사실은 명예나 장기적 이익을 도모하는 행동일 수가 있다. 인간의 도덕적 행위에도 언제든 이기심과 욕망이 개입할 여지가 있기 때문에 의무만을 강조하는 칸트의 견해는 현실적 한계가 있다. 의무적인 선행보다는 자발적인 마음에서 우러나오는 도덕적 행위가 더 기쁨을 준다. 따라서 의무를 앞세우고 욕망을 포기하기보다는 가치 있는 욕망을 추구함으로써 욕망이 행복의 원천이 될 수 있도록 하는 것이 보다 현실적인 방안이 될 수 있을 것이다.
- 칸트는 순수한 손을 가지고 있으나 손을 가지고 있지 않다. - 페기C.peguy

14. 도덕적 삶과 행복한 삶은 양립할 수 있다

도덕적 행위는 행복을 목적으로 하는 행위가 아니라 자신의 의무를 다하는 행위이다. 인생의 목적에 관하여 의무와 도덕을 강조하는 관점에서는 행복이 우리의 지식이나 미덕에 의해 좌우되는 것으로 본다.

칸트는 자기 자신만을 생각하는 자의 이기적인 마음이 행동의 동기가 되어서는 안 된다고 강조하였다. 칸트는 행복을 포기하고서라도 이성이 자신에게 부과한 의무와 도덕을 지키는 것이 중요하다고 하였다.

그러나 도덕적 의무를 다하는 것이 행복을 포기하는 것이라고 할 수는 없다. 선하고 자비롭게 산다는 자부심, 옳은 일에 대한 신념 역시 행복으로 볼 수 있으며 정의와 이상을 지키는 과정에서 겪는 고통과 불행 역시 더 큰 행복을 위한 과정일 수 있다는 점에서 도덕적 삶과 행복한 삶은 양립할 수 있다고 보아야 할 것이다.

• 행복을 포기하고 도덕적 의무를 이행해야 한다는 생각은 행복을 쾌락과 동일 선상에 놓고 이해함으로써 발생한 오류이다. 인간은 순간적인 쾌락이 주는 착각에 만족하지 못하여 영원한 행복을 꿈꾼다. 따라서 인간을 파멸에 이르게 하는 욕망이 아니라 가치 있는 욕망을 통하여 진정한 행복을 추구한다면 도덕적 삶과 행복한 삶은 공존할 수 있는 것이다.

15. 진정한 행복은 만족과 쾌락이 아니라 미덕의 실천을 통하여 얻을 수 있다

수많은 철학자들은 미덕이 행복과 일치함을 강조하였다. 아리스토텔레스는 "인간은 이성을 활용하여 미덕을 실천하고 바람직한 삶을 영위함으로써 행복에 이를 수 있다"고 하였고, 키케로는 "인생의 목적은 행복에 있고 행복은 덕을 갖춤으로써 얻을 수 있는 것"이라고 하면서 네 가지 덕으로 정의, 지혜, 용기, 인내(절제)를 들고 있다.

한편 스토아 철학자 세네카는 "파도를 부서뜨리는 바위와 같이 일상적인 흐름에 동요되지 않고 불안정한 육체적 쾌락으로부터 해탈한 것처럼 여겨지는 덕성 안에 진정한 행복이 있다"고 하였다.

인간은 순간적이 쾌락이 주는 행복에 만족하지 못하고 영원한 행복을 꿈꾸기 때문에 지혜와 미덕의 실천을 필요로 한다. 지혜는 세상에 대한 깊은 이해를 통하여 우리가 삶의 과정에서 만나게 되는 예상치 못한 불행 앞에서 동요되지 않는 태도를 보이게 해준다. 다만 지혜는 실천이 뒷받침 되어야 하며 자발적인 마음에서 우러나오는 도덕적 행위는 인간에게 큰 기쁨을 준다.

결국, 실천적 덕을 겸비한 지혜를 통해서 인간은 진정한 행복을 맛볼 수 있는 것이다.

- 행복이란 덕을 행함으로써 주어지는 최상의 보상이다. - 성 토마스
- 나 스스로의 부와 영광이 아니라 선(善)을 위해 노력했다는 것을 깨닫는 순간 나의 영혼은 만족할 것이다. - 데카르트

16. 자유가 없는 행복은 불가능하다

배고픈 이리는 먹을 것을 걱정하지 않는 개를 부러워하였으나 개의 몸에 있는 사슬 자국을 보고 생각이 바뀌었다는 우화는 자유가 없는 강요된 행복이 진정한 행복이 아님을 보여준다.

타고난 자연적 성향(본능)과 반대로 행위를 할 수 있다는 것은 인간만의 능력으로서 인간성과 도덕성의 본질이며 노예 상태는 인간의 본질에 어긋나는 것이다. 자유 의지가 있기에 인간은 이성적으로 사고하고 자신의 행동에 대하여 책임을 지고 도덕성을 발휘하며 문화를 꽃피우고 인간적 세계를 만들어 나간다.

자유는 포기할 수 없는 인간의 본질이며 인간을 인간이게 하는 최상의 가치다. 자유를 포기한다는 것은 도덕성과 책임을 포기하는 것이며 인간으로서의 가치를 포기하는 것이다. 따라서 자유 없는 행복은 있을 수 없다.

- 자유가 없는 전체주의국가의 시민들은 평온할 수는 있겠지만, 자신의 삶을 스스로 선택하고 실행하며 자신의 미래를 스스로 만들어 나간다는 인간의 고유한 특성이 제거되고 생명체의 본질에 역행하는 이러한 안정상태를 행복이라고 부를 수는 없을 것이다.
- 인간의 비극은 완벽하고 안온해 보이는 개미굴의 행복과 자유에 대한 갈망 사이의 갈등에서 야기된다. - 도스토옙스키

17. 쾌락이 아니라 진정한 행복을 추구한다면 악한 사람이 행복을 누리는 것은 불가능하다

나쁜 사람들은 타인에게 해를 입히는 것에 대하여 큰 양심의 가책을 느끼지 않기 때문에 속임수와 폭력 등 비도덕적인 수단을 사용하여 보다 신속하고 효율적으로 자신의 이익을 추구할 수 있다.

자본주의 사회에서는 이기적이고 교활한 사람들이 성공하기 쉽고 그들이 현명하고 능력 있는 사람으로 평가받기도 한다. 물질을 더 많이 차지하고 쾌락과 욕망을 충족시키는 것을 행복이라고 한다면 이기적이고 나쁜 사람들이 행복할 가능성이 크다.

그러나 쾌락이 주는 자극과 감동은 곧 지루해지고 악행에 의해 부와 권력을 차지하는 것은 불안을 동반하게 된다. 물질적 쾌락과 안정은 행복의 조건일 뿐 행복 그 자체를 의미하지는 않는다. 따라서 쾌락이 아닌 진정한 행복을 추구한다면 착한 사람이 더 행복할 수 있는 것이며 미덕을 갖추지 못한 악한 사람이 행복을 누릴 수는 없는 것이다.

18. 쾌락은 행복을 보장해주지 않는다

음악가가 음악에서 쾌락을 느끼기 때문에 음악 활동을 발전시킬 수 있는 것처럼 쾌락은 사람들의 능력을 증진시키고 사람들이 욕구하는 삶을 완전하게 하는 면이 있다.

그러나 한편으로는 쾌락은 일시적 만족이나 흥분을 일으킬 뿐 진정한 기쁨을 주지 못하기 때문에 더 새롭고 자극적인 쾌락을 추구하게 하여 인간을 불구로 만드는 면도 있다.

최고의 쾌락을 경험한 마약중독자들은 더는 호기심을 가지고 세상을 탐구하려고 하지 않고 새로운 경험도 찾지 않으며 점점 더 자극의 수위를 높여가다가 결국 폐인이 되고 만다는 것이다. 쾌락이 항상 행복을 가져오는 것은 아니며 행복을 위해서는 쾌락을 추구하되 건강과 생계유지, 사랑하는 사람들에 대한 애정, 자신의 능력, 사회적 명예를 해치지 않도록 함으로써 이성과의 조화 속에 전체적인 삶의 균형을 잃지 않도록 해야 할 것이다.

• 여기서 말하는 쾌락은 성적 쾌락, 돈을 버는 데서 오는 쾌락, 사회적 성공을 거둠으로써 느끼는 쾌락 등 보통 말하는 세속적 쾌락을 의미한다. 그러나 쾌락에는 미덕을 갖추고 선량하고 자비롭게 살아간다는 자부심, 옳은 일을 한다는 신념에서 오는 차원 높은 쾌락도 있다.

---

19. 행복하기 위해서는 망각하는 능력이 있어야 한다 - 니체

니체는 지금 살아가는 현재의 삶을 그 자체로 받아들이지 못하고 과거에만 집착하거나 미래에만 매달리는 사람을 '역사적 인간'이라고 하면서 이러한 사람들은 불행하게 살 수밖에 없다고 하였다.

니체에 의하면 행복하기 위해서는 털어버려야 할 과거도 없고 매달리고 싶은 순간도 없는 어린아이의 정신으로 살아야 하며 과거를 망각하고 현재의 순간에 머물러 설 수 있어야 한다. 과거에만 매달리거나 세상을 초월한 희망을 논하는 것은 세상을 모독하는 것이고 뛰는 심장과 흐르는 피를 가진 인간의 삶을 황폐하게 하기 때문에 세상을 현실 그대로 받아들이고 이 세상에 충실하라는 것이다.

• 망각이란 하나의 힘, 강건한 건강의 한 형식을 나타낸다. 망각이라는 저지장치가 파손되거나 기능을 멈춘 인간은 소화불량 환자와 같다. - 니체

• 니체가 완전한 망각만을 주장한 것은 아니며 지상의 삶을 사랑하기 위한 기억은 필요하다고 하였다. 니체가 말한 망각은 불행한 기억을 초월하려는 힘, 어둡고 우울한 정서와 감옥에서 벗어나려는 치열한 투쟁을 의미한다.
  니체는 후회나 회한 따위의 여지가 더는 있을 수 없는 방식으로 살도록 독려하였으며 그렇게 사는 것이 진정한 삶이라고 하였다.

• 과거에 연연하지 않고 과거의 무게에서 자유로울 때 인간은 발전할 수 있다. 그러나 인간은 과거 속에 살 수는 없어도 과거에서 추억과 교훈을 얻을 수는 있다.
  인간이 과거를 망각한다면 무책임하고 통찰력이 결여된 존재가 되어 현재의 순간에 서 있을 수도 없고 현실을 이해할 수도 미래를 설계할 수도 없기 때문에 삶의 안정을 도모할 수가 없다. 따라서 과거 없는 행복은 생각하기 어렵다.

---

20. 사색, 철학적 사고를 통해 스스로 구축한 행복만이 운명의 장난으로부터 우리를 지켜줄 수 있다

지나친 사색은 실행력을 잃게 할 위험이 있고 일상생활에서 경험해 보지 않은 채 머릿속에서만 생각해낸 추상적 사고는 현실감각을 무디게 할 수 있다. 또 사색에 몰두하는 사람은 고립되거나 소외되어 좌절하기 쉽고 비관이나 우울에 빠지기도 한다. 이 때문에 사색하며 진리를 추구하고 현실에 도전하는 자세보다 있는 그대로의 삶에 순응하고 만족하며 사는 것이 더 안전하고 행복하게 사는 길일 수도 있다.

그러나 사고를 배제한 채 획득된 수동적인 행복은 일시적 쾌락에 불과할 뿐 진정한 만족을 주지 못한다. 인간은 정신적·윤리적 존재로서 생물적 삶에 만족하지 않고 자신의 이상과 가치를 실현하면서 살아가고자 한다. 인간이 진정한 인간으로 살아가기를 원한다면 지적 활동은 필수적이며 고통, 불안, 고독 속에서 인생에 대하여 깊이 생각해 보아야 영혼이 건강해지고 죽음에 대한 불안, 불만족, 고통에서 벗어나 견고한 행복을 만들 수 있다. 사색, 철학적 사고에 의해 선악을 알고 지혜롭게 살아가면서 스스로 구축한 행복만이 운명의 장난으로부터 우리를 지켜줄 수 있는 것이다.

- 철학은 인간을 행복하게 만들어 주는 영혼의 의학이다. - 에피쿠로스
- 사고 없는 인간의 행복은 존재하지 않으며 관조 능력이 발전할수록 행복의 가능성은 커진다. - 아리스토텔레스
- 만족한 돼지보다 불만족한 인간이, 만족한 바보보다 불만족한 소크라테스가 낫다. - 존 스튜어트 밀

21. 몰입은 평범한 일상을 값지게 하고 인생을 행복하게 한다

미국 심리학자 칙센트미하이는 『몰입의 즐거움Finding Flow』에서 몰입은 의식이 한 곳에 집중되어 깊이 빠져드는 것으로 관심과 동기, 주변 여건이 조화를 이룬 상태, 소란스럽고 탐욕스러운 도취와는 달리 고요하게 집중된 상태로 일의 흐름을 따라감으로써 자신을 잊고 흐름 속에 몸을 맡기는 상태(무아지경의 상태)를 말한

다고 하였다.

칙센트미하이에 의하면 몰입은 통나무가 서서히 타들어 가듯이 서서히 시작되어 지속적으로 열기를 내뿜으며 흐름을 타는데 몰입상태에 빠진 사람은 완전히 몰두한다. 몰입은 집중보다 한 단계 더 나아간 개념, 쉽게 말해 어떤 것에 미쳐있다는 것이다.

이러한 몰입은 재능을 능가하여 성숙한 지능으로 이끌고 의식을 고양시킨다. 인간의 현실은 여러 가지 제약조건으로 인하여 일정한 한계 안에서 행동하며 살아갈 수밖에 없지만, 몰입은 개인이 주도적으로 자신의 삶을 선택함으로써 평범한 일상을 값지게 하고 인생을 행복하게 한다는 것이다.

22. 다르게 욕망함으로써 우리는 경쟁 없는 행복의 블루 오션을 찾을 수 있다

인간은 욕망을 실현하면서 만족감을 얻음으로써 삶의 환희를 체험하게 되며, 욕망의 선택과 절제는 가치 있는 삶과 행복의 관건이 된다.

자본주의 메커니즘은 욕망을 만들어내고 모든 것을 화폐가치로 환산한다. 돈이 모든 것을 가늠하는 가치의 척도가 되는 세상에서는 사람들의 욕망도 왜곡되고 획일화된다. 모두가 같은 것을 욕망한다면 그만큼 경쟁이 치열해지고 스트레스로 인해 불행에 빠지기 쉽다.

사람들은 제각기 다른 방식으로 자신이 좋아하는 일을 통하여 행복을 추구한다. 어떤 사람은 이른 아침 종달새 소리, 봄 시냇물 흐르는 소리, 가을 바람 소리를 좋아하고 친구와 차를 마시는 것으로도 행복하고, 어떤 사람은 달 밝은 밤이나 라일락 향기를 내뿜는 으스름달밤에도 가슴이 설레고 행복하다. 또 어떤 사람은 돌 조각품을 보면서도 마음이 정화되고 행복해진다고 한다.

자신의 개성을 발휘하여 자기답게 사는 것, 자신의 만족과 행복을 얻는 것이 진정한 행복이며 다르게 욕망함으로써 우리는 경쟁 없는 행복의 블루 오션을 찾을 수 있다. 사람들은 스스로 즐길 수 있는 일을 찾아 나섬으로써 각자 행복의 바다에 이를 수 있으며 그러기 위해서는 어느 정도의 정신적 성숙이 필요하다.

23. 삶에서 고통이 제거된다면 행복도 느낄 수 없을 것이다

고통은 사람에게 스트레스를 주고 심각한 정신적 외상trauma을 준다. 그러나 대부분의 사람은 고통을 겪은 후 위기를 잘 극복하게 되고 남들의 고통에 대하여 좀 더 관용적으로 되며 타인을 존중하고 이해하게 된다고 한다.

고통은 인간을 도약·성숙시키는 축복이며 더 큰 불행으로부터 인간을 구원해 주는 최고의 스승이다. 삶에서 고통이 제거된다면 삶의 의미가 축소되고 행복도 느낄 수 없는 것이다.

- 고통은 가면을 쓴 기회의 신이다.
- 시련이 없다는 것은 축복받은 적이 없다는 것이다. - 에드거 앨런 포

24. 사랑은 인간을 행복하게 한다

러셀에 의하면 사랑받고 있다는 느낌은 사람들에게 열정을 북돋워 주고 안정감, 자신감, 기쁨을 주어 행복으로 이끈다.

반면에 사랑받지 못한다고 생각하는 사람은 불만이 가득하며 세상에 앙갚음하려고 하고 전쟁이나 혁명을 선동하거나 독기어린 분을 휘두르기도 한다.

사랑을 베푸는 사람들에게는 사랑을 받는 것보다 주는 것이 더 자연스럽고 그것이 살아가는 이유, 행복의 원천이 된다.

사랑은 자기 자신보다 다른 사람을 소중하게 생각하는 것이며 사랑이 없다면 개인의 생존조건을 유리하게 하고자 하는 투쟁으로 폭력과 갈등이 넘치게 되어 개인의 행복도 위협받게 된다. 이 때문에 톨스토이는 각자가 다른 사람의 행복을 갈망하고, 사랑을 베풀고 다른 사람들의 행복을 위해 수고하고 희생하는 생활 속에 참된 행복이 있다고 하였다.

25. 행복은 평범하고 진실한 일상에 있다

우리는 여행과 모험, 축제, 파티, 합격, 당첨 등 특별한 일에서 큰 기쁨과 만족을 얻는다. 그러나 인생은 이벤트로만 이루어져 있는 것이 아니며 평범한 일상이 삶의 대부분을 차지한다.

삶의 이벤트적 요소는 인생의 악센트가 되어주지만, 그것이 일상이 될 때는 곧 진부하게 될 것이며 우리를 지속적으로 행복하게 해 주는 것은 특별한 일이 아니라 일상의 사소한 일들이다. 우리가 매일같이 하는 식사나 운동, 산책 등 사소한 모든 일이 사실은 가장 중요한 일이며 삶에 기쁨을 주는 일들이다.

영화 '모리와 함께한 화요일'에서 죽음을 앞둔 모리 교수는 "다시 건강해진다면 무엇을 할 것인가"라는 질문에 대하여 "평범한 일상이 삶의 핵심이다"라고 하면서 다시 건강을 되찾는다면 좋아하는 사람들과 이야기를 하고, 산책하거나 춤을 추는 등 좋아하는 일을 하며 평범한 하루의 행복을 맛보며 인생을 보내겠다고 대답한다.

이렇듯 행복은 평범하고 진실한 일상에 있으며 자기 주변에 얼마든지 널려있고 굴러다닌다. 따라서 행복을 느낄 수 있는 안목과 감각, 따뜻한 마음이 있다면 인생은 크게 달라질 것이다.

26. 감사하는 마음은 행복을 준다

시각장애인, 청각장애인, 언어장애인이라는 삼중고를 안고 살아야 했던 헬렌 켈러는 "3일만 세상을 볼 수 있으면 좋겠다"고 하였다. 이 말을 생각해 보면 아름다운 세상을 볼 수 있는 것, 새소리를 들을 수 있는 것, 음악을 듣고 노래를 부르고 수다를 떨 수 있는 것 등 우리에게 공짜로 주어지는 이 많은 평범한 사실들이 전부 감사해야 할 일이다.

행복을 느낀다는 것은 사람의 의식과 감성의 수준, 정신적 성숙과 관련이 있으며 '의미'가 행복을 만들어낸다. 세상을 보는 눈을 바꾸어 경이로움과 감사하는 마음을 가지고 바라본다면 마음이 편안해지고 평범하고 사소한 일들이 모두 행복으로 다가오게 될 것이다.

행복은 감사의 문으로 들어오고 불평의 문으로 나간다. - 서양 격언

27. 모든 것을 비교하는 습관은 인간을 불행하게 만든다

세네카는 "우리는 남들이 더 행복하다고 생각하기 때문에 행복해지기 어려운 것이다"라고 하였다. 좋은 일이 생겼을 때의 행복은 다른 사람에게 더 좋은 일이 생겼다는 소식을 듣는 순간 끝장이 나는 경우가 있다. 즐거운 일이 있으면 충분히 즐겨야지 그것을 다른 사람과 비교하여 즐겁지 않은 일이라고 생각하는 것은 스스로 괴로움을 자초하는 것이다.

자신의 만족을 구하지 않고 다른 사람과의 비교에서 만족을 얻고자 하면 옆 사람을 뛰어넘지 못하는 데서 불만을 느끼게 되고 필연적으로 불행할 수밖에 없다. 또 행복해 보이는 다른 사람들의 생활 이면에는 그 생활을 누리기 위해 그들이 포기해야 했던 수많은 행복의 요소들이 있음을 알아야 한다. 모든 것을 비교하는 습관은 인간을 초라하게 만들고 불행하게 한다.

28. 질투는 불행을 부른다

　질투는 자신이 갖지 못한 것을 가진 사람에 대하여 느끼는 불편한 감정이다. 질투는 사물을 있는 그대로 보지 않고 사물 사이의 관계를 통해서 보는 데서 생긴다. 질투는 자신이 가지고 있는 것에서 즐거움을 찾지 못하고 타인이 가지고 있는 것, 타인의 장점에서 괴로움을 얻게 되는 것으로 질투하는 사람에게 불만을 느끼게 할 뿐 아니라 다른 사람이 자신의 능력을 유용하게 사용하는 것에 치명타를 가하게 된다. 따라서 질투는 자신을 불행하게 하고 타인까지 불행하게 만든다.

• 선전활동은 우애보다 증오를 선동할 때 더 성공적이고 사랑 이야기보다는 파경 이야기가 더 흥미를 끈다. 러셀은 현대문명이 만들어낸 인간의 심리가 질투와 증오 쪽으로 쉽게 기울어지기 때문에 이러한 현상이 발생하는 것이라고 진단하면서 우리의 지성과 감성을 좀 더 확대해 나가지 않는다면 질투와 증오심 속에서 인류 문명은 중도에서 멸망할 것이라고 경고하였다.

제5절 시간

1. 삶에서의 시간은 기계적 규칙성으로 움직이지 않는다

제이 그리피스는 『시계 밖의 시간』에서 시계로 재는 시간과 개인이 느끼는 주관적 시간은 다르다고 하였다. 시계의 시간은 기계적 규칙성으로 움직인다.

그러나 삶에서의 시간은 기계적 규칙성으로 움직이지 않는다. 나이 든 사람은 시간이 너무 빨리 지나간다고 한숨 쉬지만, 어린이들은 잠시도 참지 못해 안달한다. 시간은 주관적·상대적이며 개인의 감정과 상황에 따라 시간의 길이는 다르게 느껴진다. 애인과 보내는 한 시간은 5분과 같이 빨리 지나가지만, 고문을 당하는 시간은 5분이 한 시간보다 길게 느껴질 것이다.

- 시계로 재는 시간은 크로노스Kronos이며 물리적 시간, 앞으로만 일방적으로 흐르는 시간, 돌아오지 않는 시간, 잃어버린 시간이다. 크로노스는 산업 문명의 시간이다. 시간은 돈이므로 시간을 절약해야 하고 최대한 빨리 움직여 시간을 많이 확보해야 한다.
- 마음으로 재는 시간은 카이로스Kairos이며 과거에 대한 회상과 미래에 대한 기대 속에서 과거, 현재, 미래가 마음속에 함께 있는 시간이다. 카이로스는 크로노스의 파괴성을 극복하고 마음속에서 되찾은 시간이며 심리적 시간, 초자연적 시간이다.

2. 시골의 시간은 자연의 리듬에 맞추어진 살아 숨 쉬는 시간 이다 - 제이 그리피스

농촌의 노동방식, 추수 시기, 양털 깎는 시기 등은 자연의 리듬과 함께하고 자유로우며 서두르지 않고 더 빨리, 더 많이 하려고 하지도 않으며 정확성, 효율성을 요구하지도 않는다.

시골의 시간은 자연의 리듬에 따르고 생체 리듬과 일상 리듬이 잘 일치한다. 도시에는 시계는 많지만, 시간은 없다. 그러나 자연은 시간으로 충만해 있고 시골 사람들은 시간을 넉넉히 가지고 있다.

• 라다크 사람들은 시간을 넉넉히 가지고 있다. 그들은 부드러운 속도로 일하고 놀라울 만큼 많은 여가를 누린다. 시간은 느슨하게 측정되고 분을 셀 필요는 절대로 없다. 그들은 "내일 한낮에 만나러 올게, 저녁 전에"라는 식으로 몇 시간이나 여유를 두고 말한다. 라다크 사람들에게는 시간을 나타내는 아름다운 말들이 있다. '어두워진 다음 잘 때까지', '해가 산꼭대기에', '해뜨기 전 새들이 노래하는 아침 시간'. 사람들은 열심히 일하지만, 자기들의 속도로 웃음과 노래를 곁들이며 한다. - 헬레나 노르베리 호지 『오래된 미래』 중에서

---

3. 산업 문명은 마음의 시간을 뺏어간다

시계로 재는 시간은 기계적 규칙성으로 움직이고 시간 엄수를 요구한다. 시간은 아껴 써야 하는 재화이며 상품이므로 최대한 생산적으로 이용되어야 한다. 서구의 근대적 시간, 산업 문명의 시간은 계산과 측정의 시간으로서 정확성·효율성을 요구하며 "시간은 돈이다", "시간을 낭비하지 말고 아껴 써야 나중에 한가할 수 있다"고 말한다.

그러나 시간을 확보하기 위해서는 기계의 리듬에 맞추어 더 빨리 움직여야 한다. 산업 문명의 시간은 사람들을 더 빠른 속도로 내몰았고 시간의 노예로 만들었다.

....

- 병원 근무, 3교대 근무, 심야극장, 24시간 편의점, 케이블TV, 인터넷, 항공기 운항 등은 시간대가 일정치 않아 시차 적응이 어렵다. 산업 문명의 시간, 도시의 시간은 생체 리듬에 역행하며 생체 리듬을 파괴하여 이익을 얻기도 한다.

- 양계장은 항상 불을 켜놓고 암탉이 낮으로 착각하게 만들어 알을 낳도록 유도한다. 백화점이나 카지노는 창문이나 시계를 두지 않음으로써 시간을 파악하기 힘들게 하여 고객을 오래 머물게 함으로써 지갑을 열게 만든다.

- 산업 문명은 마음으로 재는 시간(카이로스)을 뺏어갔을 뿐 아니라 물리적 시간(크로노스)도 더 바쁘게 만들었다.

- 사람들은 도시를 떠나 휴일이면 시간이 더 많이 있는 시골로 간다. 도시에는 시계가 많고 농촌에는 시간이 많다. 시계는 자연으로 충만한 시간, 부드럽고 넉넉히 시간을 뺏어가므로 시계는 시간과 동일한 의미가 아니라 시간의 대립물이다. - 제이 그리피스 『시계 밖의 시간(A sideway look at time)』

- 시계가 나타내는 산업 문명의 시간은 시간을 나누어 최소의 비용으로 최대의 성과를 내는 방식으로 생산성을 향상시키고자 하고 효율성의 논리로 일상생활과 사회를 통제·규율하며 느림과 게으름은 악덕이자 단죄의 대상이다.

....

4. 시간은 허구적 개념이다

시간은 공간의 존재로부터 파생된 개념이다. 지구가 자전하는 것을 하루, 지구가 공전하는 것을 1년으로 정하였고 달이 차고 기우는 것을 한 달로 정했다.

그러나 우리가 믿고 있는 공간이 에너지의 파동에 불과한 일시적인 것이라면 그것은 사상누각이자 허구의 세계이다. 우리가 보고 있는 별은 수백 년 전의 별이며 공간이라는 허구의 기초위에서 우리는 지나간 과거의 그림자를 보고 있는 것이다.

한편 시간은 빛과의 관계에서 생성된 개념으로서 우리가 사는 공간에서 일어나는 모든 운동이 빛보다 느리다는 전제하에서만 시간이 흐른다. 그러나 빛과 같은 속도로 움직인다면 흐르는 시간이라는 것은 없고 영원한 현재만이 존재한다.

불경에 나오는 천상세계 중 도리천에서의 하루는 100년 야마천의 하루는 200년에 해당한다. 각각의 세계는 제각기 다른 시간 체계를 가지고 있다는 것을 의미한다. 빛의 속도에 가까운 세계에 사는 존재들은 더 고요하고 평온하며 거기에서 멀어질수록 바쁘고 번거롭고 많이 움직이면서 살아가야 하므로 시간이 빠르게 흐른다고 느껴진다는 것이다.

인간에게 하루는 지구 끝까지 갈 수 있는 많은 시간이지만 달팽이에게는 수 미터밖에 갈 수 없는 짧은 시간이다. 이렇게 본다면 생물체의 진화는 빛의 주변에서 중심으로 이동해가는 과정이며 천국이나 극락에는 시간이 없다는 가설이 성립될 수 있다.

• 아우구스티누스는 시간을 천체의 운행과 결부시키는 가설을 물리치고 영원 속에서는 모든 것이 현재이므로 시간은 영혼의 연장 또는 확장이라는 가설을 제시하였다.

5. 시간은 계량할 수 없다. 그렇다면 영원한 현재만이 남게 되며 그것은 시간이 아니라 영원성이다 - 아우구스티누스

어떤 길이를 가진 시간은 그 동일한 기간 안에서 더는 연장될 수 없는 수많은 운동이 연속적으로 지속된다는 것인데 이런 운동의 흐름 속에서 현재의 운동은 금세 과거로 바뀐다.

지금 존재하는 시간은 1초, 그러나 그 1초도 그보다 짧은 단위로 무한히 나눌 수 있으며 그 가장 짧은 단위의 시간조차 측정이 불가능하다. 또 그 시간은 미래에서 과거로 순식간에 넘어가 버리기 때문에 지속성을 전혀 갖지 못한다.

아우구스티누스는 "과거가 더는 존재하지 않고 미래가 아직 존재하지 않는다면 과거와 미래는 존재할 수 없으며 우리에게는 영원한 현재만 남는다. 그러나 영원한 현재는 시간이 아니라 영원성일 것"이라고 하였다. 아우구스티누스는 과거, 현재, 미래라는 세 가지 시간이 있는 것이 아니라 과거의 현재, 현재의 현재, 미래의 현재 이 세 가지가 영원 안에 있다고 하면서 과거의 현재는 기억이고 현재의 현재는 직관이며 미래의 현재는 기대라고 하였다.

아우구스티누스는 시간이 태양과 달의 운행에 따라 결정된다는 주장에도 동의하지 않았다. 천체의 운행뿐 아니라 물레 같은 물체의 주기적 회전도 시간 측정에 이용할 수 있기 때문이다. 아우구스티누스는 시간을 천제의 운행과 결부시키는 가설을 배척하고 시간은 영혼의 연장 또는 확장이라는 가설을 제시하였다.

• 아우구스티누스에 의하면 시간은 무한히 나눌 수 있고 현재는 순식간에 지나가기 때문에 시간은 길이가 없어 측정이 불가능하고 영원 속에서는 모든 것이 현재이다. 아우구스티누스에 있어서 시간은 신으로부터 받은 상기想起의 힘에 의해 분산되지 않는 하나의 통일체가 되며 그 통일성 안에서 의미와 가치를 갖게 됨으로써 인간은 구원을 얻게 된다.

프루스트는 소설 『잃어버린 시간을 찾아서』에서 "기억이 천상의 구원처럼 내려와 혼자서는 빠져나올 수 없는 허무로부터 나를 건져주었다"고 표현하였는데 기억은 신의 은총이며 회상은 허무로부터 인간을 구출해주는 구원의 손길이라는 시각은 아우구스티누스의 시간론과 일치한다. 이것은 심리적 시간이며 초자연적 시간이다.

6. 순수한 시간은 공간적으로 분할되지 않으며 지속될 뿐이다
- 베르그송

베르그송은 순수한 시간은 공간적으로 분할되지 않으며 지속될 뿐이라고 하였다. 분할되지 않고 공간화할 수 없으며 계량화할 수 없는 순수한 시간을 베르그송은 순수지속pure duration이라고 하였다.

베르그송에 의하면 시간을 계량화한 것은 우리의 생활을 위해서 편의적으로 시간을 공간화한 것일 뿐 시간 자체의 특성은 아니다. 또 운동은 시간적 경과를 거치며 이동하는 것이며 한 점에서 다른 점으로 이동하는 공간적 사건이 아니다.

베르그송은 시간은 공간적으로 계량화할 수 없기 때문에 오로지 직관에 의해서만 파악되며 수치로 확인할 수 없고 오로지 느껴질 뿐이라고 하였다. 각자에게 느껴지는 시간의 길이는 다르다.

- 제논의 역설에 의하면 날아가는 화살은 과녁에 도달할 수 없다. 활과 과녁 사이의 무수한 중간지점을 통과하는 것이 무한히 반복된다면 무한한 시간이 필요하기 때문이다.
  그러나 현실의 운동은 한 공간에 하나의 시간이 대응하지 않는다. 베르그송은 한 공간에 하나의 시간이 대응하고 공간적 좌표와 같이 시간적 좌표도 무한히 분해할 수 있다는 생각, 모든 것을 분해하고 잘라서 계량화할 수 있다는 잘못된 믿음, 운동은 시간적 경과를 거치면서 이동하는 것인데 운동을 하나의 점에서 다른 점으로 이동하는 공간적인 사건으로 잘못 생각한 데서 제논의 역설이 발생하였다고 하였다.

- 베르그송에 의하면 시간은 공간과 다른 것이고 공간적 좌표에 대응하지 않는다. 운동은 시간적인 사건이며 현실의 운동, 생명체의 근원을 이루는 것은 공간화·계량화할 수 없는 순수한 시간(순수지속)이다.

7. 시간은 체험의 산물이다

시간은 인간이 사유를 통해 고안해낸 관념적인 것이며 분할 불가능한 사물세계의 변화와 운동을 계산·측정할 수 있도록 고안해낸 것이다.

베르그송은 시간은 공간적으로 분할할 수 없고 계량할 수 없으며 느껴질 뿐이라고 하였으며 후설은 시간은 사물을 지각하는 우리 의식의 흐름으로써 끊을 수 없는 것이라고 하였다.

현상학에 의하면 존재한다는 것은 어떤 방식으로든 우리의 의식에 나타나는 것(현상)이며, 의식에 떠오르는 현상은 외부의 대상과 내부 의식의 결합에 의해 만들어진다. 또 현상학에 의하면 우리가 세상에서 경험하는 모든 것이 다 현상이다. 경험은 인간의 몸에서 비롯되고 사람들은 각자의 지향적 태도가 다르기 때문에 각자의 태도에 따라 세계는 다른 의미로 나타난다. 시간 역시 사물의 변화와 관련하여 우리의 경험이 구성한 주관적 체험의 산물로서 각자에게 다르게 느껴지고 다른 의미로 나타나는 것이다.

• 시간은 상대적·주관적이다. 시간은 기다리는 사람에게는 너무 느리게 오고 용기없는 사람에게는 너무 빨리 오고 기뻐하는 사람에게는 너무나 짧게 온다.

---

8. 감동적인 순간은 다시 태어나 영원성을 얻게 된다

　프루스트의 『잃어버린 시간을 찾아서』에 나오는 주인공은 외출에서 돌아와 마들렌 과자에 적신 홍차를 마신다. 차를 한 모금 마시는 순간 원인 모를 감미로운 쾌감이 밀려들고 벅찬 희열을 느끼게 된다.

　지금 느낀 이 맛은 어린 시절 전원 마을 콩브레에서 일요일 아침마다 고모가 보리수차에 적셔주던 마들렌 과자 맛이라는 것을 깨닫게 되고 어린 시절 여름 휴가를 보낸 아름다운 추억이 떠오른다. 홍차에 적신 마들렌 과자가 가져온 신비스럽고 지극히 행복한 순간의 비밀은 자신이 지금 느끼는 느낌과 과거의 느낌이 같은 데 있음을 알게 된다.

　과거의 시간은 이미 지나가 버린 덧없는 시간이 아니다. 감동적인 순간은 회상 속에서 되살아나게 된다. 회상 하나하나에는 영원한 무엇인가가 깃들어 있고 과거의 쾌락이 영원히 살아 있다. 이렇게 하여 주인공은 순간을 통하여 영원한 시간에 이르는 길을 찾게 된다.

- 세월은 무상하게 흘러가지만, 순간적인 감동은 기억에 의해 또는 예술을 통하여 시간을 초월하여 다시 태어나 현재와 연결되며 시간을 초월하는 영원성을 갖게 된다. 이때 인간은 삶의 의미와 가치, 잃어버린 시간을 되찾고 시간에 묶인 실존의 한계를 벗어나 죽음을 초월하는 근원적인 것과 만나게 된다.

- 행복의 비밀은 순간적인 감동과 잊지 못할 경험, 예술적 체험에 있다. 일상적인 삶을 우리는 얼마나 무의미하게 흘려보내고 바보처럼 살아가는가? 시간에 쫓기듯 끌려가지 말고 항상 호기심을 갖고 집중할 대상을 찾아내고 언제든 감동할 수 있는 마음가짐으로 살아가며 잊지 못할 기억, 소중한 추억을 많이 만든다면, 자기가 가진 것을 나누고 삶을 자기 것으로 삼으면서 삶을 더 풍부하게 만든다면 주어진 시간 속에서 우리는 더 많은 시간을 온전히 내 것으로 만들 수 있을 것이다.

- 과거의 순간이 다시 태어나 현재와 연결되며 시간을 초월한 영원성을 갖게 된다는 것, 이러한 시간의 병치는 아우구스티누스의 시간론과 일치한다. 프루스트는 이 소설을 통해 새로운 시간, 초자연적 시간을 창조하였다.

- 프루스트에게 있어서 흘러간 시간은 잃어버린 시간이 아니다. 그것은 미완성이며 삶의 아름답고 소중한 것을 담을 수 있는 시간이며 불현듯 되살아나 영원으로 이어지는 시간이다.

---

9. 존재와 시간은 분리시켜 생각할 수 없다 - 하이데거

실존주의 철학에서는 시간은 존재와 함께 파악된다. 하이데거는 『존재와 시간』에서 참된 존재를 이해하기 위해서는 존재와 시간을 분리시켜 생각할 수 없다고 하였다.

하이데거에 의하면 미래가 있고 변화와 운동을 하는 존재, 시간과 함께하는 지금 실존하는 존재가 참된 존재이며 특히 인간은 그냥 존재하는 것이 아니라 특정한 상황, 시간의 흐름 속에 놓인 현존재이다.

인간은 현재의 한순간에 머물지 않고 과거의 삶을 반성하고 새 삶을 기획하면서 현재를 살아간다. 또 이따금 죽음을 생각하면서 살아 있는 순간에도 미리 죽음을 경험하게 된다. 죽음이 있기 때문에 인간은 현존재로서의 유한성을 자각하고 자신의 존재에 대하여 의문을 제기하며 불안을 안고 살아간다.

죽음은 인간을 현재 상태에 머물지 않고 끊임없이 변화하도록 만드는 계기가 되고 인간 스스로의 한계를 극복하고 더 나은 상태로 나아가게 하는 동력을 제공한다. 현존재인 인간에게 있어서 죽음은 삶의 의미로 통합되는 것이다.

10. 시간은 사회의 지배적인 가치관이나 사상을 담고 있으며 그 묘사방식은 이데올로기적이다 - 제이 그리피스

제이 그리피스에 의하면 시간은 사회의 지배적인 가치관이나 사상을 담고 있다. 지역마다 고유의 시간 구분방식이 존재한다는 것은 시간이 자연적, 사회적 삶의 여건을 반영한다는 점을 보여주는데 이렇게 본다면 시간은 물리적으로 실측되는 실체라기보다 문화와 종교, 의식의 산물로서 사회의 지배적인 가치관이나 사상을 담고 있는 것이며 시간의 묘사방식은 이데올로기적이다.

그는 "뉴턴의 절대적·수학적 시간, '시간은 돈이다'라는 생각은 시간을 강박적으로 나누고 원자화하고 측정하여 시간의 다양성과 고유성을 말살하고 시간에 충만해 있는 은총과 자비를 비천하고 무자비한 시간 세기로 고갈시켜 버렸다"고 하면서 "서구의 근대적 시간은 그 자체의 느낌이 마비되어 심장도 없고 부드러운 깃털도 없으며 지금 이 순간에 생명을 불어넣기보다 숨통을 죄고 있다"고 표현하였다.

- 물리적 시간은 인위적이고 감성을 무디게 하나 일상생활과 사회를 통제·규율하고 시간을 효율적으로 관리할 수 있게 해주므로 현실적 효용성이 있다.

- 제이 그리피스가 말하는 시계 밖의 시간은 풍부하고 여성적이며 촉촉하고 둥근 시간이며 자연으로 충만한 시간, 부드럽고 넉넉한 시간, 자연의 리듬에 맞춘 살아 숨 쉬는 시간이다.

- 시간은 인간의 삶과 사회체계를 변화시킨다. 이누이트 족은 지역 특성상 달력이 없어 시간을 가리키는 말이 없었으나 시계가 도입된 이후 그들의 생활은 크게 달라졌다고 한다.
  학교시간표, 일과표, 열차 시각표 등은 사회적 약속을 반영하며 우리는 이 약속에 따라 시간을 준수하며 살아감으로써 사회가 운행·작동된다는 점에서 시간은 사회적 성격을 지닌다.

제6절 자본주의

1. 프로테스탄티즘의 윤리는 자본주의 발전의 원천이 되었다
- 막스 베버

막스 베버는 경제적 이해관계의 대립이라는 물질적인 측면에서 자본주의가 탄생하였다는 마르크스주의와는 달리 문화적·윤리적 전통 특히 프로테스탄티즘의 윤리에서 자본주의의 원천과 성장배경을 설명하였다. 자본주의의 발전을 촉진시킨 프로테스탄티즘의 윤리는 다음과 같다.

○ 노동과 근면은 신에 대한 의무

부를 소유하는데 안주하는 것은 향락, 나태, 육체의 유혹에 빠져 의로운 생활을 포기하게 하는 것으로서 쓸데없는 휴식, 시간의 낭비는 허용되지 않는다. 성자의 영원한 휴식은 내세에만 있기 때문에 인간은 신의 영광에 이바지하기 위해 직업에 열중해야 하며 노동 안에서만 신의 은총과 축복을 누릴 수 있다. 노동은 신을 기쁘게 하는 것이므로 인간은 직업에 대한 소명을 가지고 기쁘게, 근면하게 일해야 한다.

○ 재산의 불평등한 분배는 신의 섭리에 의한 것

재산의 불평등한 분배는 신의 섭리에 의한 특별한 처사이며 이를 통해 신은 사람들이 모르는 비밀의 목적을 수행한다. 사업가가 도덕적으로 영리를 추구하고 정직하고 성실하게 일해서 부를 추구하는 것은 정당하며 그것은 이웃을 사랑하는 행동이며 장래의 구원을 확인받을 수 있는 요인이 된다.

• 프로테스탄티즘의 종교적 금욕주의는 저임금으로도 성실하고 근면하게 양심적으로 열심히 일하

는 노동자들을 제공하였고 직업과 노동에 충실하여 부를 축적하는 것은 이웃사랑을 실천하기 위한 방법이라고 함으로써 영리추구와 불평등을 정당화하게 되었다.

2. 금욕, 절제, 정직, 신뢰를 바탕으로 합리적 경제활동을 할 때 자본주의는 순탄하게 성장할 수 있다 - 막스 베버

인간이 부를 추구하는 데는 두 가지 방법이 있다. 하나는 수단과 방법을 가리지 않고 난폭하게 돈을 긁어모으는 것인데 약탈과 사기, 고리대금업 등을 그 예로 들 수 있다.

이러한 경향이 지배하는 자본주의는 천민자본주의다. 근대 자본주의의 등장과 발전을 가능하게 했던 금욕, 절제, 정직, 신뢰를 바탕으로 합리적 경제활동을 펼칠 때 자본주의는 순탄하게 성장할 수 있는 것이며 이윤의 노예가 되어 천박한 속성을 드러낸다면 부패, 낭비, 신뢰저하로 자본주의는 위기를 맞이하게 된다.

3. 윤리적·종교적 의미를 담고 있던 자본주의 정신은 오늘날 퇴색하였다 - 막스 베버

근대 자본주의 정신은 금욕, 절제, 정직, 신뢰를 지표로 삼고 합리적이고 진취적인 태도로 자본주의를 성장케 하였다. 노동과 근면은 신에 대한 의무이고 사람의 일생은 너무나 짧고 소중하기에 모든 시간은 신의 영광을 위해 일해야 하며 시간의 낭비는 가장 큰 죄가 된다. 프로테스탄티즘의 금욕주의는 일상 속에서도 세속적 도덕을 지배하였으며 근대적 경제체제의 일익을 담당하였다.

그러나 물적 재화의 힘이 증가하여 오늘날 금욕주의의 정신은 쇠퇴하였고 직업에 대한 소명의식도 퇴색하였다. 직업의 수행이 정신적·문화적 가치와 연결되지 않고 이윤추구, 경쟁의 감정과 연결되어 스포츠의 성격을 띠게 됨으로써 윤리적·종교적 의미가 사라지게 됨에 따라 자본주의 정신은 퇴색하였다. 이것은 자본주의의 미래를 어둡게 한다.

4. 민족주의는 자본주의적 경제발전의 원동력이 되었다

막스 베버가 자본주의 발전을 프로테스탄티즘이라는 종교적이고 개인적 차원의 동기로 설명한 것과는 달리 국가 간의 경쟁에서 살아남기 위한 국민적 차원의 경제적 동기로 설명하는 견해가 있다.

세계 각국은 이웃 국가를 따라잡고 외부와의 치열한 경쟁에서 살아남아야 하기 때문에 민족의식을 기반으로 자본주의 정신이 형성되었고 자본주의는 민족주의와 결합하여 경제발전을 가져왔다는 것이다.

프랑스는 영주의 봉건적 특권을 폐지하고 모든 국민이 세금을 부담하는 국민국가를 이룩함으로써 자본주의가 발전하였고 독일은 비스마르크 체제 하에서 민족주의 경제사상이 형성되었으며 일본은 서구열강을 따라잡기 위한 메이지유신에 의해 자본주의가 발달하게 되었다.

- 한국은 '조국 근대화', '민족중흥의 역사적 사명', '일본도 하는데 우리가 못하겠느냐'는 구호를 내세웠고 기업인에게 국가와 민족공동체를 위하여 국제적 경쟁력을 가진 대표선수가 되어 해외시장에서 경쟁하여 승리할 사명을 부여하였다.

- 아시아적 가치는 예의, 공손함, 성실성, 공동체에 대한 헌신, 국가에 대한 충성이라는 동아시아 고유의 유교적 가치와 철학이 1970~1980년대 아시아 국가들의 자본주의적 경제발전의 근간이 되었다고 설명하는 용어이다. 한국 자본주의는 유교 정신과 민족주의의 결합에 의해 발전하였다.

5. 자본주의적 생산은 노동자를 착취하기 위한 조건을 재생산하고 영구화한다 - 마르크스

자본주의 사회의 노동자는 상품의 가치를 창출하고 임금으로 지불된 것 이상의 잉여가치를 창출하는데 이것은 자본가에게 귀속된다. 즉, 노동자들은 상품의 가치생산에 기여한 만큼의 보수를 받지 못하고 그 금액은 자본가에게 귀속된다.

자본주의 생산방식이 전면화되기 전에는 직접 노동을 한 자가 그 생산물을 자신의 소유로 할 수 있었으나 발전한 자본주의에서는 노동의 결과물이 자본가에게 돌아간다. 즉, 직접 노동을 담당하는 자와 소유권을 행사하는 자가 분리된다. 공장에 있는 수많은 기계는 자본가의 소유이고 개별 노동자가 독자적으로 상품을 만들어내는 것은 불가능하며 생산뿐 아니라 운송·판매도 마찬가지이다.

자본주의에서는 노동에 필요한 제반 수단들이 집단적 공동노동의 형태로만 사용되는데 자본가는 직접 생산적 노동에 종사하지 않으면서 상품의 소유권을 가져간다. 노동의 집단적·사회적 성격과 소유의 배타적·사적 성격의 모순이 자본주의 사회의 근본 모순을 이루고 있다.

생산수단의 소유에 따라 계급은 양극화된다. 노동자가 사회를 먹여 살리고 있음에도 자본가의 수중에만 끊임없이 부가 축적되고 노동자는 궁핍만 가중된다.

- 공장, 기계, 토지, 건물, 농장, 자본 등의 생산수단을 소유한 사람들은 노동하지 않고도 끊임없이 부를 축적할 수 있으나 몸뚱이밖에 없는 노동자들은 노동력을 팔아 살아나갈 수밖에 없다. 가장 열심히 일하는 노동자가 많은 부를 가져가지는 않는다.
  마르크스는 빈부 격차가 발생하는 원인을 생산수단에 있다고 보고 지배와 착취의 수단인 생산수단을 자본가로부터 빼앗아 국가가 소유하고 관리해야 한다고 하였다. 그러나 말이 국가가 관리하는 것이지 결국은 구체적인 사람이 그것을 관리하게 되는데 공산주의 국가에서는 생산수단을 관리하는 소수에게 권력이 집중되는 문제가 발생하게 되어 마르크스가 예상하는 노동자에 의한 프롤레타리아 독재는 실현되지 않고 공산당의 일당독재로 이어진다.

- 마르크스는 상품의 가치가 투여된 노동량에 따라서 결정된다고 보고 있으나 실제로는 수요와 공급, 희소성, 효용성 등에 의해 결정된다. 또 자본투자에는 리스크가 있고 자본가는 경영판단의 책임이 있으며 경영능력, 혁신에 의한 대가가 지불되어야 한다는 점에서 마르크스의 주장에는 오류가 있다.

6. 자본주의 체제에서 노동생산력을 끌어올리기 위한 모든 방법은 노동자들의 희생 위에서 이루어진다 - 마르크스

자본주의 사회에서 생산력을 발전시키는 모든 수단은 노동자를 지배하고 착취하는 수단으로 전환된다. 노동 강도를 낮춤으로써 인간에게 도움을 줄 수 있는 기계는 오히려 노동자들을 공장에서 내쫓았고 임금을 하락시켰으며 노동자를 불완전한 인간으로 불구화하여 기계의 부속물로 전락시켰다. 이로써 노동은 혐오스러운 고통이 되었다.

노동생산성을 끌어올리는 방법은 노동자의 노동조건을 개악하거나 생활시간을 노동시간으로 전환시키는 것이다. 노동자들은 자본가들의 자본 축적의 제단에 제물로 바쳐지고 자본의 축적에 비례하여 노동자들에게는 빈곤이 축적된다.

....

- 마르크스의 이론에는 핍박받는 노동자들의 처지에 대한 공감과 자본가들의 한없는 탐욕에 대한 격분이 깔려있다. 그는 자본주의 사회를 인간의 존엄성을 붕괴시키는 야만적인 사회로 보았으며 노동의 사회화 경향에 맞게 생산수단 등에 대한 소유와 통제도 사회적으로 이루어져야 한다고 주장하였다.

- 오늘날은 민주주의의 확대로 교육기회가 늘어나고 노동자계층이 교육, 훈련에 의해 중산층으로 계층 이동하는 일이 빈번하다. 또 노동법의 강화, 노사 간의 타협, 복지정책 등으로 노동자의 빈곤이 악화되고 비참해진다는 마르크스의 예측은 빗나갔다.

- 마르크스는 "혁명으로 프롤레타리아가 잃을 것은 쇠사슬뿐이다. 만국의 노동자여 단결하라"고 하였다. 마르크스는 모든 인간이 평등하고 평화롭게 살아가는 것을 원한다고 생각하였으나 사람들은 실제로는 남들과 경쟁하고 차별화하여 우위를 확보하고자 한다.
마르크스는 인간의 욕망을 간과하였으며 그의 이론은 인간 본성에 대한 낙관적이고 불가능한 전제에 기초하고 있다. 인간은 그렇게 단순한 존재가 아니며 인간의 역사는 책상에서 상상하는 것처럼 전개되지 않는다.

....

7. 자본주의가 일정한 발전 수준에 도달하면 그 자체를 파괴하는 물질적 수단을 만들어낸다 - 마르크스

　생산수단의 소유는 보다 집중된 생산수단으로, 다수의 영세한 소유는 소수의 거대한 소유로 전환되고 소수의 거대자본은 대중으로부터 토지와 생활 수단과 노동 도구를 수탈한다.

　자본주의적 생산은 그 내재적 법칙의 작용에 의해 자본의 집중으로 이어지고 항상 한 자본가가 많은 자본가를 파멸시킨다. 소수 자본가에 의한 수탈과 병행하여 노동력의 이용, 과학과 기술의 이용, 토지의 계획적 이용, 생산수단의 결합 등 기타의 발전도 대규모로 일어나게 되고 국제적 규모로 일어나게 된다. 결국, 소수의 대자본가가 모든 이익을 가로채고 독점하게 된다.

────────────────────────────

• 마르크스에 의하면 생산이 자본가 계급의 사적 소유에 기반을 둔 곳에서는 생산을 늘리기 위한 모든 수단은 지배의 수단, 생산자를 착취하는 수단으로 전이된다. 이로써 한쪽에서의 부의 축적은 반대쪽에서의 빈곤의 축적을 초래한다.

────────────────────────────

8. 자본은 자신보다 작은 자본을 종속시키는 속성을 갖는다

– 마르크스

자본주의적 생산의 진정한 한계는 자본 그 자체이다. 자본과 자본의 자기증식이 생산의 출발점이자 종점이고, 동기와 목적이 된다.

생산은 오로지 자본을 위한 생산에 불과하다는 점에서 자본주의적 생산은 한계에 부딪히게 되고 생산수단과 자본의 집중으로 계급투쟁이 불가피하게 되어 자본주의의 파멸을 초래하게 된다.

- 마르크스의 이론은 사회변동에서 경제적 요소를 지나치게 강조하였다는 비판을 받는다. 시장과 화폐, 노동분업이 사라진 유토피아를 꿈꾸었던 마르크스의 사상은 그의 의도와는 달리 공산당 일당독재, 중앙집권적 계획경제체제로 이어졌고 공산주의 국가의 몰락으로 그 거대한 실험은 실패로 끝났다.

  그러나 자본과 노동의 관계에 대한 분석, 자본의 지구화, 양극화에 대한 통찰력, 자본주의에 대한 예리한 비판의 면에서 마르크시즘은 여전히 영향력이 남아있다.

- 공산주의가 실패하였지만, 인간소외, 양극화, 독점, 경기침체, 생태계 파괴, 물신주의, 인간의 존엄성 경시 등 자본주의의 문제점은 여전히 남아있다는 점에서 자본주의의 승리를 선언하기에는 아직 이르다. 자본주의 역시 최선의 경제체제로 볼 수는 없으며 위와 같은 문제점이 해결되지 않는 한 자본주의도 언젠가는 새로운 경제체제에 의해 대체될 것이다.

- 불평등을 비판하고 가난한 사람들의 해방을 주장한 그의 이론은 메시아적 구원론과 유사하다. - 공산주의 이론학습(교리문답), 입당의식(세례), 당비(헌금), 정기적 회합(예배), 자아비판(고해성사), 소외(원죄), 계급 없는 사회(종말론)

9. 자본주의의 고질적 병폐는 공급과잉이다

산업혁명으로 공장에서 물건이 대량으로 생산되고 화폐경제가 진전되면서 자본주의가 발달하였다. 주문을 받아 생산해 오던 과거와는 달리 공장은 일단 물건을 대량으로 생산해 놓고 팔고자 하기 때문에 언제나 공급과잉 상태에 놓이게 된다.

공급과잉을 해소하기 위해서는 새로운 시장을 개척해야 하므로 식민지를 개척하는 제국주의 시대가 도래하였고, 뒤늦은 산업화로 식민지 경쟁에서 뒤처져 있던 독일은 식민지를 차지하기 위해 제1차 세계대전을 일으켰으며 영국과 프랑스는 식민지를 빼앗기지 않기 위해 독일과 전쟁을 했다.

제2차 세계대전 역시 경기침체의 고통에서 벗어나기 위한 식민지를 새로이 획득하려는 세력(독일, 일본)과 이를 지키려는 세력(영국, 프랑스, 미국) 간의 싸움이었다.

• 1930년대의 대공황은 제2차 세계대전의 시작과 함께 끝났다. 이처럼 전쟁은 자본주의의 고질적 병폐인 공급과잉 문제를 한꺼번에 해결해준다.
  전쟁은 막대한 수요를 창출하기 때문에 전쟁 기간 동안 쌓여있던 재고를 처리하여 공급과잉 문제를 한꺼번에 해소할 수 있다. 전쟁은 일시적으로, 또 일부 기업과 국가에게는 막대한 부를 가져다 주기 때문에 일부 세력은 전쟁을 선호한다.

• 오늘날은 식민지 획득, 전쟁을 통한 시장확대는 거의 불가능하게 되었기 때문에 시장의 영역에 포함되지 않았던 문화, 스포츠 등을 상품화하고 광고와 유행을 통해 소비를 늘리고자 한다.

---

10. 공산주의는 자본주의의 개선에 기여하였다

공산주의는 생산수단을 국유화하고 시장의 자유를 인정하지 않는, 국가의 강력한 개입과 통제가 이루어지는 경제체제로서 시장을 축소시키기 때문에 끊임없이 시장을 확대시키려는 자본주의 체제를 위협한다.

또 노동에 대한 정당한 대가를 요구하고 노동자가 주인이 되는 세상을 추구하는 공산주의는 자본가들에게 위협적이었다. 이 때문에 자본주의 국가들은 그 체제에 위협이 되는 공산주의를 극복하기 위해 자본독점과 빈부 격차 등의 문제를 해결해야 했고 노동자의 인권이나 생존권을 보장하여 공산주의 혁명이 일어나는 것을 방지해야 했다. 자본주의가 인간적인 얼굴을 하게 된 것은 공산주의에 힘입은 바가 크다.

- 케인즈는 볼셰비즘으로부터 자본주의를 지키는 정책을 펴야 한다고 주장하였다. 그는 자본주의가 자기조절 능력이 있다고 믿는 것은 잘못이며 정부가 적극적으로 개입하여 시장의 문제점을 해결하라고 제안하였다. 케인즈는 공공사업과 재정지출 확대를 통해 유효수요를 창출하여 소비를 활성화하고 이자율 인하를 통해 기업투자를 촉진시키고 세금을 통해 부를 재분배함으로써 빈부 격차를 해소하고 경제의 선순환을 이루고자 하였다.

- 공산주의가 붕괴되자 자본주의는 계속 인간적인 얼굴을 할 필요가 없어졌고 다시 자유경쟁, 세금 인하, 복지의 축소를 주장하는 신자유주의가 득세하게 되었다.

11. 자유로운 시장과 무한 경쟁을 옹호하는 자본주의는 필연적으로 경기불황, 양극화를 초래한다

무제한의 경쟁이 허용되는 자유시장에서 살아남기 위해서는 가격을 낮추고 경비를 줄여야 한다.

그러나 대자본이나 건물 등의 자산을 가지고 있지 않은 상인들은 임대료 등 다른 가격을 더 낮출 수가 없기 때문에 인건비를 줄여야 한다. 구조조정으로 실업자가 늘어나거나 임금이 줄어들면 소비자의 구매력이 약화되어 소비가 위축되고 물건이 팔리지 않게 되어 재고가 넘치게 된다.

무한 경쟁으로 인한 가격 인하 경쟁은 결국 소비위축과 공급과잉으로 경기불황을 초래하게 된다. 이때 대자본을 갖춘 기업들은 가격 인하 경쟁에서 살아남아 소자본 업체를 인수하여 독점체제를 구축하게 되어 양극화를 불러오게 된다.

• 과거에는 승자독식 현상을 희소성의 원리에 의해서 설명하였다. 그러나 오늘날 승자독식 현상의 이유는 희소성이라는 한 가지 이유만으로는 설명되지 않는다.
『슈퍼스타의 경제학』의 저자 셔윈 로젠은 매스미디어의 발달과 소비 테크닉의 발전이 부富가 슈퍼스타에 쏠리는 현상을 심화시켰다고 주장하였다. 즉, 오늘날은 미디어의 발달로 슈퍼스타 1명이 많은 소비자에게 동시에 서비스를 제공하는 것이 가능하게 되었고 커뮤니케이션 수단의 비약적 발전은 조직과 인원을 효과적으로 관리할 수 있게 해 주기 때문에 성과에 대한 보상을 최우선시하는 자본주의 사회에서는 기술이 발전하면 할수록 차별적 요소를 갖춘 승자가 많은 것을 독식하게 된다는 것이다.

12. 자본주의와 자유시장의 불완전성은 위기를 불러오고 문제 해결을 위한 대책은 또 다른 문제를 만들어 낸다

자유시장과 무한 경쟁을 옹호하는 자본주의는 1929년의 세계 대공황으로 그 한계를 드러내게 되었다.

케인즈는 노동자들이 급진화되는 것을 막기 위해서는 자본가들의 양보가 필요하다고 생각하였고 정부의 적극적 개입으로 문제를 해결하고자 하였다. 즉, 정부는 세금을 올리고 이자율을 인하하며 기업의 투자를 촉진하고 노동자의 임금인상, 노동환경 개선을 통하여 삶의 질을 높이고자 하였다.

이것은 유효수요를 진작시켜 소비를 활성화하여 경제에 활력을 일으킴과 동시에 노동자와 사회적 소외계층을 배려함으로써 그들이 불만을 품지 않도록 하여 공산주의 사상으로부터 자본주의를 지키고자 한 정책이었다.

이러한 수정자본주의는 임금인상, 최저임금제, 노동삼권, 복지제도의 확충을 통해 노동자의 권익을 보호하였다. 국가의 개입으로 노동자의 해고나 임금 삭감 등이 어려워지게 되자 가격 인하도 어렵게 되었고 수요자가 없어 경기가 침체되어도 물가는 상승하게 되는 이상한 현상(스태그플레이션)이 발생하게 되었다.

결국, 정부가 과도하게 시장에 개입함으로써 시장이 왜곡되어 불황과 경기침체를 가져오게 되었다. 이렇게 되자 다시 정부간섭 최소화, 자유경쟁, 세금인하, 복지의 축소를 주장하는 신자유주의가 힘을 얻게 되었다.

· 그러나 신자유주의 역시 빈부차 확대, 환경오염, 다양성 파괴, 획일화 등의 문제점을 드러내게 되어 또다시 국가 개입의 필요성이 대두하였다.

· 자본주의와 자유시장의 불완전성은 언제든지 위기를 불러오고 시장의 실패와 무질서를 극복하기 위한 인간의 노력은 계속된다. 우리는 문제 해결을 위한 대책이 또 다른 문제를 만들어내는 거대한 순환구조의 경제체제 안에 살고 있으며 변화하는 경제 상황의 패러다임 속에서 자유와 개입 사이를 왔다 갔다 하며 균형을 잡으며 살아나가야 한다.

13. 잘못된 보상구조는 자본주의의 위기를 초래한다

자본주의의 매력은 능력이 있고 열심히 노력하면 성공할 수 있다는 것이다.

그러나 실제로는 자본을 소유하지 못한 사람은 경쟁에서 이기기 어렵다. 아무리 능력이 있고 열심히 일해도 임대료를 내는 식당주인은 자기 건물에서 영업하는 식당주인과의 가격경쟁에서 절대 불리하다. 또 사회에는 사회적 편익이 큰 직종과 그렇지 않은 직종이 있는데 사회적 편익이 적은 운동선수, 연예인, 투기 자본가, 헤지펀드 매니저 등이 사회에 유익한 일, 힘들고 궂은일을 하는 사람들보다 더 많은 연봉과 보상을 받는다.

개인의 능력과 노력, 노동의 사회적 기여도에 비하여 잘못된 보상구조라는 생각을 하게 될 때 사람들은 자본주의를 신뢰하지 않게 된다. 2008년도에 파생금융상품을 남발하여 부동산 가격의 하락으로 경제 대란을 초래한 장본인들은 형벌 대신 고액연봉과 보너스를 받고 호사를 누렸다.

이 때문에 2011년 9월 미국 월가에서는 빈부 격차의 심화와 금융기관의 부도덕성을 규탄하는 시위가 일어났다. 'Occupy wall street!(월가를 점령하라!)'라는 슬로건을 내건 이 시위는 뉴욕 맨해튼에서 시작되어 82개국, 900여 도시에서 유사한 형태의 시위로 번졌다.

빈부 격차의 심화, 잘못된 보상구조, 금융기관의 탐욕과 부도덕성에 대한 공감과 분노가 커질 때 사람들은 자본주의를 신뢰하지 않게 되고 근로 윤리도 무너지게 되어 생산성 하락으로 자본주의는 위기를 맞이하게 될 것이다.

14. 자본수익률의 증가는 세습자본주의를 초래하여 불평등을 심화시킨다 - 토마 피케티

　자본주의 사회의 가장 큰 문제점은 돈이 돈을 번다는 것이고 그 속도는 사람이 돈을 버는 속도보다 빠르다는 것이다. 임금노동자들은 아무리 유능하고 열심히 일해도 임대료, 배당, 이자를 받는 사람들의 소득을 따라가는 것이 거의 불가능하다.

　토마 피케티는 임대료, 배당, 이자 같은 자본수익은 임금 등의 성장 속도를 능가하여 불평등이 심화된다고 하면서 자본수익률의 증가는 세습자본주의를 초래하여 불평등을 심화시키고 민주주의까지 붕괴시킬 것이라고 주장하였다.

15. 자본주의는 욕망을 만들어내는 기계장치다 - 들뢰즈, 가타리

　들뢰즈와 가타리의 공저 『앙티 오이디푸스』에 의하면 자본주의는 욕망을 만들어내는 기계장치다. 자본주의를 구성하는 자본·화폐·상품·노동은 모든 것이 욕망과 연결되어 있으며 화폐는 그 욕망을 교환·순환시키는 장치다. 자본주의 체제 하에서는 보고 싶은 것, 먹고 싶은 것, 성욕을 채우고 싶은 것 등 다양한 욕망의 수요를 충족시킬 수 있는 메커니즘이 형성되어 있다.

　TV, 신문, 잡지 등은 온통 욕망을 자극하고 광고는 기대수요를 조작함으로써 새로운 유행과 소비패턴을 낳는다. 자본주의 사회에서는 늘 이것을 갖고 싶다, 저것을 갖고 싶다는 식으로 욕망의 조절기능이 작동되지 않는다.

　이 때문에 늘 지갑은 빈털터리가 되고 고된 노동을 견뎌내야 하는 일상생활 안에서도 욕망은 또다시 자극받고 결핍, 채무, 노동의 악순환이 이어지며 우리는 욕망의 소용돌이에 갇히게 된다.

16. 자본주의 경제체제 하에서 모든 것의 가치는 금전적 가치로 환산된다

　자본주의 시장경제 체제 하에서 상품의 가치는 돈의 액수로 결정되며 돈은 이제 단순한 교환수단이 아니라 모든 것을 가늠하는 척도가 되어 그 자체가 목적이자 권력이 되었다. 인간은 계량할 수 있는 사물이나 도구가 되어 인격과 개성이 무의미해지고 그가 가진 돈의 액수나 활용가치에 따라 서열화 되게 된다.

　에리히 프롬은 『건전한 사회The sane society』에서 현대인들은 살아가는 전 과정을 자본투자처럼 생각하고 모든 것을 가격으로 환산하여 물건의 가치가 그에 매겨진 가격과 일치할 것이라는 기대를 하게 되었다고 하면서 이러한 기대가 모든 형식에 영향을 미친다고 하였다.

　그에 의하면 연주회에서 음악을 감상하는 즐거움, 여행하고 강의를 듣는다든가 파티에 참석하는 것 등은 돈으로 측정할 수 없는 것이며 우리 삶의 과정 중에서 일부분에 불과한데 다른 모든 것을 그런 식으로 계산·측정하는 것은 같은 단위로 잴 수 없는 것을 하나의 방정식에 끌어넣는 것과 같다는 것이다.

- 자본주의는 부를 창출하는 인간의 행위를 '상품'의 지위로 전락시키며, 인간을 그 자체가 목적이 아니라 수단으로 다룸으로써 인간을 소외시킨다.

- 모든 가치가 화폐가치로 일반화된 사회를 물화物化된 사회라고 한다. 물화된 사회에서는 사람이 아니라 사물이 주체가 되고 숫자가 주인이 되며 인간의 활동이나 가치는 사물들, 숫자들의 움직임이 된다.

- 관광객들이 들어오고 서구식 개발이 시작되면서 라다크 사람들은 스스로 가난하고 박탈된 존재로 생각하게 되었고, 돈의 가치가 우위에 서게 되면서 불화가 생기고 가난하고 불편한 삶을 살아온 것처럼 자신들을 비하하게 되었다. 세계화와 자본의 힘은 빠르게 사람들을 변화시키고 아름다운 공동체를 황폐하게 만들었다. - 헬레나 노르베리 호지 『오래된 미래』 중에서

17. 우리는 시간과 정신에 접속할 수 있는 권리가 상품으로 판매되는 지적 자본주의의 단계로 들어가고 있다 - 제레미 리프킨

　모든 것이 네트워크로 이어지는 네트워크 경제 시대에는 생산과정, 장비, 상품과 서비스가 빠른 속도로 용도 폐기되고 장기적으로 소유한다는 것은 불리하고 단기적으로 접속하는 것이 더 유리하다.

　문화산업은 현실을 모방한 세계와 의식을 고양시키는 세계를 만들어 이것을 재화로 쌓아두고 거래한다. 사람들이 구매하는 것은 이러한 세계에 잠시 접속할 수 있는 권리이다.

　물건과 서비스를 상품화하던 것에서 경험 자체를 상품화하는 단계로 변모하게 된 글로벌 경제에서 접속할 수 있는 권리를 파는 것은 이상적인 사업모델이다. 글로벌 네트워크 경제는 시간과 정신에 접속할 수 있는 권리가 상품으로 판매되는 지적 자본주의의 단계로 들어서게 된 것이다.

- 21세기 경제는 정보에 대한 접속에 기반을 두고 있다. 경제는 물건과 서비스의 판매에서 모든 인간 경험 영역을 상품화하는 단계에 이르게 되었으며 물리적 경제는 움츠러들고 자본과 재산의 축적보다 정보와 지적 자산을 기반으로 하는 눈에 안 보이는 힘, 소프트 파워가 중시된다. 산업사회에서 오랫동안 부의 척도가 되어 왔던 물질제품은 탈물질화 되고 있다.

- 리프킨은 자본주의가 생산물을 교환하는데 바탕을 둔 소유체제에서 경험 영역, 지식과 정보에 접속하는데 바탕을 둔 체제로 급속하게 변화하고 있다고 주장하였다.
  접속은 컴퓨터나 네트워크에 접속하는 의미를 넘어 자동차, 주택, 가전제품, 설비, 체인점 같은 다양한 실물 영역으로 확대되고 있다. 노동시장에서도 비정규직 등 일시적 고용형태가 등장하여 기업은 노동자에게 일시적으로 접속할 뿐 정규직 고용형태로 소유하기를 원하지 않는다.

- 리프킨이 보기에 새로운 자본주의는 임대와 접속이 중요해지고 문화적 상품이 확대되는 자본주의, 모든 것을 상업논리에 종속시키는 자본주의이다. 이것은 문화와 정보에 대한 접속권과 같은 무형의 자산들까지 판매하는 데로 진화한 하이퍼 자본주의이다.

- 생존을 위한 최소한의 소유조차 부족한 사람들이 다수인 상황에서 아직 소유의 시대는 저물지 않았다. 네트워크에 접속하려면 결국 돈을 소유해야 하고 기업들은 정보나 지식, 네트워크 수단 등을 소유하고 있기 때문에 이윤을 창출할 수 있다. 접속할 수 있는 권리 자체가 소유에 의해 결정되는 면이 있기 때문에 리프킨은 접속의 시대를 지나치게 강조하면서 실제 상황을 과대 포장하고 있다는 비판을 받는다.

18. 자유시장 자본주의에서 불평등의 심화는 앞으로도 피할 수 없다 - 토마 피케티

자본을 소유한 사람들과 임금을 받는 사람들의 격차는 점점 커진다. 1973년 이후 경제성장률이 지속적으로 둔화되었고 자본수익률은 경제성장률을 뛰어넘었다. 자본수익률이 경제성장률을 초과할수록 불평등이 심화되었는데 이것은 자본주의의 자연스러운 형태일 뿐 아니라 앞으로 더욱 심각한 소득 불평등으로 이어질 수 있다.

생산성의 저하와 인구증가에 따라 소득증가는 느려진 데 비해 평화로운 시대를 맞이하여 자본소득이 증가함에 따라 부는 계속 증가해왔다. 즉, 부는 소득보다 빨리 성장한다. 또 부유층은 자신의 임금을 스스로 결정하거나 이사회를 통하여 과다한 임금을 지급하도록 할 뿐 아니라 돈과 정치적 영향력을 활용하여 규제를 무력화하고 입법 로비를 하여 부유층에 유리한 법, 허점이 많은 세법을 만듦으로써 민주주의를 손상시킨다.

• 빈곤층은 투자할 자산이 없으므로 투자를 할 수도 없고 돈을 빌릴 수도 없으며 부를 축적할 수도 없다. 2008년 금융위기 이후 중산층은 줄어들고 있고 계층 이동은 줄어들고 있다.
  어느 정도의 소득 불평등은 성장을 촉진시키는 요소가 될 수 있으나 심각한 불평등은 사회적 유대관계를 깨뜨리고 계층 간의 충돌을 유발하게 하여 경제성장을 저해한다.

---

19. 고삐 풀린 자본주의, 카지노 자본주의는 자본주의의 독재를 초래하였다

　탐욕스러운 금융자본에 의해 좌우되는 현대의 카지노 자본주의는 금융 리스크를 증가시켰다. 증가한 금융 리스크는 부자들의 금고를 채우는 경우가 많고 CEO, 헤지펀드 매니저들에게 지급되는 과다한 임금과 보너스로 경제는 탐욕으로 흘러가고 있다.

　2015년 프란치스코 교황은 "부가 인류를 지배하는 것이 아니라 부가 인류를 섬기도록 해야 한다"고 하였다. 금융위기 이후 중산층은 축소되고 맞벌이가 필수가 되면서 부모가 자녀와 보내는 시간이 줄어들었다.

　빈곤은 이혼으로 이어지고 편부모 가정이 늘어나고 중산층과 노동자계층의 소득과 부는 늘어나는 교육비, 의료비를 감당하기가 어려울 정도이다. 소득과 부의 과도한 집중은 중산층, 빈곤계층의 수요와 구매력을 감소시키고 성장을 둔화시켜 빈곤층을 더욱 빈곤하게 만든다. 스스로 규제할 능력을 넘어버린 인간이 미쳐 날뛰는 이러한 자본주의는 문명의 위기를 초래한다.

- 시장의 자유를 극대화하는 사조로 금융이 자유화되고 금융기관은 인수·합병을 통해 덩치와 힘을 키웠다. 실물경제의 보조자 역할에 머물던 금융기관에 권력이 집중되어 금융기관이 우위에 서게 되면서 실물경제를 쥐고 흔들게 되었고 자금을 끌어들여 손쉽게 돈을 버는 머니 게임이 확산되었다.
　이러한 양상은 경제혼란과 불안을 심화시킨다. 2008년의 미국 금융위기는 시장의 자유를 극대화하려는 신자유주의적 세계화의 구조적 위기에서 생겨났다.

---

20. 북유럽 국가들의 복지경제는 의식이 있는 자본주의, 마음이 있는 자본주의라는 명칭으로 불린다

스웨덴은 자국의 경제 체제를 복지경제라고 부른다. 복지경제는 민간기업과 사회적 목적 사이의 균형을 추구하는 시장경제를 뜻한다.

기업은 이윤창출이 중요하나 사회로서는 일자리 창출, 공익 서비스가 중요하기 때문에 복지경제는 양자의 균형을 추구한다. 북유럽 국가들은 기업이 노동자와 그 가족들의 생활유지에 필요한 수준의 임금과 좋은 노동조건을 제공하려고 하고 시민의 교육과 건강, 보건에 많은 가치를 두고 있다.

기업은 장기휴가와 충분한 기간의 출산휴가를 제공하고 합리적 이유 없이 노동자를 해고할 수 없으며 부득이하게 해고하는 경우에는 충분한 보상을 제공하여야 한다. 이러한 시장경제는 의식이 있는 자본주의capitalism with a conscience 또는 마음이 있는 자본주의capitalism with a heart라는 명칭으로 불린다.

• 스웨덴의 최고세율은 70%, 덴마크는 72%이다.
• 복지경제는 생산성 저하, 도덕적 해이, 복지병을 초래하기도 하였다.

21. 자본주의는 아직 전 세계 사람들의 삶의 질을 높이지 못했다

경쟁을 통한 가격 인하, 품질 개선, 뛰어난 혁신의 창출 이 세 가지는 자본주의 경제가 가지고 있는 장점이다.

그러나 과잉경쟁과 극단적 이윤추구는 세계인들의 삶의 질을 높이지 못했다. 자본주의는 비참함을 모두 함께 공유한다는 사회주의보다는 나은 제도로 판명되었지만, 축복을 평등하게 공유할 수 없다는 단점이 있다. 저임금, 사회적 비용 유발, 환경훼손 등은 일부에게만 과도한 부를 가져다주면서 다수를 희생시킨다.

제리 맨더는 자본주의가 환경, 지역사회, 행복, 인간성을 파괴하였다고 주장하였고, 나오미 클레인은 카우보이 자본주의가 중산층을 붕괴시키고, 빈익빈 부익부 현상을 심화시켰으며, 경제성장을 저해하고 노동조합의 활동을 방해하였다고 비판하였다. 또한, 민영화와 규제 완화, 복지비용 축소는 거대 다국적 기업에만 특혜를 제공하고 불안정한 형태의 자본주의를 만들어낸다고 하였다.

민영화는 식품 가격을 인상하고 일자리 감소와 저임금으로 빈곤층의 수를 기하급수적으로 늘렸으며 인권을 악화시켰다고 하면서 이러한 모든 것들에 재앙 자본주의disaster capitalism이라는 꼬리표를 붙였다.

22. 깨어있는 자본주의라는 명칭의 자본주의 개혁운동과 새로운 경제를 위한 운동은 더 나은 자본주의를 목표로 한다

현대 자본주의는 효율성과 생산성 면에서 많은 개선이 이루어져 왔고 법과 규제로 자유방임의 남용이 축소되거나 조정되어왔다.

그러나 자본주의는 지금까지 무력분쟁, 대기오염, 생태계 파괴, 보건, 위생 등 큰 비용을 유발하고 문제의 원인이 되어 왔으며 자본주의의 최고 선진국인 미국은 세계 최고의 이혼율, 높은 산모 사망률과 영아 사망률, 아동 빈곤율, 성인 비만율, 세계 최고의 교도소 수감률, 세계 두 번째의 높은 살해율을 기록하고 있다. 최고 수준의 경제적 지표에는 사회적 가치와 행복이 빠져 있는 것이다.

또 서구권에서 성장한 자본주의는 낮은 경제성장, 높은 실업률, 과도한 재정적자와 공공부채, 낮은 저축률, 타락한 직업윤리, 만연한 마약과 범죄에 시달리고 있다. 이 때문에 많은 기업과 그룹이 소비자, 노동자, 시민들에게 도움이 되고 환경을 개선할 수 있는 더 나은 자본주의를 창조하기 위하여 노력하고 있다.

깨어있는 자본주의conscious capitalism라는 자본주의 개혁 캠페인은 기업이 이익창출 외에 더 높은 목표를 수용해야 하고 공동의 번영을 위해 모든 이해관계인에게 혜택이 돌아갈 수 있는 방법을 강구해야 하며 기업은 사회적 책임을 위해 헌신하고 신뢰, 진실성, 투명성, 배움, 배려 등의 중요한 가치를 만들어 나갈 것을 원칙으로 하고 있다.

한편 새로운 경제를 위한 운동new economy movement은 상위 1%가 아닌 99%에게 더 많은 산업기회와 자본을 제공하는 것을 목표로 노동자가 소유하고 경영하는 상호 협력, 상생의 기업모델을 제시한다. 많은 미국인은 신용조합이라는 명칭의 협동조합에 속해있는데 이들 중에는 생태기업, 종업원 지주제 기업이 많다.

위와 같은 깨어있는 자본주의, 새로운 경제를 위한 운동은 시민의 소유와 참여를 늘리고 이해관계인들에게 더 많은 혜택을 제공하기 위하여 더 계몽적이고 건설적인, 더 나은 자본주의 모델을 구상하고 있다.

• 자본주의의 모습과 기능을 개선하기 위한 노력이 이어지는 가운데 다음과 같이 다양한 용어들이 등장하였다.

○ 온정적 자본주의compassionate capitalism

○ 포용적 자본주의inclusive capitalism

○ 인도적 자본주의humane capitalism

○ 인간적 자본주의humanistic capitalism

○ 건강한 자본주의healthy capitalism

사람들은 수익을 좇기 위해 물불 가리지 않고 모든 것을 해치우려고 하는 카우보이 자본주의에 종지부를 찍고 자본주의를 구해내고자 한다.

23. 자본주의는 시장참여자들에 대한 완벽한 정보와 이동성이 있을 때 최선의 결과를 도출한다

자본주의가 최선의 결과를 도출하기 위해서는 시장참여자들의 특징을 알려주는 정확한 정보, 생산자 또는 소비자의 이동성이 전제되어야 한다. 생산자와 소비자는 생산과 소비에 대한 비용, 가격을 잘 알고 비용부담이 적은 곳으로 자유롭게 이동할 수 있고 노동자는 임금을 많이 주는 일자리가 있는 곳으로 이동할 수 있어야 한다.

그러나 정보와 이동성은 완벽하지 못하기 때문에 시장의 실패가 발생하고 정보와 이동성 격차로 그 비용을 감당할 능력이 안 되는 사람들은 자본주의 사회에서 핸디캡을 안고 살아야 한다. 자본주의가 제대로 작동되기 위해서 정부는 정보를 조사하고 샘플을 수집하여 생산자, 중간상인, 소비자에게 더 나은 서비스를 제공하고 비즈니스 정보에 접근할 수 있도록 할 수 있어야 한다.

- 서구권 국가와 몇몇 국가 이외의 지역에서는 자본주의가 실패하였다. 빈곤층은 정보와 이동성에 있어 제약이 있고 자본주의 시스템을 이용해서 부를 축적하는 것이 매우 어렵다.
  또 앙골라, 이집트 등 아프리카 국가들은 독재자, 지배층과 친인척들이 정보를 독점하고 원조금을 착복하는 등의 방법으로 부를 독점해왔다.

24. 생태파괴를 기반으로 하는 자본주의는 지속가능성이 없다

자본주의의 역사에서 기업들은 대부분 환경을 파괴하는 약탈자였다. 과거에는 토지, 자원이 얼마든지 있다는 전제하에 자연을 정복하고 남용하는 것이 비정상적인 일이 아니라고 생각했다.

유럽인들의 아메리카 대륙 이주로 습지가 파괴되고 산림은 황폐해졌으며 경작지를 만들기 위해 대초원의 목초지를 없애고 DDT와 같은 살충제를 뿌렸다. 도시의 발달로 온난화가 가속화되면서 해수면 상승, 수분 증발, 사막화, 가뭄, 폭염 등으로 재난이 빈번하게 일어나고 있다.

이런 식으로 나아간다면 세계인구와 소비의 빠른 증가 때문에 재생 불가능한 지구의 자원은 모두 고갈될 것이다. 자본주의는 생산력을 증가시켰지만, 환경훼손으로 사회적 비용 역시 증가시켰다. 새로운 상품에 중독되어 쓰고 버리는 사회, 새로운 물건을 가짐으로써 인정받고자 하는 사회, 새로운 것을 만들어 더 팔아야 하는 사회는 유지되기 어렵다.

자본주의 자유시장 경제는 깨끗한 공기와 안전한 식수 등 공공재 보호의 면에서 취약하며 생태파괴를 기반으로 하는 경제는 소수의 번영과 지속적인 사회 불평등을 초래하여 문명화에 역행한다.

• 재사용, 재활용으로 폐기물을 줄이고 재생 가능한 에너지를 사용하고 자연이 대체할 수 있는 것만 사용하는 방향으로 나가야 한다.

---

25. 세계화는 자본주의 시장의 위험과 불확실성을 증대시켰다

세계화와 정보기술의 발전으로 인하여 세계는 더 긴밀하게 연결되었고 상호 의존도가 심화되었다.

경제가 호황일 때는 전 세계의 상호의존성이 큰 도움이 되지만 불황기에는 고통과 상처가 전 세계로 확산되어 한 국가에서의 취약성이 다른 국가의 경제를 악화시킨다.

세계화로 인한 시장의 혼돈은 이제 시장과 기업의 일상적인 일이 되어 버렸고 위험과 불확실성은 더 확대되었다.

26. 중산층은 자본주의의 중심축이다. 중산층의 몰락은 자본주의의 위기를 초래한다

　자본주의는 근면한 노동을 통하여 물건을 생산하고 그것을 사고파는 단계를 넘어 돈이 돈을 버는 방향으로 가속화되고 있다. 생산과 소비보다는 투자와 투기, 금융 중심의 자본주의로의 급격한 변화는 은행과 증권사, 투자은행, 보험사, 헤지펀드 등 자본가들의 수익을 증대시키고 늘어난 교육비, 의료비 등의 증대로 중산층의 경제는 더 악화되었다.

　더구나 금융기관들은 부실모기지를 판매하고 복잡한 파생상품을 만들고 헤지펀드를 운영하여 높은 금리를 통해 이득을 챙기고 부동산 가격하락으로 글로벌 금융위기를 초래하였다. 막대한 구제금융으로 인해 기업들이 저지른 잘못은 국민의 혈세로 메우게 됨으로써 죄는 가진 자들이 짓고 벌은 가난한 사람들이 받은 결과가 되었다.

　금융위기를 초래한 장본인들은 형벌 대신 고액연봉과 보너스를 받고 호사를 누리게 되었고 금융기관의 부도덕성과 빈부 격차의 심화는 2011년 9월 월가의 시위로 이어지게 되었다. 최상위 계층인 투자자 계층은 소득의 큰 부분을 투자와 재산관리에 사용하기 때문에 중산층, 빈곤층에 비해 소비에 쓰는 돈이 적어서 경제의 선순환에 큰 도움이 되지 않는다.

　금융 중심의 경제, 금융 서비스 분야의 성장으로 소비의 큰 축을 담당하는 중산층과 빈곤층의 신용대출과 개인 채무는 늘어났고 양극화는 심화되어 중산층은 줄어들었다. 가계부채가 소비의 많은 비중을 차지하고 빚으로 떠받치고 있는 자본주의 경제, 돈이 돈을 벌고 중산층이 줄어들고 빈곤층이 늘어나는 현상은 자본주의, 나아가 민주주의의 위기를 초래한다.

27. 자본주의 사회에서 자본의 집중은 민주주의를 위협한다

　한 국가의 시민들이 폭넓게 자본을 소유하고 있고 시민들이 자신의 이익에 대하여 잘 알고 그에 따라 투표권을 행사할 때 민주주의가 제대로 작동될 수 있다.

　오늘날 선진국의 자본주의는 기업 자본주의이며 자본가들은 수익을 좇아 마음대로 자본을 이동시키며 국가에 충성심을 가질 필요가 없다. 자본가들은 로비를 통하여 공무원의 결정, 법안 표결, 국가의 정책과 방향에 막대한 영향력을 행사한다.

정치자금을 지원받는 정치인들은 특정 이해집단을 위해 법안을 만들고 표결권을 행사한다. 기업 자본주의는 금권정치를 조장하고 민주주의를 위협한다.

28. 소비 지향적 자본주의, 성장중심의 자본주의는 장기적으로 지속되기 어렵다

자본주의가 제대로 작동되기 위해서는 소비의 순환이 순조로워야 하고 기업은 규모의 경제를 추구해서 비용을 낮추고 경쟁우위를 확보하기 위해 성장을 지향하여야 한다.

그러나 소비가 좀 더 책임 있는 방식으로 이루어지지 않는다면, 모든 기업이 성장목표를 세우고 그 목표를 달성하고자 한다면 자본주의가 장기적으로 지속되기는 어렵다. 도로와 해양, 항공교통의 혼잡, 자원 고갈, 토지와 식량부족, 환경오염, 기후변화와 자연재해 등으로 지구는 고갈되게 될 것이다.

1972년에 세계의 여러 학자들에 의해 발표된 『성장의 한계』에 의하면 현재 인류의 소비와 경제성장 수준이 계속될 때 지구의 지속가능성은 비관적이다. 물부족, 석유 고갈, 산림 황폐화, 어류의 남획, 생물 종의 멸종, 남은 자원을 차지하기 위한 경쟁의 심화로 인류가 만족스러운 삶을 살기는 어렵다는 것이다.

약탈적 자본주의는 소수에게 단기적으로 부를 안겨줄 수 있겠지만, 장기적으로는 모두에게 비참함을 가져올 수도 있다. 완만한 성장과 건전한 소비를 위한 그룹은 소비와 성장을 추구하던 지금까지의 삶과는 다른 방식의 삶을 살아갈 것을 권유한다. 즉, 인간관계의 가치, 자연이 주는 행복을 알고 공동체 생활 속에서 만족을 얻는 검소한 삶을 받아들일 것을 권고한다.

많이 소유하고 빨리 성장하지 않더라도 좋은 친구를 얻고, 의미 있는 활동에 참여하고, 다른 사람의 삶을 개선하는 것으로 충분히 행복할 수 있지 않은가 하는 것이다.

29. 산촌 자본주의는 돈에 의존하지 않는 서브시스템을 구축함으로써 질적 풍요 속에서 행복을 찾고자 한다

산촌 자본주의는 돈이 없어도 물, 식량, 연료를 확보할 수 있는 안심과 안전의 네트워크를 구축하고자 하는 것으로 머니 자본주의에 대한 안티 체제로 대두하였다.

첫째, 산촌 자본주의는 화폐로 환산할 수 없는 것들의 권리를 회복시키고자 한다. 화폐를 매개로 하지 않는 물물교환, 품앗이 등에는 측정할 수 없는 가치가 교환되고 다른 사람과의 유대감, 정이 쌓이게 된다. 돈으로 환산할 수 없는 세계가 펼쳐져 있다는 것을 깨닫고 인간, 자연과의 유대관계 속에서 기쁨과 행복을 누리자는 것이다.

둘째, 산촌 자본주의는 규모의 경제에 반대한다. 수요를 늘려서 대량 공급함으로써 경제규모를 확대해 리스크를 증가시키고 낭비를 늘리는 것보다 지역 내의 경제순환을 확대함으로써 외부의 리스크의 영향을 덜 받고 낭비를 줄이고 지역 내의 유대감을 회복시키고자 한다. 또 시골은 시골에 어울리는 발전을, 각 지역은 그 지역에 부합하는 만족감과 발전을 고려해야 한다고 함으로써 경제의 중앙집권화에서 벗어나고자 한다.

셋째, 산촌 자본주의는 분업의 원리에 이의를 제기한다. 누구의 수비범위에도 속하지 않는 곳에 공이 떨어지는 경우처럼 분업에도 빈 곳, 누락이 생길 수 있으므로 분업보다는 일인다역으로 하되 협동하고 서로를 보완해주는 것이 낫다는 것이다.

- 산촌 자본주의는 머니 자본주의에 의해 생겨난 뒤틀림을 보완하는 서브시스템, 백업시스템으로 일본과 세계의 취약점을 보완하고 인류가 살아남는 길을 강구하고자 한다. 기업경영 컨설턴트인 모타니 고스케의 저서 『숲에서 자본주의를 껴안다』에 나오는 시스템을 NHK의 이노우에 고스케가 산촌 자본주의라고 명명하였다.

- 화폐경제에 의존하면서 돈으로 평가되는 사회에 사는 사람들은 불행하다. 산촌 자본주의는 집의 텃밭, 우물, 숲, 인간관계, 취미, 정성, 화조 풍월 등은 돈으로 살 수 없는 것들이며 우리는 이러한 자산을 활용하고 화폐경제에 덜 의존하면서 안심할 수 있고 안정된 미래를 지향해야 한다고 한다. 인연과 감사의 마음으로 맺어진 인간관계, 돈으로 환산할 수 없는 활동이 행복을 증가시킨다는 것이다.

- 산촌 자본주의에 의하면 물, 식량, 자원의 자급 없는 번영은 사상누각이다. 시골에는 숲, 식량, 물, 토지, 산이 가까이 있다.

  도시에는 돈, 활기와 떠들썩함이 있지만, 책략, 대립, 불쾌감, 오염이 있고 천재지변에도 취약하다. 시골에서는 매일 솟아오르는 태양의 고마움과 계절별로 찾아오는 자연의 아름다움을 느낄 수 있으며 땅에서 자라는 결실을 보며 소박하지만 불안하지 않은 생활을 할 수 있다. 시골에는 당장 금전적 이익을 가져다주지는 않지만 건강하게 살 수 있는 자연환경, 아이를 낳을 수 있는 환경, 돈이 덜 드는 환경, 인간적 유대관계가 있다.

  새가 지저귀는 지방의 평온한 환경은 노인과 아이들에게 친화적이며 은퇴 후 귀촌하는 것은 자연스러운 현상이다. 산촌 자본주의는 이제 시골은 소외된 곳이 아니라 도시와 함께 수레의 양쪽 바퀴가 되어야 한다고 한다.

제7절 소유 – 돈, 재산

1. 소유권은 외적인 사물에 대한 배타적·독점적 지배권을 말한다

소유권은 외적인 사물들을 배타적·독점적으로 지배할 수 있는 권리를 말한다. 그러나 나의 것이라고 해도 배타적·독점적으로 지배할 수 없는 예외가 있다. 예컨대 애완견을 학대하거나 쓰레기를 함부로 버리는 것은 허용되지 않는다.

또 그림, 조각물 등을 구입하여 소유하고 있는 사람은 그 저작물을 가로, 공원, 건축물의 외벽 등 공중에 개방된 장소에 전시하고자 하는 경우에 저작권자의 동의를 받아야 한다.

이렇게 본다면 소유권은 상호합의에 의해서 성립되는 것이고 의무를 수반하는 복잡한 문제이기도 하다.

2. 소유에 대한 욕구는 그것을 자아로 편입시키고 자기 자신을 심리적으로 확장하여 자아실현의 기회를 확대하려는 생각에서 나온다 - 게오르그 짐멜

게오르그 짐멜Georg Simmel은 『돈의 철학』에서 소유한다는 의미는 특정한 감정과 자극을 영혼에 불러일으키는 것이고 자아의 영역이 외적인 대상을 뛰어넘어 그 대상과 하나가 되는 것이라고 설명하였다.

소유는 사물에 대한 인간의 심리적 관계를 표시한 것이며 재산에 대한 애착, 내 소유로 하려는 욕구는 자기 자신을 심리적으로 확장하여 자아실현의 기회를 확대하려는 생각에서 나온다는 것이다.

• 로빈슨 크루소는 무인도에서 누구의 간섭도 받지 않고 모든 것을 자기 마음대로 할 수 있었는데도 눈에 띄는 모든 것들을 자신의 것으로 만들기 위해 노력하였고 소유의 표시를 해 두었다. 그의 이러한 행위는 존재의 확장, 자아실현의 가능성을 높이려는 의도와 관련지어 생각해 볼 수 있다.

3. 소유욕은 애정결핍에서 나온다 - 피에르 쌍소

현대인들은 소유를 통해 자신을 드러내고자 하며 소비행위에 이미지의 획득을 통한 자아실현과 존재의 확장이라는 의미를 부여한다. 사람들은 소유를 통해 부족함을 채울 수 있다고 생각한다.

또 의복과 자동차를 통해 신분을 과시하고 소유물을 자신의 정체성의 일부로 생각한다. 사랑하는 애인은 떠나가지만, 물건은 나를 버리지 않는다는 생각에서 내구성 있는 고가의 물품을 선호한다.

피에르 쌍소Pierre Sansot는 『느리게 산다는 것의 의미』에서 끝없이 더 많이 소유하려는 인간의 욕망은 애정결핍으로 인하여 나타나는 결과라고 하면서 우리는 이 같은 광기와 상스러운 무지에서 벗어나야 한다고 하였다.

4. 인생은 소유에 의해서가 아니라 창조에 의해서 드러난다

무엇인가를 소유해야만 안심이 되고 소유를 통해 정체성을 얻고 자신을 드러 낼 수 있다는 생각은 소유라는 목발을 쓰지 않으면 쓰러진다고 믿는 의존적이고 가련한 사람들의 생각이다.

필요 이상의 무엇인가를 더 소유한다는 것은 우리의 정체성을 부풀려 놓고 우 리의 평안을 깨뜨린다. 소유하고 있는 대상은 그것을 손에 넣기 전까지만 대단 하게 보일 뿐 일단 소유하게 되면 동일한 매력이 유지되는 경우가 거의 없다.

있는 그대로를 누리지 않고 소유하는 것은 대부분 그것을 시들고 스러지게 한 다. 또 소유를 획득하기 위해서 노력하는 과정에서 많은 스트레스를 받게 되고 건강, 인간관계 등 다른 중요한 가치를 희생시키게 되고 권리침해로 남들의 손 가락질을 당하기도 한다. 인생은 소유에 의해서가 아니라 창조에 의해서 드러나 는 것이며 소유를 통한 존재의 확장, 자아실현을 추구하는 것은 큰 의미가 없다.

5. 생존을 위한 소유는 존재와 갈등을 일으키지 않는다
– 에리히 프롬

에리히 프롬은 생존을 위한 소유는 살기 위해 자발적으로 추구하는 것으로 존 재와 갈등을 일으키지 않는다고 하였다. 불교에서는 생존유지에 반드시 필요한 것으로 충족되어야 하는 욕망을 선욕善慾, chanda이라고 하여 생존에 필요한 이상 의 지나친 욕망으로 그 충족이 반드시 필요하지 않은 욕망, 갈애渴愛, tanha와 구분 하고 있다.

인간은 필요가 충족되어도 항상 부족함을 느끼고 공허함을 메우기 위해 더 소 유하고자 한다. 소유를 통하여 허전한 구석을 메우고 또 다른 소유를 추구하는 것은 패인 구덩이를 메우기 위해 또 다른 구덩이를 파는 것과 같은 무의미한 반 복이 될 수도 있다.

선욕과 갈애의 구분은 생존에 필요한 수단을 확보하고 정신적 이상과 가치를 추구하며 생물적 생활과 정신적 생활의 조화 속에 행복한 삶을 영위해 나가야 하는 사람들에게 욕망의 방향을 제시해 준다.

6. 많이 소유할수록 풍요로움에서 멀어진다

마샬 살린스의 『최초의 풍부한 사회』에 의하면 현대 산업사회는 희소성의 원리에 의해 지배되기 때문에 많이 생산할수록 오히려 풍요로움에서 더 멀어진다고 하였다. 희소성이 있을수록 가치가 높아지는데 많이 생산하면 희소성이 떨어져 오히려 욕구가 덜 만족스럽게 되므로 풍부함과는 거리가 멀어지게 된다는 것이다.

그에 의하면 수렵 채취자들은 그 어떤 것도 소유하지 않았고 자신이 가진 것에 집착함 없이 자신들이 손에 넣은 모든 것을 나누어 가졌기에 절대적 빈곤에도 불구하고 진정한 풍부함을 알고 있었다고 한다.

장 보드리야르Jean Baudrillard(프랑스, 1929~2007)도 미래 사회의 특징인 장래를 생각하지 않음과 낭비성은 진정한 풍부함의 표시라고 하면서 가진 것이 없더라도 아낌없이 낭비할 수 있는 사회가 진정 풍부한 사회이며 우리 사회는 많은 것을 소유함으로써 풍부함의 기호만을 가졌을 뿐 진정한 여유와 풍요는 가지지 못했다고 하였다.

이들은 풍요와 빈곤은 재화의 양이 많고 적음에 있는 것이 아니라 인간 대 인간의 관계에 있으므로 풍요로운 사회에 대한 고정관념은 수정되어야 한다고 주장하였다.

• 풍요로움이라는 것은 더 많이 축적하고 새로운 것을 더 많이 만들어 더 많이 소비하는 데 있는 것이 아니라 내적 만족과 마음의 평화에 있는 것인지도 모른다.

---

7. 소득과 재산이 늘어나면 사람들은 돈의 가치를 과대평가하기 때문에 더 여유가 없어진다

소득과 재산이 늘어나게 되면 그것이 주는 이점 때문에 사람들은 돈의 가치를 더 과대평가하게 된다. 늘어난 수입 때문에 남의 시선을 의식하고 집의 크기와 겉치레에 신경을 쓰다 보니 물건을 선택하는데도 제한을 받고, 선택한 물건에 대한 기쁨도 오래가지 못한다. 또 재산을 유지, 증식해야 한다는 의무감은 상실에 대한 두려움을 주어 마음속의 쉴 공간을 없앤다.

대인관계에 있어서는 타인이 자신의 재산을 노리고 접근한다고 생각하여 사물을 왜곡되게 바라보고 두려움, 의심으로 대인관계의 폭을 좁혀 돈벌이에 도움이 되지 않는 사람과의 접촉 자체를 회피하게 된다.

이렇게 하다 보면 남을 배려할 줄 모르고 자신의 이득만을 챙기게 되고 높은 수입을 얻기 위해 자유와 자기결정권을 포기해야 하는 경우가 많다. 벌고 쓰느라 모든 힘을 소진해 버리고 자신의 마음마저 잃어버리게 되면 돈의 노예로 전락하게 된다.

- 행복과 불행을 연구하는 심리학자들은 재산 같은 물질적 목표를 가장 중요한 목적으로 생각하는 사람들은 걱정도 많고 우울증에 시달리며, 마약을 사용하는 일도 잦고 신체적 질병에도 더 많이 시달린다고 한다. 이들은 물질 없이 행복해지는 방법으로 예술, 종교, 문화를 즐기는 것, 더 나은 세상을 만들기 위해 노력하는 것, 검소한 삶을 살 것 등을 권유한다.

---

8. 돈이 없는 사람은 가난하다. 그러나 돈밖에 없는 사람은 더 가난하다

부와 명예를 독차지한 듯 보이는 유명인들은 자신의 장점을 활용하여 인생을 가치 있게 하고, 이웃과 나누고 봉사하면서 사회에 공헌할 수 있기 때문에 행복을 누릴 기회가 훨씬 많은데도 좁은 생각에 사로잡혀 작은 시련에 굴복하여 수치심, 좌절감으로 자살에 이르기도 한다.

풍요로운 삶을 위해서는 물질적 요소뿐 아니라 인간관계, 건강, 자유, 평화로운 마음, 자연과의 일체감 등 여러 가지 요소가 필요한데 돈의 가치를 과대평가하다 보면 마음의 공간이 협소해지고 자유롭지 못하게 되어 돈 걱정이 없는 대신 돈 이외의 것은 모두 걱정거리가 된다.

돈이 없는 사람은 가난하다. 그러나 돈밖에 없는 사람은 더 가난하다.

• 행복한 부자가 되려면 자유롭고 넓은 마음, 남을 배려하고 이웃과 나누며 함께 살아가려는 마음, 정신적 풍요를 갖춘 진정한 부자가 되어야 할 것이다.

9. 소유물이 늘어나면 부자유도 그에 비례하여 늘어나게 되므로 아무것도 갖지 않을 때 온 세상을 갖게 된다 - 법정 스님

본래무일물本來無一物은 본래부터 한 물건도 없다는 뜻이다. 불교사상에 따르면 모든 존재는 어떤 원인이나 조건이 맞을 때 인연에 따라 생겼다가 인연이 다하면 사라지므로 영원한 것이 없으며 본질적으로 내 소유란 있을 수 없다.

법정 스님은 『무소유』에서 "소유관념은 우리의 눈을 멀게 하고 분수를 모르고 들뜨게 하며 소유가 늘어나면 사물에 얽매이게 되고, 부자유도 그에 비례하여 늘어나게 된다. 대상에 대한 집착은 괴로움을 낳는 것이며 아무것도 갖지 않을 때 온 세상을 갖게 되는 것이며 이것이 바로 무소유의 역리다"라고 하였다.

10. 사람을 구제하고 만물을 이롭게 하는 데는 돈을 아낄 필요가 없다 - 정약용

　정약용은 목민심서에서 "마음이 담담하여 만족할 줄 알면 세상 재물을 구해서 어디에 쓰겠는가, 청풍명월은 돈으로 사는 것이 아니요, 대 울타리 집에서 돈 쓸 일이 없고, 책을 읽고 도를 이야기하는데도 돈이 필요하지 않으며, 자신을 깨끗이 하고 백성을 사랑하는데도 돈이 필요하지 않다. 다만 사람을 구제하고 만물을 구제하는 데는 돈을 남기지 않는 것이다. 이처럼 마음을 가다듬고 성찰하면 세상맛에서 초월하게 될 것이니 탐욕스러운 마음이 또 어디에서부터 나오겠는가?"라고 하였다.

11. 사람이 가지고 있는 것은 어느 것 하나 빌리지 아니한 것이 없다

　이곡의 『차마설借馬設』에서는 "사람이 가지고 있는 것은 어느 것 하나 빌리지 아니한 것이 없다. 임금은 백성으로부터 힘을 빌려서 높고 부귀한 자리를 가졌고, 신하는 임금으로부터 권세를 빌려 은총과 귀함을 누리며…"라고 하여 근원적 소유의 불가능성을 이야기함으로써 내 것이라는 태도보다 빌려온 것이라는 겸허한 마음가짐으로 살아갈 것을 강조하였다.

　이처럼 우리 조상들은 하늘의 도리에 순응하는 순천절물順天節物, 욕심을 버리고 자연을 즐기며 깨끗한 마음으로 덜 갖고도 만족하는 안분지족安分知足, 소욕지족小慾知足의 삶을 살았다.

부귀와 명성은 말할 것도 없고 내 몸도 빌어 가진 형체에 지나지 않는다.
이 세상의 모든 것이 영원하지 않고 잠시 머물다 자연으로 돌아가는
것임을 깨닫는다면 세상의 속박에서 벗어날 수 있다. - 채근담

- 여러 종교에서는 재산이란 살아 있는 동안 신이 잠시 맡긴 것으로 그것을 기부, 희사, 가난한 이웃을 돕는 데 쓰라고 가르친다.

12. 무소유를 추구하는 사람들의 외적인 사물에 대한 비의존성은 행복한 삶을 위한 엄청난 자산이다

○ 1953년 일본의 야마기시 미요즈가 제창한 공동체 운동인 야마기시즘은 물질추구의 삶에서 벗어나 사이좋은 마을을 지향한다.

　이들은 무소유를 삶의 근본가치로 내세우는데 세상의 모든 것들이 태양과 공기의 혜택을 누리고 있듯이 사람의 삶도 그러해야 한다고 한다. 이 마을은 공동사회를 이루어 모든 생활과 경영을 일체로 하여 생활하며 돈이 필요 없고 필요한 물건은 누구나 무료로 사용할 수 있다.

○ 헬렌 니어링과 스콧 니어링 부부는 자본주의와 이윤추구의 경제, 도시 문명이 주는 편의에서 벗어나 독립적이고 자족적인 삶을 살고자 뉴욕을 떠나 버몬트 숲 속으로 가서 살았다.

　그들에게 있어 돈은 철저하게 교환의 수단일 뿐 축적의 수단이 아니었다. 그들은 먹고사는 데 필요한 이상의 돈을 벌려고 하지 않았고 취미생활, 사회활동 등 다른 일에 관심을 돌려 열중했다. 그들의 삶에 진짜 필요한 것은 단순함, 건강, 평화로운 마음이었으며 그들은 돈의 논리 밖으로 나아가 꿈과 이상을 함께 나누는 인간다운 삶을 살았다.

○ 자본주의 사회라는 물속에 사는 우리는 물을 벗어날 수 없다. 무소유를 추구하는 사람들의 생활태도는 현실을 모르는 문학가, 몽상가의 이상 또는 현실도피로 평가절하될 수도 있다.

　그러나 무소유를 추구하는 사람들의 외적인 사물에 대한 비의존성은 행복한 삶을 위한 엄청난 자산이다.

• 더 많이 소유하려는 욕망으로 자기를 잃어버린 인간은 욕망의 다발, 알맹이 없는 양파다. - 입센
• 세상에서 가장 강한 자는 돈에 길들여지지 않는 사람이며 그는 용기 있게 옳은 길을 갈 수 있다.

13. 가난은 범죄와 혁명의 양친이다

생존을 위해서는 어느 정도의 물질적 조건이 필수적이다. "가난은 범죄와 혁명의 양친이다"라는 말처럼 물질적 조건이 충족되지 않으면 삶이 불안정하다. 이러한 시기에는 노동자, 농민에 대한 착취를 이유로 증오를 불러일으키고 대중을 선동하여 파업·시위를 유발하는 등 사회 불안이 고조될 수 있고 빈곤해방, 경제위기 타개를 구실로 정치적 억압이 행해질 수 있다.

1929년의 경제 대공황을 계기로 파시즘, 나치즘, 일본의 군국주의 같은 전체주의가 횡행하였던 경험은 이를 말해주고 있다.

14. 항산恒産이 있어야 항심恒心이 있다

맹자는 항산恒産(안정된 수입, 직업)이 있어야 항심恒心(안정된 마음)이 있다고 하면서 인간의 생계보장이 안 되고 안정된 직업이 제공되지 못하는 정치는 백성을 범죄로 몰아넣게 된다고 하였다.

개인이 가난하면 재능을 꽃피우기 어렵고 빚을 지고 자유를 잃게 되거나 영혼을 팔아야 할 수도 있다. 나라가 가난하면 치안을 유지할 재정도 없어 사회가 불안할 뿐 아니라 사회가 부패하게 되고 나라를 지키지 못해 국민을 노예로 만들 수도 있다. 따라서 안전과 자유를 위해서는 부富의 구축이 불가피하다.

15. 가난은 영혼의 구원이라는 신성한 재화의 획득을 매개하는 것으로 그 자체가 독자적인 가치와 권위를 가지고 있었다
- 게오르그 짐멜

역사 기록에 의하면 프란시스코 수도회 수도사들은 돈을 소유하는 것은 영혼의 구원을 방해하는 것으로 그 자체를 악이자 혐오대상으로 생각하였고 그들은 가난을 숭배하고 가난 속에서 안전, 사랑, 자유를 발견하였다고 전한다.

나아가 프란시스코 수도사들은 가난 속에서 가장 순수하고 귀중한 것을 소유하게 되었으며 '아무것도 가지고 있지 않으나 모든 것을 소유한 사람'이라고 불렸다고 한다. 이들에게 있어서 생존유지에 필요한 이상의 소유는 죄악이자 악덕이었다.

게오르그 짐멜Georg Simmel은 『돈의 철학』에서 이 역사기록을 토대로 "가난은 영혼의 구원이라는 신성한 재화의 획득을 매개하는 것으로 그 자체가 독자적인 가치와 권위를 지니는 심원한 내적 요구의 대상이었으며 적극적인 소유물이자 숭배대상으로서 오늘날 돈이 가지는 것과 똑같은 역할을 수행하였다"고 기술하고 있다.

인간은 정신적·윤리적 존재로서 생명의 위협을 무릅쓰고라도 지켜야 할 가치와 이상이 있으며 이러한 정신적 가치를 생명의 본질로 본다면 그들은 정신적 가치를 수호하기 위해 소유하고 숭배하였다.

여러 종교에서는 사후에 가지고 갈 수 있는 재산은 아무것도 없고 선행, 덕德만이 남는다고 가르치고 있는데 이러한 관점에서 본다면 그들은 진정한 재산이 무엇인지 알고 더 적극적으로 부富를 추구했던 사람들이라고 할 수 있다.

16. 자본주의 사회에서는 가진 소유물에 따라 인간을 서열화하는 경향이 있다

자본주의 시장메커니즘에서 모든 가치는 숫자로 매겨진다. 결혼정보업체는 재산, 연봉 등을 수치로 환산하여 점수를 매기고 선남선녀는 그 점수만큼의 가치를 갖게 되며 정서적 다양성은 소멸된다. 인간은 계량할 수 있는 사물이나 도구가 되어 정서적 다양성은 소멸되는 것이다.

에리히 프롬은 『건전한 사회the sane society』에서 "현대인들은 살아가는 전 과정을 자본투자처럼 생각하고 모든 것을 가격으로 환산하여 물건의 가치가 그에 매겨진 가격과 일치할 것이라는 기대를 하게 되었다"고 하면서 이러한 기대가 모든 형식에 영향을 미친다고 하였다.

그에 의하면 연주회에서 음악을 감상하는 즐거움, 여행하고 강의를 듣고 파티에 참석하는 것 등은 돈으로 측정할 수 없는 것이며 화폐단위로 환산할 수 있는 것은 우리 삶의 과정 중 극히 일부분에 불과한데 다른 모든 것을 그런 식으로 계산·측정하려는 것은 같은 단위로 잴 수 없는 것을 하나의 방정식에 끌어넣는 것과 같다는 것이다.

17. 돈은 단순한 교환수단이 아니라 그 자체가 목적이자 권력이 되었다

재화의 교환은 유용성, 사용가치의 면에서 서로 필요한 보완재를 얻기 위해 이루어지고 돈은 교환가치의 공통된 척도로서 교환의 매개물이 된다. 돈은 사물을 교환하기 위한 수단으로 만들어진 것으로 그 자체를 먹거나 입거나 덮고 잘 수 없는 것이다.

그러나 자본주의 시장경제 체제 하에서 상품의 가치는 돈의 액수로 결정되며 모든 것의 교환가치는 돈으로 환원된다. 돈은 모든 것을 가늠하는 척도가 되었으며 이제 돈은 단순한 교환수단이 아니라 그 자체가 목적이자 권력이 되었다.

18. 인간은 돈으로 셀 수 없는 것에 더 가치를 부여한다. 인간 사회에서는 재화 이외에도 여러 가지 형태의 소중한 교환이 이루어지고 있다

인류의 역사에서는 화폐경제가 나타나기 전에도 정보, 메시지, 서비스 등의 교환이 있었고 근친혼을 금지함으로써 배우자가 될 수 있는 사람들을 교환하기도 하였는데 교환은 인간이라는 존재의 특징을 나타내는 행위였다.

인간은 사용가치나 유용성으로만 사는 것이 아니라 정서적 유대관계 속에 살고 있으며 인간다움으로 살아간다. 인간은 사랑, 우정, 의리, 정, 추억, 정의감, 애국심 등 정서적이고 돈으로 환산할 수 없는 것에 가치를 부여하며 이러한 가치를 생명보다 더 소중히 여기기도 한다.

위와 같은 것들은 그 자체가 정서적·상징적 의미와 가치가 있으며 정서와 상징이 담긴 선물의 교환은 그 자체가 막대한 가치를 발생시킨다. 선물 교환, 품앗이, 경조사 축하와 위로의 교환 등 인간 사회에서는 재화 이외에도 여러 가지 형태의 소중한 교환이 이루어지고 있으며 교환을 통해 사회의 미덕과 평화를 가져왔다.

• 사람들은 정서와 상징, 인간미가 담긴 선물을 고가의 상품보다 가치 있는 것으로 받아들이는 경우가 많다. 88올림픽 유치 당시 독일의 바덴바덴에서 일본의 올림픽 유치위원들이 IOC 위원들에게 고가의 일제시계를 선물한 데 비해 우리나라 위원들은 꽃을 정성껏 꾸며서 전달했다. 압도적으로 불리했던 우리나라는 결국 일본 나고야를 누르고 서울 올림픽 유치에 성공했고 그 후 민주주의를 발전시키고 국제사회로 도약하게 되었다.

---

19. 가난이나 부유함은 경제적 수치의 문제가 아니라 정치적인 개념이다

더글러스 러미스는 『경제성장이 안 되면 우리는 풍요롭지 못할 것인가』에서 가난이나 부유함은 정치적인 개념이고 우리는 그것을 경제적인 문제로 착각함으로써 삶에 내재되어 있는 참다운 풍요로움을 파괴해 왔다고 한다.

그에 의하면 경제발전의 정체는 지구 위의 인간과 자연을 산업경제 시스템으로 집어넣는 것이고 미개발 국가들을 서양의 발전 시스템으로 전환시켜 전통적인 빈곤(자급자족의 경제)을 착취하기 쉬운 것으로 전환시킨 것에 지나지 않는다.

경제발전은 빈곤을 해소하기는커녕 오히려 빈곤을 창출, 재생산하였으며 경제발전이라는 패러다임 속에서 자연과 인간의 삶은 계량적으로 파악되어 그 풍부함과 다양함은 관심 밖으로 밀려났다는 것이다.

자급자족을 통해 최소한의 필수품을 마련하고 상부상조하며 살아가는 전통사회에서는 돈으로 대가를 치러야 할 일들이 거의 없기 때문에 가난하다는 것을 별로 의식하지 않고 살아갈 수 있다.

게오르그 짐멜은 『돈의 철학』에서 가난은 일정한 화폐경제 단계에서만 나타난다고 하면서 화폐경제·상품경제 이전의 사회에서는 개인의 절대적 궁핍이라는 것이 매우 드물었다고 한다.

이러한 관점에서 본다면 가난이나 부유함은 경제적 수치의 문제가 아니라 정치적인 개념이라는 주장에도 상당한 설득력이 있다.

20. 사람들이 느끼는 행복감은 소득에 비례하여 증가하지 않는다

소득과 소유가 한 사회의 행복과 성공을 측정하는 척도가 될 수 있는지에 대한 행복경제학자들의 조사결과에 의하면 미국의 실질소득과 생활 수준은 1950년대에 비해 약 2배 정도 상승했지만, 피조사자가 스스로 행복하다는 정도는 반세기 동안 일정한 수준을 유지하였고, 연간소득이 2만 달러를 넘어서면서부터 체감행복은·소득증가에 비례하여 높아지지 않았다고 한다.

이 조사결과는 국민의 행복도는 일단 시민들의 기본 욕구를 만족할만한 수준이 되면 이후부터는 부가 증가해도 높아지지 않는 것을 보여준다. 소득과 개인의 행복도에 관한 리처드 이스털린(미국, 경제학자)의 논문 「경제성장으로 인간의 운명을 바꿀 수 있을까?」에 의하면 1인당 국민소득과 개인의 행복도 사이에는 별 상관관계가 없고 심지어 가장 가난한 나라에서 행복도가 높게 나타나기도 했다.

소득증가와 행복 사이에 상관관계가 적게 나타나는 이유는 대략 다음과 같다.

○ 행복은 삶에 대한 긍정적 시각을 가지고 있는가, 부정적 시각을 가지고 있는가에 따라 좌우된다.

○ 행복은 종교와 문화의 영향을 받는다.

○ 부유하다고 느끼는 기준은 주변 사람들과의 비교에서 오는 것이기 때문에 사람들은 쉽게 만족을 느끼기 어렵다.

○ 소득증가로 사물을 구매하면 그때만 행복할 뿐 쉽게 익숙해져서 새로운 욕구와 불만이 그 자리를 채운다.

○ 소득이 증가하면 돈의 가치를 과대평가하여 더 많이 벌지 못해 안달하고 돈 관리에 신경이 쓰인다. 사람들은 함께 협력하고 남을 배려할 때 행복을 느끼는데 소득이 증가할수록 더 여유가 없어진다.

○ 소득이 증가하여 삶의 질이 높아져도 삶의 목적을 찾을 수 없거나 건강, 인간관계 또는 다른 원하는 것을 얻지 못해 불행할 수 있다.

• 행복경제학자들은 인간관계, 먹거리, 스포츠, 스스로 유익한 일을 한다는 자부심, 건강, 자유가 행복에 있어서 중요한 요소라고 한다. 행복경제학은 우리의 인간성뿐 아니라 사회 전체의 시스템이 물질적 기반 위에 세워져 있기 때문에 발생하는 문제점을 지적한다.

---

21. 경제가 성장한다고 하여 사람들의 행복이나 삶의 질이 개선된다고 볼 수는 없다

경제성장의 목적이 반드시 사람들의 행복이나 삶의 질을 높이는 데 있는 것은 아니기 때문에 상품과 생산량의 공급량을 늘리고 소비가 증가된다고 하여 더 행복해지고 삶의 질이 나아졌다고 볼 수는 없다.

GDP 성장으로 행복이나 삶의 질이 개선되었다고 단정할 수 없는 이유는 다음과 같다.

○ GDP 성장은 성장의 혜택이 어떻게 분배되는지에 대하여는 알려주지 않기 때문에 빈익빈 부익부 현상으로 전체 행복도나 삶의 질이 개선되었다고 할 수 없다.

○ GDP 성장은 상품의 질에 대해서는 알려주지 않는다. 예컨대 담배나 알코올의 생산과 소비증가로 삶의 질이 개선되었다고 할 수는 없다.

○ GDP가 성장하기 위해서는 그에 상응하는 대가를 치러야 한다. 성장과 함께 대기오염, 수질오염, 교통체증도 늘고 노동시간도 늘어나고 맞벌이를 해야 하고 여가는 줄어든다면 삶의 질이 개선되었다고 볼 수 없다.

---

* 행복경제학자들은 국민의 행복을 측정하는데 경제성장률 보다는 이혼율, 실업률에 더 관심을 가진다. 행복이란 물질과 영혼 모두가 고루 성장하고 서로를 보완할 때 느낄 수 있는 것이며 신체적·정신적 건강, 안정된 사회, 지속 가능한 성장, 문화적 가치, 깨끗한 자연환경, 좋은 정부를 필요로 한다.

* 행복경제학자들은 국민의 행복과 국가의 성공을 평가하는 데 있어 GNP, GDP 대신에 국가만족도지수NSI: National Satisfaction Index 또는 국민행복지수GNH: Gross National Happiness를 별도로 개발할 필요가 있다고 한다.

제8절 소비

1. 소비는 인간이 자신을 표현하는 양식이자 기호다

소비는 물질의 차원에서 기호sign의 차원으로 그 형태가 달라졌다. 소비자들은 상품을 구매함과 동시에 그 상품이 가지고 있는 상징을 함께 갖게 되는데 이때 인간이 소비하는 것은 상품이 아니라 이미지라는 기호(상징, 위세, 권위)다. 소비자들은 자기의 이미지에 맞는 또는 자기가 타인에게 비치고 싶은 이미지에 맞게 기호를 소비한다.

소비를 함에 있어서 기능, 실용성 대신에 '개성' '차별화' 등의 표현이 사용되는 것은 소비자들이 기호를 소비하고 있음을 나타낸다(기호소비). 즉, 소비는 과거와 같이 생존이나 취향을 위해서 물품을 조달하는 활동이 아니라 정신적·문화적 행위로서 인간이 자신을 표현하는 형식이자 기호다.

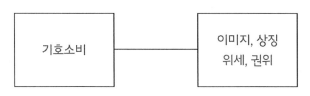

개성, 차별화 > 기능, 실용성

2. 현대사회는 상품이 인간을 소비하는 사회다

자본주의 사회에서는 인간이 신을 숭배하듯이 사물을 숭배한다. 이 때문에 사람들은 소비를 신화처럼 숭배한다.

소비가 신화가 된 사회에서는 생명을 유지하기 위해 소비하는 것이 아니라 소비하기 위해 살아간다. 인간이 상품을 소비하는 것이 아니라 상품이 인간을 소비하는 사회, 물신주의가 팽배한 사회에서는 상품이라는 타자가 주인이 되고 현실의 나는 소외된다.

- 현대인은 물질적 풍요 속에서 끊임없는 결핍으로 전락하였고 사야買 살生 수 있는 사회 속에서 진정한 풍요를 상실하였다.

3. 소비의 주체는 내가 아니라 기호의 질서다 - 장 보드리야르

모든 것이 상품의 논리에 종속된다는 것은 모든 것이 이윤에 따라 대상화되고 조작될 뿐 아니라 모든 것이 진열되어 구경거리가 된다는 것을 의미한다.

소비사회에서 소비는 인간의 욕망에 따라 주체적으로 이루어지지 않고 대량의 기호화된 사물 속에서 사회적 지위 등을 의미하는 기호의 질서 속으로 흡수되어 버린다. 이제 소비의 주체는 내가 아니라 기호의 질서다.

- 소비자는 자유롭게 자기가 원하는 대로 선택한다고 생각하지만, 사실은 차이화의 강제 또는 그가 속한 계층의 분위기, 코드에 복종하는 것일 수도 있다.
- 우리는 풍요의 시대에 있지 않으며 희소성의 기호 밑에 놓여 있다. - 장 보드리야르

4. 거울은 사라지고 쇼윈도만 남는다 – 장 보드리야르

소비사회의 특징은 반성의 부재, 자신에 대한 시각의 부재이다. 현대의 소비사회에서는 나를 비추어 주는 거울은 사라지고 나를 보여주기 위한 쇼윈도만 남게 된다. 쇼윈도화된 세상에서 개인은 자신을 비춰보는 것이 아니라 대량의 기호화된 사물을 응시할 뿐이다.

소비의 중요한 포인트는 나를 어떤 이미지로 포장하여 남들에게 보여줄 것인가이다. 결국, 현대인들은 남에게 비추어지는 이미지를 위해서 살아간다. 삶이 특별한 가치를 위한 것이 아니라 남에게 비추어지는 이미지(허상)를 위한, 강요된 삶이라는 현실을 어떻게 받아들일 것인가?

• 쇼윈도는 개인을 비춰주기보다 흡수해 버린다. 개인의 존재는 자신이 늘어놓은 기호 속에 존재하며 초월성도 목적성도 지니지 않게 된 이 사회의 특징은 반성의 부재, 자신에 대한 시각의 부재이다. 장 보드리야르는 사회 전체가 주식회사로서 악마와 계약을 하여 풍요를 대가로 초월성과 목적성을 팔아넘겼기 때문에 이제는 목적의 부재로 괴로워한다고 하였다. 그러나 악마로부터 대가로 얻은 풍요에는 희소성과 강요된 소비만 있을 뿐 진정한 풍요는 없다.

5. 소비는 인간을 통제하고 지배한다

자본주의 사회에서 공급자는 소비자를 교묘하게 설득하고 현혹해야 하고 대중매체와 광고를 이용하여 소비자의 이성을 마비시키기도 한다. 현대사회에서는 소비가 단순히 상품을 사용하는 차원을 넘어 인간을 통제·지배하고 있다.

기업 및 기업과 공생관계에 있는 대중매체는 지금 내가 가지고 있는 것이 나에게 어울리지 않으며 시대에 뒤떨어졌다는 신호를 보낸다. 사람들은 자신이 원하는 방향대로 소비하는 것처럼 보이지만 사실 소비는 광고, 유행, 타인의 시선 등에 의해 암묵적으로 강요되고 통제되고 있다. 자본주의 사회에서 소비자의 욕망은 자신의 욕망이 아니라 기획된 타자의 욕망이다.

• 소비자의 선택은 은밀한 설득, 학습, 집단 내부의 생활양식과 관련이 있다.

6. 한 집단은 다른 집단과 구별 짓기 위해서 취향을 이용한다

– 피에르 부르디외Pierre Bourdieu

인간 집단은 독특한 취향을 나타내는 생활양식을 통해 자신들의 집단을 다른 집단과 차별화하고자 한다. 이것이 두드러지게 드러나는 분야가 소비이며 인간은 소비를 통해 차이에 대한 욕망을 실현하려고 한다.

상류계급 사람들은 취향을 통해 다른 집단과 차별성을 드러내고 우월감을 갖고자 하는데 이들은 사치와 낭비를 통해 대중의 동경을 유발하고 자신들이 보통 사람들과 다르다는 것을 나타내고자 한다.

• 소비자는 계층질서에서 자신의 위치에 따라 재화를 선택한다. 소비자의 선택은 자신이 속한 집단, 특정 계급의 문화적 코드나 생활양식을 받아들인다. 소비자의 선택은 개인의 취향을 넘어 사회적 현상이 된다.

7. 소비를 부추기는 욕망은 타자의 욕망이다

소비를 부추기는 욕망이 구별 짓기를 통해 차이를 부각하고자 하는 것이라면 그 욕망은 다른 사람들에게 어떻게 보이고 어떻게 받아들여지는가의 차이를 만들고자 하는 것으로 그것은 나의 욕망이 아니라 타자의 욕망이다.

남들과 차이를 드러내고자 한다면 사람들은 타자의 욕망에 종속되어 끝없이 소비를 반복하게 될 것이며 그렇게 되면 경제적으로 쪼들리는 것은 물론이고 나의 정체성과 주체성은 사라지고 위화감이 증대되어 전통적 인간관계와 문화는 손상을 입게 될 것이다.

• 광고는 차이를 부각시키고 소비자의 우월한 미적 취향과 감성을 강조한다.

8. 소비 욕망의 주체는 궁극적으로 자본주의 그 자체다

자본주의의 본질과 운동법칙은 생산과 소비가 원활하게 순환되고 계속해서 이윤이 창출될 수 있도록 인간의 욕망을 만들어내고 조작한다.

소비 욕망은 내가 다른 사람들에게 어떻게 받아들여지는가 하는 차이에 대한 욕망으로서 나의 욕망이 아니라 본질적으로 타자의 욕망이며 욕망의 최종적 주체는 그러한 욕망을 만들어내는 자본주의 사회 그 자체다.

9. 현대사회는 소비 조작의 관료사회다 - 앙리 르페브르Henri Lefebvre

소비는 자본주의 체제라는 거대 시스템에 의해 언제나 관리되고 통제된다. 대중은 타자에 의해 조종되고 교육받고 광고에 의해 세뇌되며 기업과 매스미디어의 유도와 통제에 따라 소비한다. 소비는 자본주의라는 큰 시스템에 의해 관리되고 통제되는데 이것은 관료사회와 작동원리와 비슷하다는 것이다.

- -

• 소비과정에는 관료제적 강제가 수반된다. 소비하는 것이 사회적 책임을 다하는 것이며 사회공헌의 척도가 된다. 소비자는 생산에서와 마찬가지로 소비에서도 노동자로 필요시되고 동원되고 있다. 소비는 사회적 노동이 되어버리는 것이다.

- -

10. 소비는 충족과 결여를 동시에 발생시킨다

소비는 그 욕구를 만족시키는 순간 또 다른 결여를 만들어낸다. 인간은 계속해서 더 나은, 그리고 나를 더 돋보이게 하는 물건을 필요로 하기 때문에 새로운 기능과 디자인을 갖춘 제품이 끝없이 쏟아진다.

이 때문에 소비 욕구는 또 다른 욕구를 만들어내고 소비를 통한 만족은 일시적인 데 그치게 되므로 소비를 통해서는 욕망을 충족시킬 수 없다. 더구나 오늘날의 소비는 기호 소비, 구별 짓기를 위한 이미지 소비인데 차이를 만들고자 하는 관념은 아무리 소비해도 만족에 이를 수 없기 때문에 소비를 통해서는 영원히 욕망을 충족시킬 수 없다.

이렇게 해서 '결여 → 소비 → 충족 → 결여 → 소비'의 악순환이 되풀이되고, 자본주의 사회에서의 소비는 결국 충족과 결여를 동시에 발생시키는 병 주고 약 주는 구조를 가지게 된다.

- 소비로는 인간의 욕망을 절대로 만족시킬 수 없다. 사람들은 언제나 더 많이 더 좋은 것을 가지려고 하나 세상에는 언제나 더 가진 사람. 더 좋은 것을 가진 사람이 있기 때문이다.

----

11. 사람들이 명품을 사는 이유는 그들에게 상류층이라는 식별 기호가 필요하기 때문이다

비싼 명품은 다른 사람들에 대한 차별성과 우월해 보이고 싶은 욕망을 드러내 주는 상징기호가 되어 준다.

사람들이 명품을 사는 이유는 고가품을 통하여 자신이 어떤 계층에 속하는 사람인지를 드러내고 경제적 차별성과 세련된 취향을 나타냄으로써 우월해 보이고 싶은 속물근성을 드러내 주는 식별기호가 필요하기 때문이다.

- 그러나 명품소비가 필요한 것을 얻기 위한 것, 개인의 만족(개성추구 + 자율성 추구)을 위한 것이라면 그것을 과시적 소비로 보기는 어렵다.
- 오늘날은 취향과 신분이 다차원적 기반을 하고 있어서 고가품으로만 신분을 과시하려고 하다가는 저질, 속물로 무시당하게 될 수도 있다.

- 오늘날 차이를 만드는 것은 돈에서 교양으로 이동하고 있다. 품위, 세련됨, 교양, 섬세함, 감각의 차별성을 갖추어야 대우받을 수 있고 졸부는 대접받지 못하고 있다. 상품도 교양화되고 있는 것이다.

12. 사람들은 광고가 덧씌운 가짜 이미지에 비용을 지불한다

사람들이 과시적 소비를 하는 이유는 상품 그 자체가 아니라 상품이 나타내는 이미지를 돈으로 사고자 하기 때문이다.

그러나 실상 소비자가 구매하는 것은 광고가 덧씌운 이미지이며 사람들은 그 가짜 이미지에 비용을 지불하는 것이다.

- 루이뷔통은 명품 이미지를 강조하기 위해 매장에 일정 수의 고객만 입장시킨다. 한 사람이 같은 물건을 여러 개를 살 수도 없다. 이 때문에 사람들은 아르바이트생을 고용하여 가방을 사기도 한다. 이는 소비자의 심리를 교묘하게 이용하는 고강도 이미지 정책의 산물이다.

  이런 뻔한 상술에 놀아나는 사람들은 남에게 뒤처지지 않는가 조바심을 내면서 남의 눈치를 보면서 하루하루를 살아간다.

13. 가격이 비싸야 소비한다

베블런은 『유한계급론』에서 상류계급은 사회적 지위를 과시하기 위해 눈에 띄는 소비를 하고 높은 가격이 책정되어야 소비를 한다고 하였다. 유한계급은 최상층으로, 가격보다는 그 제품이 지니는 사회적 이미지를 구매기준으로 삼고 고가품, 희귀재의 소비를 통해 상징권력을 확보하는 것이 중요하기 때문에 오히려 가격이 비쌀수록 소비의욕이 자극된다는 것이다.

명품소비현상은 유한계급이 주도한 소비의 흐름이 전 사회의 대중으로 확산된 결과이며 소비자의 물건에 대한 취향은 부와 권력을 가진 사람들에 의해 결정된다. 가격이 오를수록 수요가 늘고 대중이 이것을 따라 하게 된다는 이러한 현상은 소비사회에서 살아가는 사람들의 욕망의 허구성을 보여준다.

14. 현대인들은 상술이 제공하는 가상의 세계에 살고 있다

오늘날 소비는 인간이 자신을 표현하는 기호이다. 소비자들은 제품이 표현하는 이미지를 구매하기 때문에 기업들은 광고를 통하여 이미지를 생산하고 관리한다.

장 보드리야르에 의하면 현대인들은 이미지로 만든 세계에 스스로를 가두고 있다. 우리는 상업주의의 감옥이라는 가상의 세계, 이미지가 실재보다 더 중요한 사회, 가짜가 진짜를 압도하고 지배하는 사회에 살고 있으며 우리가 애써 얻고자 하는 인생의 목표는 가짜 이미지와 같은 신기루일 수도 있다.

- 장 보드리야르에 의하면 이미지 문명은 창조성과 문화 고갈, 정신의 정체를 초래한다. 이미지는 환상을 비추는 거울일 뿐인데도 인간은 더 높은 이상을 바라보지 못하고 자신의 욕망만을 쳐다보며 살아가고 있기 때문이라는 것이다.

15. 차이를 만들기 위한 소비는 결국 평범함이 된다

사람들은 특별한 존재가 되고 싶고 차별화되는 존재가 되고 싶은 마음에 명품을 구매한다. 그러나 너도나도 명품을 구매함으로써 명품은 평범한 상표가 되었다. 다국적 기업은 명품 브랜드를 사 모았고 명품은 브랜드일 뿐이고 브랜드소유주는 장인이 아니라 주주이다.

이제 명품은 대중화되어 그 상징성, 이미지, 껍데기만 남게 되었다. 평범에서 벗어나기 위한 소비가 결국 평범하게 만든다는 것은 아이러니이다.

- 고가의 핸드백을 구매하여 특별한 여자, 차별화되는 사람이 되고 싶다는 욕망으로 '탈 평범'을 꾀한 결과 고가의 명품 핸드백의 상표는 지하철에서 쉽게 볼 수 있는 평범한 상품, 오히려 피하고 싶은 상표가 되었다.
- 소비사회는 개성을 발견하고 자기 자신이 되는 즐거움을 발견하라고 외친다. 그러나 차이화는 상표나 로고, 모델의 선택일 뿐 개인은 균질성의 하나가 되고 개성은 사라진다.

16. 남자는 떠나가지만, 명품가방은 곁을 지킨다

심리학자 주디스 워터스는 "일에 파묻힌 커리어 우먼들에게서 남자는 떠나가지만, 명품가방은 곁을 지킨다"고 하였다.

그에 의하면 다른 명품은 아무리 비싸게 꾸며도 드러나지 않지만, 명품가방은 몇백 만 원을 들이고도 라벨과 로고가 쉽게 눈에 띄어 '나는 이런 사람'이라는 것을 조용히 각인시킬 수 있기 때문에 핸드백은 사회적 지위를 보여주는 효과적 물건이 되는 셈이라고 주장하였다.

- 핸드백 효과: 핸드백 같은 실용적인 아이템이라도 디자인을 불어넣고, 그 디자인을 정기적으로 바꾸면 그 물건은 생필품이 아니라 욕망의 대상이 되어 더 많은 소비를 창출할 수 있다는 것인데 생필품에 디자인을 가미하여 패션 품목으로 만들어 소비를 유도하는 것은 이미 오늘날 기업들의 주요 전략의 하나가 되었다.
- 여성은 소비를 통해 자기 만족하도록 권유받으며 선택하고 경쟁하면서 까다로운 여자가 되도록 권유받고 있다. - 장 보드리야르

17. 소비 욕망은 그 대상보다 욕망을 충족해 나가는 과정에 의존한다 - 갈브레이스

갈브레이스는 소비 욕망은 그 대상보다 욕망을 충족해 나가는 과정에 의존한다고 하였다. 광고 등 판매 과정에서 기업은 소비자의 욕망을 불러일으키고 그에 의존하여 욕망이 계속 창출된다는 것이다.

이것은 상품에 대한 수요가 소비자의 주체적 욕망이 아니라 광고와 선전에 크게 의존하고 있다는 것을 보여준다.

18. 육체도 소비의 대상이다 - 장 보드리야르

오늘날은 육체도 소비의 대상이다. 육체는 주체의 자율적인 목적에 따라서가 아니라 소비사회의 규범인 향락과 쾌락주의적 이윤창출의 원리에 따라 다시 만들어지고 사회적 지위를 표시하는 여러 기호의 하나로서 조작된다.

육체의 발견은 신에 대항하여 인간성을 얻기 위한 투쟁이었으나 오늘날은 육체 그 자체가 신성시되어 영혼숭배에 이어 이데올로기적 기능을 하고 있다. 해방된 육체는 사물 또는 기호로서 해방되었을 뿐이며 건강하고 세련된 외모, 어떤 옷을 입고 어떤 브랜드를 걸치고 있는가가 개인의 이미지를 결정한다. 육체는 이미 하나의 관리 대상이며 투자를 위한 자산처럼 다루어진다.

광고, 대중문화는 젊음, 우아함, 여자다움 또는 남자다움과 미용, 건강, 날씬함을 강조하고 현대인들은 강박관념 속에서 육체를 관리하고 개선하는데 많은 돈을 소비한다.

• 오늘날 육체는 장식용 소품이며 배려의 가장 아름다운 대상이다. 육체는 기능적 사물로 관리·정비되고 투자되어야 할 자산이자 사회적 기호이며 소유되고 조작되고 소비되는 대상이다.

• 육체의 해방은 인간 해방이라는 신화 속에 감추어져 있다. 소비의 대상이 된 육체는 노동력으로서 착취당하는 육체보다 더 폭력과 희생의 대상이 되고 있으며 인간을 소외시킨다.

---

19. 한 가지 물건을 사면 그에 어울리는 다른 물건도 함께 소비하게 된다

프랑스의 계몽철학자 디드로Diderot는 서재용 가운을 선물로 받았다. 우아한 진홍색 가운을 입고 책상에 앉아 공부하다 보니 책상이 갑자기 초라해 보여서 가운에 어울리는 세련된 제품을 구입했고 다음에는 의자와 커튼, 시계도 마음에 들지 않았다. 그는 모든 물건을 새로 장만했고 서재는 완전히 다른 방으로 바뀌고 말았다.

한 가지 물건을 사면 그에 어울리는 다른 물건을 함께 사게 되는 디드로 효과는 위의 일화에서 유래한다고 한다.

- 백화점에서는 유사한 분위기를 불러일으키는 상품들을 한데 묶어서 하나의 세트로 진열하고 있는데 이렇듯 자본주의 사회에서 사물들은 파노플리panoplie(세트)로 조직되는 특성이 있다. 그 목적은 물론 물건을 많이 팔고자 하는 것이다.

20. 라면을 먹더라도 비싼 커피를 소비한다

초라한 분식집에 들어가 싸구려 라면을 먹으면서도 브랜드 커피숍에서 카페 모카를 마신다. 이 같은 극단적 소비양식을 보이는 한국의 젊은 여성소비자들을 한 때 '된장녀'라고 불렀다.

된장녀는 유행에 민감하고 부유하고 도시적으로 보이지만 실제로는 자신이 감당할 수 없는 명품을 선호하는 성향을 지닌 여성을 비하해서 가리키는 용어였는데 실제로 현대인들은 가치소비를 중시하여 보통 때는 알뜰 소비를 하면서도 관심이 있는 대상에는 과감하게 내지르는 극단적 소비성향을 보이는 경향이 있다.

- 오늘날 소비 경향은 사치 소비에서 가치소비로 바뀌었다. 소비자는 스스로 부여한 주관적 가치 순위에 따라 만족도가 높은 상품은 비싸더라도 과감하게 구매하고 그렇지 않은 상품에 대해서는 지출을 줄이는 양극화된 소비형태를 보인다.

21. 오늘날의 세계는 쇼핑해야만 살 수 있는 세계(바이오스피어, buyosphere)이다 - 토마스 하인

현대 소비사회에서 사람들이 물건을 사는 행위는 오리가 태어나자마자 헤엄을 치는 것을 배우는 것처럼 경제생활의 첫걸음이며 인간의 문화 속으로 진입하기 시작했다는 뜻이다.

토마스 하인에 의하면 쇼핑을 해야만 살 수 있는 세계buyosphere에서 쇼핑은 진지하고 복잡한 측면을 내포하고 있는 사회적 활동이며 물건을 선택한다는 것은 막중한 책임이기 때문에 현대를 사는 사람들은 쇼핑 방법을 익혀야 한다. 광고를 무조건 받아들이지도 말고 자신의 행동에 대해 심사숙고하면서 전략을 짜고 물건을 비교해가며 합리적 소비를 위해 노력하라는 것이다.

• 토마스 하인은 쇼핑이 현대 소비사회의 병리 현상이라는 관점을 거부한다. 그는 쇼핑은 자기 정체성 개성, 현실성, 도덕성을 총체적으로 표현하는 문화적 활동이고 현대사회에서 현명하게 살아남기 위한 기술이며 피할 수 없는 것이므로 어떻게 합리적으로 소비하는가 하는 것이 중요하다고 하였다.

22. 소비하는 사람이 많을수록 수요가 줄어든다

사람들은 남들보다 돋보이거나 뽐내고 싶어서 비싼 물건을 사려고 한다. 특히 한순간에 갑부가 된 사람들은 자신의 사회적 열등감을 만회하기 위해 고급제품들을 닥치는 대로 구입하기도 한다.

상품이 희귀하고 비쌀수록 그 제품을 구매할 때 자신은 남들과 다르다는 생각을 가지면서 남들과 차별화를 시도하는데 이 때문에 어떤 제품은 그것을 소비하는 사람이 많을수록 수요가 줄어들게 된다. 이것을 속물효과snob effect라고 한다.

23. 경험을 소비하라!

사람들이 물건을 구매한 후에 느끼는 만족에 대한 연구 결과에 의하면 물건은 우리에게 생각만큼 큰 행복을 주지 않으며 경험이 오랫동안 만족감을 준다고 한다. 새 물건을 살 때는 행복하지만 금방 질리게 되고 우리의 모습도 크게 달라지는 것이 없으며 본전을 생각하면 오히려 좌절감을 느낄 수도 있다.

그러나 멋지고 짜릿한 경험, 긴장과 모험의 순간, 감동적인 순간, 값진 추억이 주는 만족감은 장기간 지속되며 오래도록 기억에 남아 삶의 이정표가 되어준다. 물건은 퇴색, 부패하거나 분실되어 언젠가 버려질 수 있지만, 경험은 사람의 정체성을 이루기 때문에 쉽게 사라지지도 않는다. 좋은 경험은 물건과는 달리 나 자신의 일부가 되어 언제든지 꺼내 쓸 수 있고 타인과 공유할 수도 있다.

이 때문에 행복을 위해서는 경험을 구매하는 것이 좋다는 것이다.

- 기술과 방법만으로 원하는 것을 만들어낼 수 있다는 생각은 과학에 대한 맹신이다. 삶의 다양한 경험과 특정 순간의 분위기, 느낌은 다시 만들어낼 수 없는 유일무이한 순간이며 삶의 귀중한 순간의 체험은 누구도 대신할 수 없고 재현할 수 없는 아우라aura를 가지고 있다. 이 때문에 체험관광, 체험산업이 각광받게 되었다.

24. 뉴 노멀 시대의 소비 트렌드는 실속형 가치소비다

뉴 노멀new normal은 시대 변화에 따라 새롭게 형성되는 표준을 의미한다. 이것은 과거를 반성하고 새로운 질서를 모색하는 시점에 자주 등장하는 말인데 경제학에서는 새롭게 형성된 경제 질서로 통용된다.

이 용어는 벤처 캐피털리스트 로저 맥너미가 2003년 처음 제시하였고 세계 최대의 채권운용회사 핌코PIMCO의 최고 경영자 무하메드 엘 에리언이 저서『새로운 부의 탄생』에서 2007~2008년에 진행된 세계금융위기 이후 등장한 새로운 세계 경제 질서를 언급하면서 널리 퍼지게 되었다. 세계 경제는 저성장, 저금리, 저물가, 고실업률, 정부 부채증가, 미국의 역할 축소, 고위험, 규제강화 등 뉴 노멀 시대에 돌입하게 되었다.

이것은 비정상이 아니라 정상normal으로 돌아온 것이며 금융위기 이전 꾸준하게 3% 이상 고도성장을 해왔던 선진국의 경제 질서 및 과시적 소비, 사치 소비는 올드 노멀old normal이고 비정상abnormal이었음을 나타낸다.

고도성장에 힘입어 과시적 소비, 사치 소비를 일삼던 풍요의 시대는 끝나고 저성장, 질적 성장의 단계로 진입함에 따라 소비 트렌드는 변하였다. 뉴 노멀 시대의 소비 트렌드는 실속형 가치소비다. 가치소비는 자신이 지향하는 가치를 포기하지 않는 대신 가격이나 만족도 등을 세밀히 따져서 합리적으로 소비하는 것을 말하는데 이것은 남을 의식하는 과시적 소비, 무조건 아끼는 알뜰 소비와는 구별된다.

실속형 가치소비를 하는 사람들은 브랜드 가치에 비중을 두지 않으며 가성비(가격 대비 성능 비율), 가격 대비 만족도가 높은 제품을 선호한다. 이들은 더 싸게 구입할 수 있다면 가격 비교, 환율체크를 해야 하는 번거로움에도 불구하고 해외 직구(직접구매)의 방법을 택하기도 한다.

제9절 법

1. 법의 기원은 안전에 대한 욕구에 있다

홉스가 자연상태를 '만인 대 만인의 투쟁'이라고 표현하였듯이 인간은 그 이기적 본성으로 볼 때 안전을 보장해주는 사회조직과 법이 없다면 끊임없이 폭력에 노출되고 안전이 위협받게 되어 불안상태에 놓이게 된다.

인간은 학살당하기보다는 노예 상태를 원하며 폭력과 죽음에 대한 두려움, 안전에 대한 욕구는 법의 기원이 된다.

2. 국민의 자발적 도덕심을 신임한 국가는 역사상 존재한 적이 없다

인간의 본성으로 볼 때 사람들에게 자발적으로 도덕성을 발휘하고 질서를 지키며 타인과 조화롭게 살아가는 것을 기대하기는 어렵다. 따라서 사회가 있는 곳에는 처벌을 동반하는 법이 반드시 존재한다.

3. 법은 변천하는 권력의 표현이고 강제의 권리이다 - 피타고라스

권력은 변천한다. 권력의 표현인 법도 항상 변한다. 그러나 법을 실천하기 위해서는 폭력과 강제가 불가피하기 때문에 법은 강제할 권리를 갖는다.

4. 법은 보편적이고 냉정한 것이다 - 헤겔

법은 사회 구성원에게 동등하게 적용되는 것이므로 보편적이다. 그리스어 법 dike은 정의dikaion와 어원을 같이하며 로마어 정의justicia는 법jus에서 유래한다. 이처럼 법은 정의와 뗄 수 없는 관계에 놓여 있으므로 냉정하다.

5. 합법적인 법은 단지 지켜지기만 하는 것이 아니라 옹호 되어야 한다 - 알랭

루소는 합법적인 법은 전체의 이익을 위해 시민 개개인의 자유의사에 의해 설정된 것이므로 법은 수호되어야 한다고 하였고 칸트는 스스로 정한 법에 복종하는 것만이 윤리적 의미에서 진정한 자유라고 하였다.

법은 실용성, 효율성에만 그 목적이 있는 것이 아니라 인간성의 실현과 현실의 개혁을 목표로 하므로 정당한 법은 지켜지는데 그치지 않고 옹호되어야 한다.

6. 법의 절정이 곧 불의의 절정이다 - 키케로

법은 지배자들의 권력을 대변하는 수단이 될 수도 있다. 이 경우 법은 강자의 이익을 위한 계급적 이익수호의 방편이며 조직적·제도적 폭력이 될 수도 있다. 법은 보편성과 정당성을 갖추어야 한다.

7. 힘이 법을 정당화한다

파스칼은 "사람들은 정의로운 것을 강하게 할 수 없었기 때문에 강한 것을 정의로 만들었다"고 하였다. 힘없는 정의는 무력하기 때문에 평화를 유지하기 위해서 정의를 힘과 함께 있게 하였다는 것이다.

- 중세 기독교 시대에는 정의는 신의 속성이고 신은 의로운 자에게 승리할 수 있는 힘을 주므로 힘이 곧 자신의 정당함을 증명한다고 주장하는 경우가 많았다.

- 루소는 힘에 굴복하는 것은 필요에 의한 행동이지 의지에 의한 행동은 아니라고 하였다. 힘이 정의의 기준이 되는 것은 폭력의 정치를 선택하는 것이며 그것은 정당성이 결여되어있다.
- 힘이 법을 정당화한다면 모든 인간은 기회주의자가 될 것이다.

8. 법은 정의의 가면을 쓰고 있다

역사적으로 볼 때 법은 전제왕정시대 또는 독재국가에서 권력자와 특권집단의 이익을 위해 봉사해 왔으며 권력자들이 자신의 힘을 정당화하고 폭력을 은닉하기 위한 구실로 법을 이용해 왔다. 곧바로 폭력을 사용하는 것보다는 법의 모습으로 정의를 포장하는 것이 호소력이 있기 때문에 권력은 정의라는 가면을 쓰고 연기를 하고 있다는 것이다.

- 종교전쟁, 종교재판은 정의와 신의 이름으로 이루어졌다.
- 나치의 학살자들은 자신들을 정의의 수호자로 자처하였다.

9. 법을 존재하게 하는 것은 효율성이고, 법을 지속하게 하는 것은 정의이다

인간은 어쩔 수 없이 필요에 의해 일시적으로 힘에 굴복하지만, 그것을 진정한 의지에 따른 행동으로 볼 수는 없다. 힘의 논리에 의한 법은 지속성을 갖지 못하며 결국 그것은 인간의 이성에 의해 심판을 받게 된다.

아담 스미스는 "처벌에 대한 공포는 인간 사회의 위대한 파수꾼이다"라고 표현했다. 법은 실용성, 효율성 때문에 존재한다. 그러나 그것이 지속되기 위해서는 보편성, 정당성을 갖추어야 하며 이성의 요구에 부합해야 한다.

따라서 정의에 부합하지 않는 법은 언젠가 불법적인 힘으로 판명되어 폐기될 운명에 놓이게 되고, 보편 이성에 부합하는 법만이 그 정당성을 부여받으며 존속할 수 있는 것이다.

10. 정의는 법을 지키기 위한 법에 대한 의심이다 - 알랭

현실의 법은 불완전하며 수많은 모순을 안고 있다. 정의는 이러한 법의 불완전성과 현실적 모순을 느끼고 인식하게 만든다. 아무리 이상적인 법이라도 현실에 적용하는 데는 부작용이 따르고 바람직하지 못한 결과를 가져오기도 한다.

현실의 법은 수많은 약점과 한계를 지니고 있기 때문에 정의는 법을 의심하고 법의 문제점과 모순을 비판하여야 한다. 그렇지 않다면 그 정당성을 의심받게 되어 법의 실용성까지 위기를 맞이하게 될 것이다.

11. 법은 정의를 완벽하게 구현하지 못한다. 그러나 법은 정의를 지향한다

법은 사회질서 유지를 위해 필요불가결한 것이지만 현실의 법은 수많은 약점과 한계를 지니고 있다. 법은 나중에 제도적 폭력이나 불법적 힘으로 판명될 수도 있으므로 법이 반드시 정의를 구현한다고 할 수는 없을 것이다.

그러나 법의 목적은 실용성에 그치지 않고 인간성의 실현과 현실을 개혁하고자 하는 데 있다. 따라서 법은 불완전한 것으로서 정의를 완벽하게 구현하지는 못할지라도 기본적으로 정의를 지향하고 있다고 보아야 할 것이다.

- 정의롭지 않은 법은 폭력에 지나지 않는다.
- 권력과 힘은 법의 필요조건이지 충분조건은 아니다.

12. 집행되지 않는 법은 국가의 권위를 추락시키고 혼란을 부채질한다

"법을 엄정하게 집행하는 것이 가장 큰 동정을 보이는 것이다"라는 말이 있다. 이익을 추구하는 인간의 본성으로 볼 때 방만한 법 집행으로 법이 자취를 감추고 자비와 관용이 넘치는 사회는 혼란을 방치하여 살인과 약탈이 넘쳐나게 되어 누구나 살고 싶지 않은 사회가 되기 때문이다. 집행력이 없는 법은 국가의 권위를 추락시키고 혼란을 부채질한다.

13. 법치주의만이 복수의 마력을 제압할 수 있다

복수는 거듭된 보복으로 이어지고 복수의 순환고리가 형성되면 사회는 제어할 수 없는 혼란에 빠지게 된다. 복수로는 갈등을 잠재울 수 없으며 복수로 인한 폭력의 반복과 교환을 단절시키기 위한 현실적 해결책은 처벌권한을 국가가 독점하여 법치주의를 확립하는 수밖에 없다.

14. 정의롭지 않은 법은 폭력에 지나지 않는다

법은 보편적인 동시에 이성의 요구에 부합할 것을 조건으로 한다. 정의는 법을 지속케 하는 원동력이다. 법의 모습을 띠고 있다 하더라도 정당성을 갖추지 못하고 있는 법은 제도적 폭력으로서 불법적인 힘으로 판명되어 타도대상이 될 것이며 보편 이성에 부합하는 정의로운 법만이 정당성을 부여받으며 계속 존속할 수 있다.

따라서 국가는 법에 대하여 끊임없이 정의로운 법이 될 수 있도록 하는 노력을 게을리해서는 안 된다.

제10절 정의

1. 복수는 야생의 정의다 - 프란시스 베이컨

복수는 일반인의 감정에 가장 부합하는 정의의 실현방법이다. 사람들은 억울한 일을 당한 경우 이를 갚아주거나 배신자를 응징할 때 후련함을 느끼게 되며 복수를 통하여 인간은 자존심을 되찾고 감정적 위로를 받는다.

해악을 갚아줄 때 인간은 쾌감을 느끼게 되므로 복수는 달콤하다. 그러나 복수는 거듭된 보복으로 이어지며 더욱 잔인한 방법으로 되돌아온다.

• 복수가 되풀이되어 복수의 순환고리가 형성됨으로써 갈등과 폭력이 계속되면 사회는 제어할 수 없는 혼란에 빠지게 된다. 폭력의 반복과 교환을 단절시키기 위한 현실적 해결책은 처벌권한을 국가가 독점하여 법치주의를 확립하는 수밖에 없다.

---

2. 범죄에 상응하는 처벌을 통해 정의가 회복된다

응보주의의 입장에서는 형벌의 목적은 응보이며 범죄에 상응하는 처벌을 통해 정의와 균형이 회복된다고 한다. 정의는 자신에게 진 빚을 갚으라고 요구한다는 것이다.

칸트는 형법은 정언명령이므로 반드시 지켜져야 하고 처벌은 다른 가치를 조장하는 수단으로 이용되어서는 안 된다고 하였으며 헤겔은 형벌을 범죄 예방, 교정, 억지 수단으로 보는 것은 인간은 벌을 받을 가치가 있는 존재로 보는 것이 아니라 훈련시키는 동물로 보는 것이라고 함으로써 응보주의를 옹호하였다.

- 응보주의에 의하면 어떤 사람이 범죄를 진심으로 뉘우치고 있고 또 다른 범죄나 나쁜 짓을 저지르지 않을 것이라는 것을 인지해도 처벌해야 한다.
- 형벌은 응보, 범죄자의 교정, 범죄 억지, 예방의 목적을 모두 충족시키는 것이 이상적이다. 그러나 이 같은 목적을 모두 충족시키는 법의 모습은 기대하기 어렵다.

3. 힘이 곧 정의다 - 홉스

홉스는 자연상태에서의 인간은 외롭고 가난하고 구역질 나며 짐승과 다를 바 없고 인간은 인간에게 늑대이며 만인 대 만인의 투쟁상태에 놓이게 된다고 하였다. 이 때문에 평화를 위해서는 자유를 양보하고 법의 힘에 복종하여야 한다고 하였다.

홉스에 의하면 자연상태에서는 법이 없기 때문에 정의와 부정의의 구별이 없다. 힘이 있는 곳에 정의가 있으며 인간은 평화를 유지하기 위해 힘(법)에 복종해야 한다.

- 홉스는 개인적 갈등에 종지부를 찍고 평화를 가져오기 위해서는 폭군적 힘을 필요로 하고 평화가 보장됨으로써 자유의 박탈과 불평등은 보상된다고 하였다.
  홉스에 의하면 인간은 안전이 없으면 자유가 무의미하다. 따라서 자유를 포기해서라도 먼저 안전을 확보해야 한다. 홉스에 의하면 국가의 과업은 평화를 유지하는 것이며 국가의 힘에 복종하는 것이 평화와 안전을 확보하는 길이므로 힘은 곧 정의가 된다.
  "정의는 강자의 이익이며 법은 강자의 이익을 옹호한다"(트라시마코스), "정의는 자신이 속한 나라의 법을 지키는 것이다"(스피노자)는 말도 이와 맥락을 같이 한다.

4. 사람들은 정의라는 것을 강하게 할 수 없었기 때문에 강한 것을 정의로 만들었다 - 파스칼

사람들은 평화를 유지하기 위해 강한 것을 정의로 만들어 그 힘을 정당화하고 그에 복종하도록 하였다. 이와 같은 견해는 힘이 곧 정의이며 정의는 기성 권력에 따르는 것이고 우리는 힘의 법에 복종해야 한다는 것으로 홉스의 견해와 같은 입장이다.

이러한 견해에 따른다면 자연에 근거한 정의, 즉 법률이 명령하지 않더라도 옳은 것을 하도록 요구하는 정의는 없는 것이며 정의롭다는 것은 기회주의와 같은 것이 된다.

• 힘이 없는 정의는 공허하다는 점에서 홉스와 파스칼의 견해는 부분적 타당성을 지닌다. 그러나 정의의 실현을 위해 무력의 사용이 불가피하다 하더라도 법은 정의를 지향하여야 하며 개인의 인권과 자유를 보장하여야 한다.

5. 힘없는 정의는 무력하고 정의가 없는 힘은 폭력에 지나지 않는다

사회질서 유지를 위해서는 강제력이 불가피하며 법은 강제성을 그 본질로 한다. 힘이 있어야 정의가 실현될 수 있기에 힘은 법과 정의의 필요조건이다.

그러나 힘이 법의 충분조건이 될 수는 없다. 힘의 논리에 의한 법은 지속성을 갖지 못하며 법은 이성의 요구에 부합하여야 한다. 정의는 법을 지속게 하는 원동력이며 보편 이성에 부합하는 정의로운 법만이 정당성을 부여받으며 계속 존속할 수 있다.

• 제도적 폭력은 언젠가 불법적인 힘으로 판명되어 타도대상이 된다. 법은 정의로워야 하며 힘에 의해 실현될 수 있는 합목적성·실용성도 갖추어야 한다.

6. 시각적 증거는 정의를 왜곡한다

1994년에 미국에서 있었던 미식축구 선수 심슨의 아내 니콜 살해사건 재판에서 변호인들은 가죽장갑이 손에 맞지 않았다는 사실을 강조하였고 배심원들의 이목이 모두 장갑에 집중되어 무죄판결이 내려졌다. 가죽장갑은 피와 이슬에 젖으면 굳어지고 수축되어 맞지 않는다. 또 증거훼손 방지를 위하여 라텍스 장갑을 끼고 그 위에 가죽장갑을 끼면 장갑이 맞지 않을 가능성이 크다.

범행현장에서의 심슨의 머리카락과 혈액형의 일치, 심슨이 신었던 신발과 발자국의 일치, 양말에서 발견된 피와 니콜의 피의 일치 등 유죄를 입증할 많은 증거가 있었음에도 무죄판결이 내려진 것은 인간이 시각적 증거에 대한 인지적 편견을 가지기 쉽다는 것을 보여준다.

인간은 눈에 보이는 증거에 친숙하며 눈앞에 보이는 측정 가능한 대상을 중요하게 여긴다. 오델로 역시 눈에 보이지 않는 정조보다는 훔친 아내의 손수건에 흔들려 사랑하는 아내를 죽이고 말았다.

그리스 신화에 나오는 최고 예언가 테이레시아스가 장님인 것, 저울을 든 정의의 여신이 눈을 가리고 있는 것은 눈에 보이는 것에 현혹되어 진실을 보지 못하는 인간에 대한 교훈적 의미가 담겨 있다.

7. 자비와 관용이 넘치는 사회는 정의롭지 못한 사회가 된다

마키아벨리는 『군주론』에서 "군주는 자비롭기 위해서 무정해야 한다"고 하였다. 자신의 이익을 추구하는 인간의 본성으로 볼 때 방만한 법 집행으로 법이 자취를 감추고 자비와 관용이 넘치는 사회는 혼란이 방치되어 살인과 약탈이 난무하게 된다.

이렇게 되면 모두가 자력구제에 나서게 되고 본능의 부름에 이끌려 야생의 정의(복수)를 택함으로써 온 나라가 쑥대밭이 되어 누구나 살고 싶지 않은 사회가 된다는 것이다.

"법은 엄정하게 집행하는 것이 가장 큰 동정을 보이는 것"이라는 말도 같은 맥락이다. 집행력이 없는 법은 전시용 칼과 마찬가지이며 국가의 권위를 추락시키고 사회 혼란을 부채질한다.

• 자비 같아 보이는 자비는 진정한 자비가 아니며 무분별한 사면은 재난을 낳을 수도 있다. 법의 강제력이 필요 없는 사회가 이상적이기는 하나 실제 사회생활에 있어서는 법이 제구실을 못 하는 사회는 악법으로 통치되는 사회와 마찬가지로 부정의를 낳게 된다.

8. 극단적인 법의 적용은 극단적인 부정의를 낳는다

근대 초기 영국 청교도들은 간음금지법을 만들어 혼외정사에 사형을 선고하였다. 이 법을 그대로 집행하였다면 결혼한 지 6개월 만에 딸을 출산한 셰익스피어도 사형을 당했어야 했다.

1919년에 통과된 미국의 금주법은 밀주업, 마피아들의 전쟁, 자살을 유발하였고 금주법 시행 기간에 400명 이상의 경찰과 2만 명 이상의 무고한 시민을 희생시킨 채 막을 내렸다. 금주법의 실패는 인간의 본성을 억누르는 극단적인 법의 적용은 극단적인 부정의를 낳는다는 것을 보여준 대표적인 사례이다.

- 법은 엄정하게 집행되어야 하나 정의뿐 아니라 관용, 자유, 절제, 선행 등 다른 중요한 가치들도 인간 사회에 없어서는 안 될 중요한 미덕이므로 무조건 법을 엄정하게 집행하는 것만이 능사는 아니다.

  아리스토텔레스에 의하면 중용은 넘치거나 모자람이 없는, 인간이 도달할 수 있는 최선의 상태이며 주희의 『중용』에 의하면 중용을 실천하게 되면 천지가 제자리를 찾고 만물이 자라게 되며 지선至善의 상태에 이르게 된다.

---

9. 법이 정의로운지 아닌지를 주관적으로 판단하여 지키지 않겠다는 생각은 바람직하지 못하다

인간은 타인을 이웃으로서 존중해야 할 도덕적 의무가 있으며 타인으로부터 존중받기를 원한다. 내가 타인을 존중하지 않는데 타인이 나를 존중하기를 바라는 것이 불공평한 것처럼 누구나 준수해야 하는 법을 지키지 않으려고 하는 것은 온당치 못하다.

다수의 정의감과는 무관하게 법이 정의로운지 아닌지를 주관적으로 판단하여 지키지 않겠다는 생각은 자신이 남보다 우월하다는 생각에서 나오는 것으로서 상호주의와 평등의 정신을 위반하는 것이 된다. 따라서 법을 준수해야 하는 것이 바람직한 태도이다.

....

- 문제가 되는 것은 어떤 식으로든 정당화될 수 없고, 이성(보편성)으로 용납할 수 없는 법률이 시행되고 있는 경우이다. 이러한 경우에는 법을 따르는 것이 오히려 이성(보편성)에 위반되는 것이며 인간성을 포기하는 결과를 초래한다.

  이 경우 이성을 회복하는 수단은 현실적으로 불복종 이외에 다른 방법이 없으며 그것은 법체계의 복원(개정)을 요구하는 가치 있는 행동이 될 수 있다. 다만 이러한 불복종과 저항은 법이 평등한 자유의 원칙을 심각하게 위반하는 경우, 그 부당성을 꾸준히 호소해 왔음에도 합법적 수단이 아무런 효과도 기대할 수 없을 때 행해져야 하며 그 저항은 정상적 법체계의 복원에 이르기까지 일시적인 것이어야 한다.

....

10. 법과 정의만으로는 좋은 사회를 만들기 어렵다

셰익스피어의 희극 『베니스의 상인』에서 샤일록은 계약을 지키는 것만이 정의를 실현하는 길이라고 하면서 기한 내에 돈을 갚지 못한 안토니오의 살 1파운드를 떼어가게 해달라고 하였다.

그러나 포오샤는 자비의 미덕에 대하여 설명하면서 자비를 베풀 것을 권유한다.

하지만 샤일록은 포오샤의 권유를 뿌리치고 계약을 실행해 달라고 요구한다. 정의는 공평을 기하고 균형을 맞추는 것이지만 자비는 선물을 주는 것(배려)이다.

정의는 강제, 폭력을 수단으로 불화를 막고 평화를 이룩하고자 하는 것인데 비해 자비는 그 자체가 평화를 만들고 조화를 이루게 한다.

따라서 법과 정의만으로는 좋은 사회를 이루기 어려우며 자비와 사랑, 우정에 기반을 둔 사회가 더 이상적인 사회가 될 것임은 자명하다.

- 자비는 하늘에서 내리는 단비와 같습니다. 그것은 주는 자와 받는 자를 함께 축복하는 것이니 미덕 중에서 최고의 미덕이요, 왕관보다 더 왕답게 해주는 덕성이지요.
  - 셰익스피어 『베니스의 상인』 중에서
- 법의 강제력이 필요 없는 사회가 이상적이기는 하나 이상은 이상에 불과하다. 현실적으로 법이 없는 사회, 법이 제구실을 못 하는 사회는 악법으로 통치되는 사회와 마찬가지로 부정의를 낳게 된다.

11. 법률적 사고와 언어는 때로는 정의를 농락한다

『베니스의 상인』에 나오는 포오샤는 "살을 떼어다가 기독교인의 피를 한 방울이라도 흘리게 한다면 토지와 재산을 몰수하겠다"고 샤일록을 협박하였다. 고기를 샀음에도 그에 당연히 포함된 피는 안 샀다고 할 수 있는 것, 사과 한 쪽은 주었지만, 사과즙은 주지 않았다고 말할 수 있는 것이 법률적 사고이다.

소피스트들은 가장 빈약한 주장을 가장 강력하게 보이는 수사학을 가르쳤으며 견강부회식 궤변으로 소송의 본질을 호도하였다고 하는데 법률가들도 흑마술 같은 화술과 교묘한 논리로 때로는 정의를 농락한다.

12. 지식인들은 완벽한 정의를 꿈꾸는 결벽증 때문에 쉽게 행동에 나서지 못하고 주저하다가 피해를 키운다

햄릿은 아버지를 독살한 삼촌 클로디어스를 처단하여 정의를 실현할 절호의 기회가 있었음에도 기도를 올리고 있을 때 죽이게 되면 그의 영혼이 천국에 갈 것이라고 생각하여 클로디어스가 악행을 저지를 때 처단하겠다고 미루다가 결국 애인 오필리아를 비롯하여 친구, 어머니 등 무고한 여러 생명을 죽게 한 끝에 비극으로 막을 내렸다.

햄릿은 완벽한 정의, 이상적 정의를 꿈꾸었다. 『햄릿』의 최후에서는 정의가 실현되지만, 그 결과는 참담했다. 생각은 많이 하지만 실행하기를 싫어하는 지식인의 유약한 성정과 우유부단함은 사후에 막대한 피해를 낳았다.

이 때문에 정의 구현에 매진하는 사람들은 지식인들을 탐탁지 않게 생각한다. 단종 복위운동을 주도했던 무신들이 문신들과 함께 일을 도모한 것을 후회했다는 일화는 이를 말해준다.

13. 소수의 반대자는 이상적 정의를 제시한다

다수의 견해는 현실 세계를 껴안는다. 이 때문에 다수의 의견은 당대의 호응을 받는다. 반면 소수의 반대 의견은 흔히 이상적 정의를 제시한다. 지식인은 이상적 정의, 낭만적 정의를 지향하는 경향이 있고 반대자 쪽에 서게 될 가능성이 크다.

1857년 드레드 스콧 판결에서 벤자민 커티스 판사는 "흑인 노예는 연방헌법의 시민에 해당하지 않는다"는 다수 의견을 신랄하게 비판하였다. 그의 의견은 채택되지 않았으나 후에 미국 연방 수정헌법 제14조는 모든 미국인의 평등한 권리를 보장하게 되었다.

소수 의견, 반대 의견은 이상을 지향하고 미래를 이야기하기 때문에 현실 세계에 맞지 않을지라도 더 나은 미래를 기약할 수 있다. 이 때문에 소수의 반대 의견도 존중되어야 하는 것이다.

- 이상에 치우치는 것은 현실적으로 위험한 결과를 초래하기 쉽다. 이상을 현실에 적용하려면 추가 작업이 필요하고 여건이 성숙되기를 기다려야 하기 때문이다.

  그러나 인간이 이상을 추구하지 않는다면 더 나은 세계를 만들어 갈 수 없을 뿐 아니라 현재 가지고 있는 것조차 누릴 수 없었을 것이다. 이 때문에 이상을 추구하는 것은 여전히 중요하다.

14. 세계는 제 발로 정의를 향해 가지 않는다

영국 엘리자베스 여왕 시대에 그려진 그림에는 훔친 물건을 담은 자루에 목이 졸려서 죽는 강도, 칼을 뽑아 든 순간 자신의 그림자에 습격당하는 살인자가 등장한다. 이것은 악인이 천벌을 받아 순리적 정의가 지배하는 세상을 나타낸다. 또 문학작품에서도 악인은 자연의 이치에 거스른 죄로 그에 상응하는 벌을 받게 된다.

그러나 우리가 살아가는 세상에서는 순리적 정의나 천벌을 기대하기 어려우며 현실은 냉혹하다. 정의가 언젠가 바로 서게 될 것이라는 헛된 믿음에서는 헛된 위안만을 얻을 뿐이다. 세계는 제 발로 정의를 향해 가지 않는다. 세계는 물리법칙과 같은 도덕법칙이 작동되는 곳이 아니며 악을 스스로 자정하는 도덕적 세계가 아니다.

따라서 인간은 도덕 세계에 발을 담그고 정의의 방향으로 거센 물살을 헤치고 계속 나아가야 하는 것이다. 세계가 정의를 향해 나아간다는 순진한 믿음에 홀려 아무것도 하지 않는다면 정의로운 세상은 기대하기 어려울 것이다.

15. 정의를 외치는 것보다 정원을 가꾸는 것이 더 낫다 - 볼테르

볼테르는 세상의 악이란 신의 의지나 정의를 들먹인다고 해명되거나 정당화될 수 있는 것이 아니라고 하면서 "신의 의지나 정의를 들먹이기보다는 자신의 정원을 가꾸는 것이 낫다"고 하였다. 인간이 종교 따위의 문제로 서로의 삶을 힘들게 만드는 여유를 부리지 않더라도 삶에는 진짜 문젯거리만 해도 충분히 많기 때문에 일이나 열심히 하는 것이 훨씬 의미 있는 행동이라는 것이다.

정의는 당장 눈에 보이지 않고 갈 길은 멀기 때문에 헛된 구호에 그치기 쉽다. 추상적인 정의를 외치는 사람들은 인간에게 도움이 되는 구체적인 무언가를 하지 않는다.

이 때문에 정의가 강물처럼 흐르게 하겠다고 외치는 사람들보다는 생활 속의 사소한 불편을 구체적으로 지적하고 그것을 없애나가겠다는 사람들이 정의 실현에 더 가까이 있는 사람들이다.

16. 추상적인 선의 실현을 위해 힘쓰지 말고 구체적인 악을 제거하기 위해 노력하라 - 칼 포퍼

이상적인 선善에 대한 합의는 어렵지만, 구체적인 악이 무엇인지에 대한 합의는 쉽고 명백하다. 또 악의 제거는 직접적이고 구체적인 수단에 의해서 행해져야 하며 추상적인 구호나 먼 장래의 유토피아 건설을 통해 간접적으로 제거하려 하면 현재 여기에서 고통받는 사람들을 외면하게 되고 환상적인 미래의 꿈을 실현하기 위해 현세대의 희생을 강요하게 된다.

따라서 정의라는 구호보다는 구체적인 악을 제거하기 위해, 추상적인 행복의 극대화를 추구하는 것보다는 구체적인 고통의 극소화를 추진하는 것이 정의 실현에 더 가까이 있다.

• 정치인들은 정의로운 사회 등 추상적인 거대 담론을 늘어놓기를 좋아하며 구체적인 약속은 잘 하지 않는다. 작은 것이라도 구체적인 약속은 지켜야 하지만 거대한 약속은 지키지 않아도 되기 때문이다.

17. 정의는 자신에게 가장 알맞은 일을 충실하게 하는 것이다
- 플라톤

플라톤에 있어서 정의는 개인의 문제라기보다 사회라는 큰 틀에서 보아야 하고 각 계층 사이의 질서가 유지되고 각 계급이 그 위치에 알맞은 덕목을 갖추고 맡은 분야에서 저마다의 역할을 온전하게 수행하여 조화를 이룰 때 국가가 번영하고 시민이 행복하게 되며 정의가 실현될 수 있다고 하였다.

계급		성향		덕목
통치계급	–	이성	–	지혜
수호계급	–	감성	–	용기
시민계급	–	욕망	–	절제

- 플라톤은 정의는 강자의 이익이라는 트라시마코스의 주장을 논박하면서 정의는 상대적인 것이 아니라 절대적인 것이라고 하였다. 플라톤이 말한 이상 국가는 정의의 실현을 목표로 하는 도덕 공동체라고 할 수 있다.
  국가의 정의는 유덕한 개인들이 조화롭게 협력한 결과이며 갈등과 부조화는 악이자 부정의이다.

- 칼 포퍼는 플라톤의 정의론은 엄격한 계급 구분과 계급 지배, 계급 특권의 유지에 의해 모든 변화를 억제하는 것이며 국가의 목적달성을 위해 개인을 통제하는 것으로서 엘리트주의, 전체주의 논리라고 비판하였다.

- 플라톤에 대한 위와 같은 비판은 근대 이후의 역사의 잣대로 평가한 것으로서 시대적 배경을 충분히 고려하지 않은 것이다. 플라톤은 스승 소크라테스의 죽음을 계기로 민주정치의 폐해를 실감하였으며 현명한 전문가에 의해 통치되는 전문가 통치, 덕성을 갖춘 지도자에 의한 통치를 지향하였다.
  각 계층 사이에 질서가 유지되고 과업을 수행하는 사람들이 적재적소에 바르게 배치되었을 때 국가의 정의가 바로 서게 되며, 부패하고 무능한 이들이 국가를 이끌게 되면 나랏일이 흔들리게 된다. 가장 훌륭한 이들은 엄격하게 선발해야 하고 다수의 판단력에 의존해서는 안 된다는 플라톤의 철학은 오늘날에도 중요한 의미를 지닌다.

- 공자의 정명사상正名思想은 백성들이 신분과 지위에 따라 맡은 역할을 다할 때 평화롭고 안정된 사회를 이룩할 수 있다는 것인데 이는 플라톤의 생각과 유사하다.

18. 모든 정의는 차별을 내포하고 있으며 분배는 각자가 가진 탁월함 또는 미덕에 대한 보상이어야 한다 - 아리스토텔레스

정의를 각자가 응당 받아야 할 몫을 주는 것이라고 할 때 아리스토텔레스는 시민의 도덕적 자격, 미덕과 관련지어 생각하였다.

아리스토텔레스에 의하면 분배는 각자가 가진 탁월함 또는 미덕에 따라 차등적으로 이루어진다. 예컨대 최고의 바이올린은 최상의 연주 실력을 갖춘 사람에게 주어져야 한다.

이러한 생각은 우주가 의미 있는 질서로 이루어져 있고 인간은 자연의 질서, 목적을 파악하고 그 안에서 자신의 위치를 알고 자연으로부터 부여받은 천성이나 소질, 미덕을 발휘하여 살아가야 한다는 세계관에 기반을 둔다. 따라서 공직, 명예 등도 각자의 능력과 미덕에 대한 보상이어야 한다고 한다.

- 아리스토텔레스의 정의론에 대한 비판
  - 자연이 정한 질서와 목적이 있는지, 그것이 무엇인지 인간은 알 길이 없다.
  - 자연의 질서 속에서 인간에게 주어진 천성, 소질, 미덕에 따라 분배한다면 육체적 능력이 뛰어난 사람은 삽과 곡괭이를 받아서 평생 육체노동을 하며 살아가야 하는가? 이렇게 한다면 개인의 자유와 권리가 무시된다.
  - 정치에서는 사소한 합의도 쉽지 않은데 하물며 개인의 도덕적 자격, 미덕이 무엇인지에 대하여 사회가 합의하여 그에 따라 분배하는 것은 불가능하다. - 이 때문에 현대의 정의이론은 자유주의, 평등주의 입장에서 도덕적 자격, 미덕과 분리해서 생각한다.

---

19. 어떻게 살아갈 것인가 하는 것은 개인이 선택할 문제이며 거기에 정의의 원칙을 적용할 필요는 없다 - 칸트

분배는 각자가 가진 탁월함 또는 미덕에 대한 보상이라는 아리스토텔레스의 고전적 정의론은 어떤 삶이 선善한 것이고 좋은 삶인가 하는 것이 미리 정해져 있으므로 거기에 맞춰서 살아가야 한다고 하였다.

그러나 이렇게 할 경우 개인의 자유와 평등권을 침해하게 되는 문제가 있으므로 현대의 정의이론은 분배적 정의를 도덕적 자격, 미덕과 분리해서 생각한다.

칸트는 무엇이 좋은 삶이고 최선의 삶인가 하는 것은 개인 각자가 추구할 문제이며 국가나 법이 강요하는 것은 개인의 자유와 충돌한다고 하였다. 예컨대 노예에게 노예의 미덕만을 강요하고 육체적 노동에 대한 보상만을 받으라고 한다면 열린 존재로서의 인간의 모든 발전 가능성은 차단되고 자유와 권리가 침해되게 된다.

- 칸트와 롤스는 인간은 자유롭고 독립적인 개인으로서 자율성을 가지고 있기 때문에 삶의 목적을 스스로 선택할 능력을 갖추고 있으므로 개인들은 각자 도덕의 주체로서 자신의 행동을 선택할 수 있어야 한다고 하였다.
  각자가 원하는 좋은 삶은 스스로 선택하는 것이며 거기에 법이나 정의의 원칙을 적용할 필요는 없고 다만 국가는 시민의 기본적 권리, 공정한 권리를 법으로 보장하고 그 안에서 사람들이 각자 원하는 좋은 삶을 살도록 하면 된다는 것이다.

---

20. 나의 노동의 주인은 나이므로 세금부과는 부당한 강압 행위이고 세금징수는 강제노동과 같다 - 로버트 노직

　자유지상주의자들은 자유권은 개인의 타고난 권리이며 인간은 개별적 존재로서 사회가 기대하거나 의도하는 일에 사용되어서는 안 된다고 한다. 이러한 사고방식에 의하면 내가 나의 주인이므로 나는 내가 원하는 대로 선택하고 자유롭게 살 권리를 가지게 되고 집단의 행복을 위해 사람을 수단으로 사용해서는 안 된다.

　로버트 노직은 국가는 개인을 존중하고 개인의 권리를 침해하지 않아야 하며 나의 노동의 주인은 나이므로 세금부과는 부당한 강압 행위이고 세금징수는 강제노동과 같다고 하였다. 심지어 소득 재분배를 위한 세금징수는 절도행위이며 나의 소득을 가져가는 것은 나의 노동을 가져가는 것으로 나를 노예로 만드는 것이라고 하면서 소득을 재분배하는 세법, 사회보장 정책에도 반대하였다.

- 나의 재능과 재능을 이용한 나의 노동은 부모의 유전자, 가정환경, 가정교육에서 유래하는 것이고 나의 재능이 인정받을 수 있는 것도 내가 살아가는 시대가 수렵·채집시대가 아니고, 충성심이 능력의 기준이 되는 세습독재체제가 아니기 때문이다. 내가 나의 주인이고, 나의 재능과 노동의 산물이 모두 내 것이라는 생각은 이기적이고 편협한 생각이다.

- 성공한 사람들은 안정적 사회에서 산 덕분에 돈을 벌었으며 범죄예방과 의료복지의 혜택을 받은 탓에 부와 권력을 유지하고 있으므로 사회에 빚을 지고 있다. 따라서 이들이 세금을 더 내는 것은 감수할 수 있는 일이다.
  - 로버트 노직을 비롯한 자유지상주의자들의 주장은 상호관계성을 고려하지 않고 모든 것을 따로 떼어서 생각하는 서구적 사고방식의 전형적 폐해를 보여준다. 상황과 맥락, 상호관계성을 고려하지 않는 서구식 개인주의는 환경파괴, 도덕성 상실, 인간소외 등의 폐해를 낳았다.

---

21. 가난은 개인의 능력, 게으름의 탓으로만 돌릴 수 없는 문제이며 빈부차는 공동체의 조화를 깨뜨리게 되어 사회 불안을 야기한다

　현실적으로 가난은 개인의 능력, 게으름의 탓으로만 돌릴 수 없는 문제이며 개인의 어쩔 수 없는 환경에 기인하는 경우도 많다. 가난은 범죄의 토양이 되고 빈부차는 공동체의 조화를 깨뜨리게 되어 사회불안을 야기하므로 이를 방치할 경우 부자의 삶도 불행하게 된다.

　세상의 모든 것은 상호의존하고 있으며 우리가 가진 모든 것은 다 사회와의 관계에서 획득한 것들이다. 또 구성원들의 자발적 동의에 의한 세금징수는 강압행위라고 할 수 없으며 그들은 사회의 안정과 자신의 행복을 위해 기꺼이 더 부담을 감수하는 것이다. 따라서 소득 재분배를 의한 과세정책, 사회보장제도에 반대하는 자유지상주의자들의 생각은 정의롭지 못하다.

22. 정의는 각자에게 그의 몫을 주고자 하는 항상적이고 영속적인 의지이다 - 울피아누스

　정의에 관한 가장 고전적이고 영향력 있는 정의를 내린 사람은 울피아누스 Ulpianus(로마의 법학자)인데 그에 의하면 "정의는 각자에게 그의 몫을 주고자 하는 항상적이고 영속적인 의지"이다. 이 개념정의를 줄여서 각자에 그의 몫을Suum Cuique라고 말하기도 한다.

　각자에 그의 몫을 준다는 것을 그가 받아 마땅한 것을 주는 것, 각 개인에게 그에게 속하는 것을 주는 것을 말한다. 돈을 빌린 사람은 돈을 빌려준 사람에게 갚아야 하고, 돈을 떼어먹거나 도둑질하는 사람은 다른 사람에게 속하는 것을 가져가는 사람이기 때문에 정의롭지 못한 사람이다. 정부의 경우에는 개인이 마땅히 누려야 하는 자연권을 존중하고 지켜주는 정부가 정의로운 정부이다.

23. 정의롭다는 것은 삶에서 주어지는 혜택과 부담이 각자에게 공평하게 배분되는 것을 말한다

정의감은 사람마다, 시대와 문화에 따라서 다른데 무엇이 정의로운가에 대해서는 대체로 삶에서 주어지는 혜택과 부담이 각자에게 공평하게 배분되는 것을 정의롭다고 말한다. 먼저 각자에 그의 몫을 주는 가장 공평한 분배 정의는 똑같이 나누는 것이다.

그러나 재화를 만드는 과정에 기여하지 않고 게으름을 피우는 자가 있기 때문에 똑같이 나누는 것은 공평하지 않고 공적(기여도)에 따라 분배해야 할 필요가 있다. 그러나 사람마다 타고난 신체조건, 재능, 환경이 다르고 다쳐서 일할 수 없는 사람도 있는데 이 사람을 분배에서 제외시키게 되면 또다시 정의에 반하게 되는 결과가 되므로 긴박한 필요를 가진 사람에게도 분배해 주어야 한다.

- 몫의 불확실성의 문제를 해결하고 각자에게 그의 몫을 주기 위한 분배 정의의 세 가지 원리는 평등의 원리, 공적의 원리, 필요의 원리이다. 시장에서의 경쟁을 통해 노력과 능력에 따른 분배를 중시하는 자본주의 사회에서는 공적에 따른 분배를 중시하며 평등의 원리를 기회의 평등으로 해석한다.
  반면 필요로 하는 사람에게 우선적으로 분배를 하고 계급을 타파하는 것이 진정한 자유라고 보는 공산주의에서는 능력에 따라 일하고 필요에 따라 분배하는 것을 목표로 하고 평등의 원리를 결과의 평등으로 해석한다.

24. 정의는 최대한 많은 사람에게 최대한의 쾌락을 가져오는 것이다 - 제레미 벤담

　벤담은 도덕 체계의 기초는 공리성이며 도덕적 정당성은 최대한 많은 사람이 이익을 볼 수 있는 특정한 상태를 만들어내는 데 있다고 하였다.

　벤담에 의하면 법의 타당성의 근거는 공리公利에 있으며 그것은 최대 다수의 최대 행복the greatest happiness of the greatest number을 추구하여야 한다. 벤담은 인간은 쾌락을 좋아하고 고통을 싫어하기 때문에 "행복은 쾌락이다"라는 전제 하에 많은 사람을 행복하게 하거나 많은 양의 쾌락을 제공하고 고통을 피하는 것이 선善이라고 생각하였다.

- 벤담은 모든 쾌락은 동등한 가치를 가진다는 전제하에 개인의 행복 또는 불행을 수량으로 계산할 수 있다고 생각하였다.

- J.S.밀은 쾌락(행복)의 질을 중요하게 생각하였고 "배부른 돼지보다는 배고픈 인간이, 만족한 바보보다는 불만족한 소크라테스가 되겠다"고 하였다.
  그는 양적 쾌락을 중요시하는 것은 인간성을 고려하지 않은 결과이며 쾌락의 기준은 인간이 가진 가치에 있기 때문에 인간 고유의 능력을 최대한 사용하여 좀 더 질 높은 쾌락을 통해 진정한 행복에 이르게 하는 것이 중요하다고 보았다.

---

25. 공리주의는 합리성에 기반하고 있으며 경제성장의 원동력이 되었다

공리주의는 물질적 욕망을 중시하고 최대한의 이익을 목표로 함으로써 경제성장의 원동력이 되었다. 공리주의는 인간의 존엄성을 적극적으로 고려하지 않는다는 점에서 다소 천박하게 보일 수도 있으나 그것은 사회제도를 바로잡으려는 합리성에 기반한 노력의 산물이었으며 공리주의 원칙은 오늘날에도 사회정책 수립의 근본정신으로 작동되고 있다.

국가의 예산지출 문제처럼 가장 합리적 선택을 해야 하는 경우라면 공리주의적 방식 매우 유용한 방법이 될 수 있다. 예컨대 무상급식 문제 같은 것은 국민의 세금으로 이룩한 국가의 한정된 예산을 어디에 쓰는 것이 가장 효율적인가 하는 문제이고 세금을 얼마나 더 부담해야 하는 가의 경제적 문제이다.

따라서 이러한 문제를 도덕적 문제로만 포장하여 무상급식에 반대하는 사람들을 아이들에게 식사 제공하는 것을 반대하는 나쁜 사람들로 비난하고 선동하는 것은 바람직하지 않다.

26. 공리주의는 인간의 존엄성을 적극적으로 고려하지 않기 때문에 도덕적 딜레마를 해결할 수 없는 문제가 있다

공리주의는 행복과 고통의 총량을 비교하여 계산기를 두드린다.

공리주의에 따르면 결과적으로 그 영향이 나쁜 것보다 좋을 때 모든 법이나 행동은 정당하고 옳은 것이 되기 때문에 도덕적 행동도 부도덕하게 되고 부도덕한 일이 도덕적 행동이 될 수도 있다. 예컨대 생산성이 없는 고아들에게 죽 한 그릇을 더 주는 것은 악덕으로 허용될 수 없다.

공리주의 계산법은 효용성을 극대화하는 것을 목표로 모든 가치를 돈이라는 단일기준으로 환산함으로써 개인의 특성과 정체성, 행복은 다수의 효율성의 이름으로 무시된다. 우리는 살아가면서 가끔 도덕적 딜레마에 봉착하게 되고 윤리적 계산법이 요구되는 경우가 많은데 공리주의는 도덕적 딜레마를 해결할 수 없는 문제가 있다.

- 공리주의는 효율성의 관점에서 이익의 극대화를 추구함으로써 절차를 소홀히 하여 결과지상주의, 성과 우선주의에 빠지게 되고 소수, 사회적 약자의 희생을 강요하는 측면이 있다.

- 공리주의로는 노예제, 인종차별을 비판할 근거가 희박하며 사회정의가 실현되는 민주적 도덕 공동체를 형성하기 어렵다.

- 차가운 머리로 기계적으로 계산하는 것보다 때로는 따뜻한 심장이 상황을 더 낫게 만들고 도덕적 행동이 더 행복한 세상을 만들 수 있다.

27. 정의는 사회제도의 제일 덕목이며 그것은 전체 사회의 복지라는 명목으로도 유린될 수 없다 - 존 롤스

정의는 사회제도의 제일 덕목이다.

존 롤스에 의하면 법이나 제도가 아무리 효율적이라도 그것이 정당하지 않으면 개혁되어야 하고 정의는 전체 사회의 복지라는 명목으로도 유린될 수 없다. 존 롤스는 공리주의는 효율성을 중시하고 전체를 위한 소수의 희생을 강요하며 개인의 평등이나 권리를 고려하지 않는다고 비판하였다.

사회는 상호 간의 이익을 증진시키기 위한 협동체이지만 이해의 대립 역시 있게 되므로 사회 구성원들은 노력에 따른 이득의 분배방식에 무관심할 수 없다. 존 롤스는 합리적인 인간이라면 평등과 개인의 권리를 고려하지 않는 공리주의 방식을 받아들이지 않을 것이기에 적절한 분배의 몫을 정하기 위한 공정한 규칙, 사회정의의 원칙, 기본적인 권리와 의무를 명시한 기본적 헌장에 대한 합의가 필요하다고 하였다.

- 존 롤스에 의하면 정의에 의해 보장된 권리들은 정치적 거래나 이득의 계산에 의해 좌우되지 않으며 부정의는 더 큰 부정의를 피하기 위해 필요한 경우에만 참을 수 있는 것이다.
- 정의의 원칙에 대한 합의는 계몽사상가들의 사회계약과 같은 맥락이다. 롤스는 칸트의 윤리학을 기초로 사회계약론을 현대적으로 해석하여 일반화·추상화하였다.

28. 불평등은 능력이나 공적에 의해서도 정당화될 수 없으므로 사회적 약자에게 우선적인 관심을 가져야 한다 - 존 롤스

사회제도는 인간의 권리와 의무를 규정하고 그들의 인생전망에 심대한 영향을 주는데 사회제도로 인하여 불리한 출발점에서 시작하거나 유리한 조건이 부여되는 불평등이 생겨나기도 한다. 사회의 기본구조 속에 있는 불가피한 불평등은 능력이나 공적이라는 개념에 의해서도 정당화될 수 없는 것이다.

따라서 이러한 불가피한 불평등에 대하여는 사회정의의 원칙들이 우선적으로 적용되어야 한다. 즉, 국가는 사회적 약자(최소 수혜자)에게 우선적 관심을 가져야 한다.

29. 공정한 규칙에 대한 합의는 정의의 근거가 된다. 자유롭게 합의한 게임의 법칙이 공정하다면 그로 인한 불평등한 결과도 공정하다

롤스는 게임의 규칙에 자발적으로 동의하여 게임의 법칙이 공정하다면 불평등한 결과도 공정하다고 한다. 예컨대 케이크를 A가 자르고 몫을 B가 선택하게 하면 가장 공평하다. 그러나 현실에서는 케이크 자르기 같은 완전절차적 정의는 있기 어려우므로 롤스는 공정한 규칙을 정하여 게임을 한 후 결과에 승복하는 것과 같은 순수절차적 정의를 강조하였다. 즉, 공정한 규칙에 대한 합의는 정의의 근거가 된다는 것이다.

· 롤스의 정의론은 '공정으로서의 정의'이며 '순수절차적 정의'이다.

· 공동체를 규율하는 정의의 원칙에 대한 공정한 합의의 전제조건으로 롤스는 원초적 입장과 무지의 베일을 제시하였다. 무지의 베일을 쓴 원초적 입장은 상대방에 대해서 아무것도 모른다는 가상적 상황을 의미한다. 이러한 상태에서는 누구도 자신의 특정 조건의 유리한 원칙들을 구상할 수 없는 까닭에 우연성으로 인하여 유리해지거나 불리해지지 않으므로 합의된 정의의 원칙들은 공정하다는 것이다.

· 롤스는 합의 이전의 원초적 상황에 있는 당사자들은 자유롭고 평등하며 합리적이고 상호 무관심한 것으로 가정한다.

· 무지의 베일을 쓴 원초적 입장에서는 사람들은 자신이 최소 수혜자worst off가 될 수도 있는 최악의 상황에 대비하는 것이 합리적이라고 생각하게 될 것이므로 이익 극대화보다는 피해를 극소화하는 원리에 합의할 것이다(맥시민 전략, maximin). 따라서 사람들은 사회안전망이 훌륭하게 정비된 사회를 선택하게 될 것이다.
  - 이 때문에 롤스의 정의론은 계약론적 정의론이며 게임이론을 적용한 합리적 선택이론이라는 평가를 받는다.

· 롤스의 정의론이 가지는 한계
  - 무지의 베일을 쓴 원초적 상황은 가상적 상황일 뿐 현실 사회에서는 사회적·경제적 차이가 엄연히 존재하므로 현실적으로는 무지의 베일이 아니라 예견의 원리에 따른 정의의 원칙이 필요하다.
  - 맥시민 전략(피해 극소화 전략)은 지나치게 안정적인 전략이며 사람들은 위험을 무릅쓰고 '투자의 전략'을 선택하게 될 수도 있다.
  - 시장과 정치적 자유가 없는 사회에서는 공정한 합의를 끌어낼 수 있는 여건 자체가 조성되지 않는다.

30. 각 개인은 평등한 권리를 가져야 하며, 불평등은 최대 수혜자가 최소 수혜자의 편익을 증진시키고자 할 때만 허용될 수 있다

– 존 롤스

합리적인 인간이라면 자신의 기본적 권리와 이해관계를 고려하게 될 것이며 그 누구도 전체 이득의 산술적인 총량을 극대화한다는 이유만으로 자신에게 약소한 인생전망을 요구하는 원칙에 동의하지 않을 것이다.

이득의 분배는 가장 곤란한 처지에 있는 사람을 포함해서 그 사회에 가담하는 모든 사람의 협력을 이끌어내도록 이루어져야 하며 특정 구성원들의 권리나 이익의 희생을 요구하는 것이어서는 안된다. 요컨대 각 개인은 기본적 권리와 의무의 할당에 있어서 평등한 권리를 가져야 하며(평등한 자유의 원칙), 불평등은 사회의 가장 불리한 여건에 있는 사람(최소 수혜자)이 이득을 얻을 수 있는 상황에서만 허용된다(차등의 원칙).

....

- 각 개인은 평등한 권리를 가지며 누구나 지위나 직책에 접근할 수 있다(평등의 원칙, 기회균등의 원칙)
- 천부적 재능이나 사회적 여건의 우연성은 이득의 요구에 있어서 무의미한 것으로 무시한다.
- 사회의 최대 수혜자들better off은 자신의 능력에 따른 불평등의 혜택을 누리되 최소 수혜자들의 편익을 증대시키는 방향으로 이끌어져야 한다(차등의 원칙, 정의로운 저축의 원칙).
- 최소수혜자의 복지에 초점을 두게 되면 경제적 효율성이 침해되고 사회전체의 삶의 수준이 저하될 수도 있다는 비판이 있다.

....

31. 재능은 우연히 주어진 것이므로 그 수혜자들은 그것을 사회의 공동자산으로 알고 이웃과 사회에 대한 책임을 느껴야 한다

롤스는 부모로부터 물려받은 엄청난 재산이 스스로의 노력으로 성취된 것이 아니기에 정당하지 않은 것처럼 자연적으로 주어진 재능이나 능력에 대한 대가를 요구하는 것도 정당하지 않다고 본다. 재능은 우연히 주어진 것이며 재능을 타고난 사람은 그것을 사회적 자산으로 알고 이웃과 사회에 대한 책임을 느껴야 한다는 것이다.

그러나 재능과 능력이 뛰어난 개인이 사회적 소득과 부를 더 많이 받을 필요가 없다는 평등주의 이상은 인간의 성취 욕구를 꺾게 되어 개인의 발전을 저해하고 사회적으로도 불이익이 될 것이므로 롤스는 이러한 현실에 대한 타협책으로 차등의 원리를 제안하였다. 즉, 뛰어난 재능과 능력을 부여받은 사회적 수혜자들이 보다 많은 이익을 추구하여 소득과 부를 증가시키려는 행위가 정당해질 수 있는 유일한 조건은 그것이 사회적 약자들의 삶을 개선하는데 기여할 수 있어야 한다는 것이다.

이것이 바로 제2 원리인 차등의 원리이며 민주적 평등원리로 불린다. 예컨대 의사에게 보수를 더 많이 주는 것은 의사에게 이득이 될 뿐 아니라 의사의 치료를 받게 되는 청소부를 포함하여 사회의 모든 이들에게도 이득이 되기 때문에 그러한 차등은 허용된다는 것이다.

- 롤스의 정의론은 자유방임주의와 공리주의의 한계를 보완하고 자유와 사회정의를 동시에 구현하고자 한다.
  - 롤스의 정의론은 사회적 약자, 소수자의 인간다운 삶을 배려하는 복지국가의 이념적 토대가 되었다.

---

32. 정의는 그 실질적 내용도 중요하지만, 정의가 만들어지는 절차가 공정한 조건을 충족시키는 것이어야 한다.

성경을 읽기 위해서 촛대를 훔치는 것이 허용되는 것은 아니다. 정당한 목적을 위해서는 어떤 수단도 사용할 수 있다는 생각은 효율 지상주의, 결과 지상주의로 이어져 부정부패, 가치관의 혼란, 사회 혼란으로 귀결된다.

이 때문에 정의는 그 실질적 내용도 중요하지만, 정의가 만들어지는 절차가 공정한 조건을 충족시키는 것이어야 한다. 민주주의는 적법절차(법의 지배)를 통하여 문제를 해결하고 권력의 자의적인 결정으로부터 개인의 자유와 권리를 보호한다는 점에서 절차적 정의의 원칙에 입각한 정치형태이다.

33. 완전절차적 정의를 고집하는 것은 비현실적이며 완벽을 추구함으로써 오히려 정의에서 멀어지는 결과를 초래한다

A와 B가 케이크를 나누는 경우 A가 케이크를 자르고 몫을 선택하는 권리는 B가 갖기로 한다면 결과는 공정할 것이며 합의된 절차에 따른 결과에 대하여 그 누구도 불만을 품지 않을 것이다.

그러나 현실에서는 이처럼 공정한 결과를 보장할 수 있는 절차가 존재하지 않는다. 그 무엇보다도 공정을 기해야 하는 재판조차도 그 결과의 공정성을 보장할 수 있는 길이 없고 승소할 사람이 패소하기도 하는 불완전한 절차이다.

친자확인 역시 1%의 오류 가능성이 있다는 점에서 불완전한 절차로 볼 수 있다. 절차와 결과 사이에는 현실적 괴리가 있고 오류 가능성이 상존하기 때문에 합의된 절차를 따른다고 하여 정의로운 결과가 도출된다는 보장은 없다.

정의로운 결과를 도출하는 것은 매우 어려운 문제이나 그에 비하여 정의로운 절차를 마련하는 것은 비교적 쉬운 일이므로 롤스는 공정한 절차나 규칙에 대하여 합의를 하고 그에 의해 진행된 결과에 대해서는 승복하는 것이 옳다고 하였다. 이 경우에는 절차와는 별도로 공정성을 논할 기준은 존재하지 않기 때문에 이를 순수절차적 정의라고 한다. 불완전하다고 하여 해당 절차에 항상 문제를 제기하고 불신하는 태도, 개별적 특수성에 집착하여 완벽하게 정의로운 결과를 얻으려는 시도는 더 큰 부정의를 낳을 수가 있다. 예컨대 친자확인을 위한 혈액검사의 경우 1%의 오류 가능성이 있다는 이유로 그 절차를 무시하고 판결을 한다면 올바른 판결이 나올 가능성은 100건 중 99건보다 훨씬 적은 숫자가 될 것이다.

따라서 완전절차적 정의만을 고집하려는 태도는 비현실적이며 완벽을 추구함으로써 오히려 완벽함에서 멀어지는 결과를 초래할 수도 있다.

- 케이크 자르기와 같은 완전절차적 정의가 이상적이기는 하나 현실적으로는 불완전한 절차적 정의가 최선의 대안이며 공정한 절차와 규칙, 제도를 마련하고 그로 인한 결과가 평등에 접근하도록 하는 부단한 노력이 필요하다.

34. 분배의 정의는 획일적 기준을 적용함으로써 해결될 수 있는 문제가 아니며 다양한 기준이 복합적으로 고려되어야 한다

정원이 10명인 구명보트에 12명이 타고 있을 때 누구를 내리게 할 것인가? 자녀가 둘 있는 가정에서 한 아이는 지체부자유자일 때 누구를 중심으로 생활근거지를 정하고 가계를 꾸려나갈 것인가? 우리가 이러한 문제에 봉착하게 된다면 어떤 결정을 내리는 것이 가장 정의에 부합하는 결과가 될지 고민이 될 수밖에 없다.

효율성, 공적, 자유를 중시하는 입장에서는 사회에 가장 적게 기여할 사람, 고통을 적게 느낄 사람을 보호대상에서 제외시키게 될 것이고 필요성, 평등, 복지를 중시하는 입장에서는 그 동안 우월적 지위에서 많은 행복과 명예를 누려온 사람을 희생시켜야 한다고 주장하게 될 것이다.

이처럼 분배의 정의를 실현하는 것은 지극히 어려운 문제이므로 그것은 어떤 획일적 기준을 적용함으로써 해결될 수 있는 문제가 아니며 다양한 기준들을 복합적으로 고려해야 한다. 시기와 장소, 상황 등 모든 요소를 고려하여 필요성과 효율성, 평등과 공적(실적), 자유와 복지 사이에서 분배의 정의가 있는 접점을 찾아야 할 것이며 인간의 존엄성이 존중되고 기회균등이 보장되는 사회, 사회조건의 불평등을 최소화하는 사회를 이루기 위해 부단한 노력을 기울여야 할 것이다.

- 트리아지triage의 관행은 전쟁부상자 분류법으로 사용되었는데 부상자 집단을 ① 회복 가능성이 거의 없는 사람들 ② 치료를 하면 회복할 수 있는 사람들 ③ 특별한 치료 없이도 회복 가능한 사람들로 나누었다. 이렇게 세 가지 유형으로 분류하여 두 번째 집단에 치료의 우선순위를 두는 방법이다.

  이 방법은 희소한 자원을 유용하게 사용할 수 있어 비교적 합리성과 타당성을 가진 방법으로 인식되고 있으며 트리아지의 관행은 군사적 상황이 아닌 경우에도 가급적 많은 생명을 구하기 위한 방법으로 정당화되어 왔고 오늘날에도 농산물이나 자원의 선별법에서도 널리 활용되고 있다.

35. 정의를 실현하는 방법에는 당근과 채찍이 있다. 그러나 그 효과는 표면적이거나 일시적인데 그친다

정의를 실현하는 방법에 대해서는 보통 당근(칭찬, 보상)과 채찍(감시, 처벌)이 거론된다. 감시는 눈에 보이는 곳에서 정의롭지 못한 행위를 줄이는 효과가 있다.

그러나 감시는 저항감을 주기 때문에 보이지 않는 곳에서 일탈 행위가 발생하여 전체적으로 그 효과는 크지 않다고 한다. 처벌은 법에 대한 즉각적인 복종의 효과를 이끌어내 정의를 실현하나 그 처벌은 명예를 실추시키고 도덕성을 고양시키지는 못하기 때문에 장기적으로는 그 효과가 생각보다 미미하거나 오히려 역효과가 나기도 한다. 예컨대 늦게 오면 벌금을 내게 하는 벌칙이 있을 때 돈을 내면 늦을 권리가 있다고 생각하거나 처벌에 저항감을 느끼고 더 과격한 일탈을 저지르는 경우도 있다.

또 보상은 즉각적인 선행을 이끌어내는 효과가 있다. 그러나 정당한 행위에 대한 보상이 계속되면 보상이 그 행위의 동기가 되어 보상이 없다면 선행을 하고 싶지 않게 된다. 결국, 보상은 내적 동기에서 나오는 인간의 선한 의지를 꺾게 되고 선행으로 인한 매력과 즐거움을 떨어뜨리게 되어 장기적 안목으로 볼 때 정의의 실현을 더 불완전하게 만드는 면이 있다.

결국, 당근과 채찍의 효과는 표면적이거나 일시적인데 그친다는 것이다. 여러 가지 연구결과에 의하면 인간은 처벌보다는 가까운 사람들과의 심리적 유대관계가 끊어지거나 배척당하는 것을 두려워하며 법을 어기지 않는 이유는 가까운 사람들의 반응을 염두에 두고 이들을 실망시키고 싶지 않기 때문이라고 한다.

따라서 장기적이고 보다 완전한 정의로 나아가기 위해서는 처벌과 보상보다는 도덕성을 강화하여 선행에 대한 진정한 내적 동기를 만들어 나갈 수 있도록 환경을 조성하는 것이 필요하다.

- 정의는 남이 나에게 해주기를 바라는 대로 남에게 해주어야 한다는 상호성의 원칙에 입각한 규범이며 궁극적으로는 인간의 존중, 생명의 존중, 사랑, 자비, 인仁의 덕성을 함양하고 실천해야 하는 문제로 귀결된다.

- 가해자에게 피해자의 입장에서 생각하도록 함으로써 타인의 존중에 대한 도덕 규범을 내면화하면 청소년 범죄의 재범률이 떨어지고 죄질이 가벼워지는 효과가 있다고 한다.

36. 타인의 시선은 정의를 강요한다

타인의 시선은 인간의 행동을 규제하거나 자극하는 효과가 있다. 타인의 시선이 없는 곳에서는 인간의 어두운 본성이 드러나게 되므로 가로등과 감시카메라가 있는 곳에서는 위반·일탈 행위가 줄어든다. 또 조깅할 때 남들이 보고 있으면 더 열심히 뛰고 공중 화장실에서도 누가 보고 있으면 손을 더 잘 씻으며 인적이 드문 곳의 공공시설은 더 잘 파손된다는 연구결과도 있다.

이 때문에 타인의 시선은 규범의 기원이자 문명화를 촉진한 요인이라는 견해도 있다. 벤담은 타인의 시선이 인간에게 주는 특성을 강조하고 훈육이 필요한 존재들을 한눈에 볼 수 있는 일망감시시설, 원형감옥(파놉티콘, ponopticon)을 제안하였다.

이곳에서 감시인은 모든 방을 볼 수 있지만, 죄수들은 감시인을 볼 수 없다. 타인의 시선, 누군가 지켜보고 있다는 느낌은 사회적 순응성을 높일 수 있고 범죄예방 이론의 핵심이 되어 왔다. 도시의 도덕적 타락, 개인은 도덕적이지만 집단은 비도덕적이 되는 이유는 익명성 속에 탈 개체화된 인간들의 자의식과 책임감이 그만큼 희박해지기 때문이라고 한다.

- 타인의 시선의 부재는 범죄 실행의 조건이 될 수는 있지만 부정의한 행위의 근본원인이라고는 할 수 없다. 타인의 시선은 눈에 보이는 곳에서의 일탈 행위를 방지할 수 있을 뿐 도덕성을 고양시키거나 정의로운 행위에 대한 내면적 동기를 만들어내는 데까지는 이르지 못한다.

37. 정의의 기사는 관객을 원한다

타인의 시선은 행동에 영향을 미친다. 사람들은 남이 보는 곳에서 더 열심히 돕고 운동하고 기부한다. 사람들은 도덕적으로 행동하는 것만으로는 충분하지 않다고 생각하며 타인으로부터 인정받기를 원한다.

헤겔은 "타자의 욕망을 욕망할 때 그 욕망은 인간적이다"고 하였는데 인간의 궁극적인 욕망은 타인으로부터 인정받기 위한 욕망이라는 것이다. 인간은 자신이 다른 사람들에게 어떻게 보이고 어떻게 받아들여지는가 하는 것을 항상 의식하며 살아가고 있으며 집단 속에서 자신의 존재를 각인시키고자 한다.

이 때문에 사람들은 자신의 영웅적 행위가 알려질 때 정의의 기사가 되며 이때는 자신의 희생과 손실을 감수하고서라도 불의를 벌하는데 나선다고 한다.

• 집단 속에서 좋은 이미지를 형성하고 유지하는 것은 사람들에게 매우 중요하다. 그 사람이 도덕적으로 훌륭한 자질을 가지고 있고 남들로부터 인정받는다는 것은 개인의 도덕적 자산으로서 사회적 교류에서 더 많은 협조를 얻을 수 있는 것이고 관계를 공고하게 하며 장기적으로는 사회생활에 도움이 된다.
  이 때문에 대부분의 경우에 있어서 정의의 기사는 물론이고 성자聖者도 자신을 보아줄 관객을 원한다는 것이다.

38. 정의로운 전쟁은 없다. 다만 평화와 안전을 수호하기 위한 전쟁은 불가피하다

클라우제비츠가 "전쟁은 정치의 또 다른 수단"이라고 한 것처럼 대부분의 전쟁은 싸움을 통해 그들의 의지를 효율적으로 관철시키기 위해서 행해진다. 전쟁은 이기적인 목적을 지니며 경제적 이익, 국제사회에서의 패권 획득을 그 목적으로 한다.

평화, 범죄자 응징, 신을 위한다는 명분으로 벌어지는 모든 전쟁은 그 실질적 목적이 은폐되어 있다. 전쟁은 힘과 폭력으로 무법의 상태를 초래함으로써 인간의 자유와 존엄성을 훼손하고 경제적 토대와 사회구조 등 삶의 근간을 무너뜨리는 것이며, 인간을 존중해야 할 주체가 아니라 목적 실현을 위한 도구로 이용하는 비도덕적 수단이므로 정의롭다고 하기 어렵다.

그러나 타국의 억압과 강요에 의해 인간의 자유와 존엄성이 훼손되었을 때, 강자의 부당한 침략에 희생되었을 때, 자유와 인권을 지키기 위한 방어전쟁, 침략의 희생자에 대한 지원을 위한 전쟁, 평화와 안전을 지키기 위한 전쟁은 정당하며 불가피하다.

- 전쟁이 정당한 수단으로 용인되기 위해서는 평화와 인권을 수호하기 위한 것, 전쟁 이외의 다른 수단이 없을 것, 전쟁의 수단과 방법이 정당할 것(강간, 의료시설 공격 금지 등), 박해받는 국가를 위해 국제기구에 참가하여 침략자를 응징하는 것 등의 요건이 필요하다.

---

39. 정의는 내가 속한 역사와 공동체에서 분리하여 생각할 수 없다

매킨타이어Macintire는 인간은 역사와 공동체에서 자신을 분리시킬 수 없고 우리는 모두 사회적 정체성을 가진 사람으로서 내 가족, 내 고장, 내 민족, 내 국가로부터 막대한 빚과 유산, 기대와 의무를 물려받은 존재하고 하였다.

매킨타이어가 주장하는 자아는 서사적 자아개념narrative conception of the self이며 이것은 역사, 공동체에 저당 잡힌 연고적 자아이다. 매킨타이어는 내가 속한 공동체에 속한 것, 내 삶에 주어진 것들이 내 도덕의 출발점이며 내 삶에 도덕적 특수성을 부여하기 때문에 이러한 특징에 주목하지 않으면 인생의 의미를 이해할 수 없다고 한다. 즉, 자아에는 역사와 공동체에서 분리할 수 없고 벗어날 수도 없는 특수한 구속, 역사, 이야기, 서사의 굴레(공동의 업보, communal karma)가 있다는 것이다.

- 조국과 영토를 수호하는 것은 생존을 위한 필수 조건이며 인간의 삶에는 집단의 구성원으로서의 소속감, 충성심, 연대, 도덕적 구속 등 자발적 합의에서 발생한다고 보기 어려운 의무들이 있는 것이 사실이다.
  그러나 자기 민족의 행복과 국가 이익을 우선시하여 이웃 나라를 침략하고 인종 학살 등을 감행하는 등 윤리를 저버리는 행위는 허용될 수 없다.
  매킨타이어에 의하면 국가가 현재, 과거에 했던 일을 내 책임이 아니라고 하는 태도는 도덕적인 천박함이나 무지의 반영이며 인간은 집단적 책임이나 과거 역사의 기억으로부터 발생하는 중요한 책임을 회피할 수 없고 이에 대한 기억상실증적인 태도는 일종의 도덕 포기 행위이다.

---

40. 국가의 이익을 우선시하여 윤리를 저버릴 수 있다는 왜곡된 애국심은 정의의 반하는 결과를 초래한다

국가의 이익을 우선시하여 윤리를 저버릴 수 있다는 왜곡된 애국심은 전쟁, 인종 학살 등 정의에 반하는 결과를 초래한다.

칸트는 "세상을 인류의 시각에서 바라볼 필요가 있으며 인간에 대한 사랑이 국경선에서 멈춰야 할 이유는 없다"고 하였다. 애국심을 가지더라도 인간의 윤리적 가치, 인류 보편의 가치를 존중하는 태도가 필요하다.

그러나 이 경우에도 도덕적 딜레마가 생긴다. 옳고 그름의 구분이 명확한 경우에는 인류 보편의 윤리에 따라 행동하는 것이 바람직하나 문제는 그 구분이 명확하지 않은 경우이다. 애국심과 정의의 관계는 다음과 같이 정리해 볼 수 있다.

- 인간은 자신의 자유와 평화, 안전을 위해서 조국을 사랑해야 하고 국가는 국민의 행복과 도덕관을 존중해야 한다.
- 그러나 인간은 국가의 이익을 우선시하여 윤리를 저버려서는 안 되고 국가 역시 애국심의 이름으로 개인의 안전과 도덕적 이상을 침해하거나 다른 민족을 부당하게 침해해서는 안 된다.
- 애국심과 정의가 충돌할 때는 정의를 택하고 충돌하지 않는 경우에는 양심에 따라 행동한다.

41. 소수자 정책에 있어서 악의적 차별이나 자의적 배제는 정의의 원칙에 어긋난다

여러 나라에서는 진학, 취업 등에 있어서 소수 집단을 우대하는 정책을 시행하고 있는데 이 정책을 지지하는 견해에서는 과거의 잘못으로 인해 불리한 대우를 받아 온 집단의 불균형을 시정하거나 보상해야 하고 다원화 사회에서는 다양한 경험과 재능을 갖춘 사람을 골고루 선발하여 다양한 인재를 양성할 필요가 있다는 점 등을 그 논거로 들고 있다.

이 중에서 다양성 논거가 가장 설득력 있게 비춰지는데 사실 대학이나 직장에서 "우리는 다양한 배경, 다양한 경험을 가진 각 방면의 인재를 필요로 한다. 점수 몇 점 차이는 별로 중요하지 않다"고 한다면 별로 할 말이 없어진다.

기업의 창의성, 대학의 자율성이 존중되는 현시대에 있어 신입생들의 선발권은 기업이나 대학에 있고 각자 나름대로 중요하다고 생각되는 요소를 합격의 기준으로 할 수 있기 때문이다. 다만 소수자 정책에 있어서 반드시 준수해야 할 것은 어느 집단의 사람들을 열등하거나 우수한 것으로 판단하여 배제하거나 우대하는 일이 없어야 하며 차별에 있어서 악의적 판단이 내려지는 일이 없어야 한다. 각 단체나 기관에서 주관적으로 선발의 기준을 정하더라도 그것이 악의적 차별이나 자의적 배제가 되어서는 안 된다는 것이다.

42. 시장의 질서와 경쟁의 원리가 지향하는 정의는 매우 불완전하기 때문에 분배적 정의, 복지정책에 의해 보완되어야 한다

아담 스미스는 『국부론』에서 "우리가 식사할 수 있는 것은 정육점 주인, 양조장 주인, 빵집 주인의 자비에 의한 것이 아니라 그들의 자기 이익에 대한 관심 때문"이라고 하였다. 사유재산이 보장되고 자유로운 경쟁이 이루어지는 시장경제 체제는 개인의 이기심과 우월하고자 하는 욕구를 최대화하여 생산성과 효율성을 극대화하고 성장을 이끌기 때문에 사회 전체적으로 이익을 가져온다.

시장경제 체제 하에서 사람들은 장기적 이익을 추구하며 타인으로부터 인정받고 성공하기 위해 친절하고 부지런해야 하고 타인의 불편함과 어려움을 잘 이해하고 그것을 해결해 주어야 한다. 시장의 질서와 경쟁의 철학은 개인의 능력을 극대화시키고 자아실현 및 공공의 이익에 기여하게 해 준다는 점에서 기본적으로 정의를 지향한다고 볼 수 있다.

그러나 기업이 자신의 이익을 위하여 폐수를 강물에 무단 방류할 수 있는 것처럼 개인의 합리성이 반드시 공공의 이익으로 이어지지는 않는다. 어떤 경우에는 시장의 실패가 나타나고, 빈익빈 부익부, 승자독식, 양극화 현상이 일어나는데 이러한 것들은 시장과 경쟁이 만능이 아니라는 것을 보여준다. 또 매스미디어의 발달과 소비 테크닉의 발전으로 1명이 수많은 소비자에게 서비스를 제공할 수 있게 되어 부富가 슈퍼스타에게 쏠리는 승자독식 현상이 심화되게 되었다.

시장의 자유와 무한경쟁은 경쟁력 있는 대기업, 자본가, 슈퍼스타에게 유리하게 작용하여 승자독식, 양극화 현상을 가져와 분배를 왜곡하고 잉여자본이 축적되는 부작용을 낳았으며 그 결과는 빈곤화 성장(경제가 성장하여도 저소득층은 더 빈곤해지는 현상)으로 나타났다. 승자독식 현상과 이에 따른 사회적 불평등은 생산적이고 가치 있는 분야에서 인재들을 몰아내게 되고 그 결과 질적 성장이 정체되고 불평등이 더 심화되게 한다.

이러한 현상은 대다수의 사람에게 상실감과 좌절감, 불행감을 안겨 준다. 국가는 잉여자본이 축적되지 않고 유용하게 사용되도록 함으로써 불평등이 고착화되고 대물림되지 않도록 해야 하며 시장의 질서와 경쟁의 원리는 분배적 정의, 복지정책에 의해 보완되어야 할 필요가 있다.

제11절 민주주의

1. 민주주의는 개념의 여행용 가방이다 - 칼 베커Carl Becker

근대 이후 천부인권 사상이 보급되고 민주주의가 자연권을 보호하기 위한 우월한 체제라는 인식이 보편화된 후 모든 나라가 민주주의를 하고 있다고 말한다.

무솔리니나 히틀러, 김일성도 자신의 독재체제가 진정한 민주주의 국가라고 주장하였다. 자유 민주주의, 사회 민주주의, 인민 민주주의, 프롤레타리아 민주주의 등 그 명칭도 매우 다양하다. 오늘날 민주주의는 정치체제에 정통성을 부여하는 근거가 되었으며 각 정파에서는 반대파에게 '비민주주의'라는 굴레를 씌워 공격하고자 한다.

그러나 민주주의는 현재 상태에서 가능한 최선의 제도라는 것일 뿐 많은 문제점을 드러내고 있다. 민주주의는 자신이 원하는 것을 아무거나 집어넣어 가지고 다니는 개념의 여행 가방 같은 것이며 더 우월한 제도가 구축된다면 언제든지 버려질 수 있는 가방이다.

....

• 민주주의는 서로 조화되기 어려운 많은 조건을 전제로 한다. 루소는 "민주주의는 인간에게 부적합한 제도이며 진정한 민주주의는 한 번도 존재한 적이 없었고 앞으로도 그럴 것"이라고 하였다.

....

2. 노예제와 제국주의 정책이라는 비민주적 요소는 그리스 민주 정치발전의 토대가 되었다

노예제도의 도입으로 그리스의 자유시민들은 육체노동에서 해방되어 공적인 토론에 참여하고 공직을 담당하게 되었으며 페르시아 전쟁으로 아테네는 폴리스의 맹주가 되어 제국주의 정책으로 동맹도시들로부터 기금을 거두어 물질적 기반을 마련하게 됨으로써 민주정치를 발전시킬 수 있게 되었다.

- 아테네는 델로스 동맹의 기금을 이용하여 파르테논 신전을 건축하는 등 그리스를 아름답게 꾸미고 학문과 예술을 진흥시켰고 민주정치를 발전시켰다.
- 생존과 안전이 보장되지 않아 굶어 죽을 처지에 있거나 생명의 위협을 받는 상태에서는 자유나 인권같은 것이 의미가 없다. 민주주의를 위해서는 경제적 안정과 신체의 안전이 먼저 확보되어야 한다.

3. 민주주의 정부는 권력이 소수로부터 나오는 것이 아니라 다수로부터 나온다. 권리는 계급에 의해서가 아니라 능력에 의해 주어진다 - 페리클레스

페리클레스는 펠로폰네소스 전쟁 전사자 추모사에서 "아테네 정부는 다수에 의한 지배, 기회의 균등, 프라이버시 존중, 다양성과 관용성, 개방성, 자유, 평등이 보장되는 민주주의 정부이며 아테네의 국력은 비밀병기에서 나오는 것이 아니라 용기와 애국심에서 나오는 것"이라고 하였는데 이것은 민주주의의 가치와 이념을 가장 정제된 언어로 표현한 명연설로 평가받고 있다.

- 민주주의의 이념은 이상적이고 감동적이다. 그러나 다수에게 정치적 결정을 할 수 있는 역량과 준비가 부족할 때 어리석은 민중이 사회의 방향을 결정하게 되는 중우정치, 폭민정치, 다수의 독재가 될 수도 있고 소수의 달변가나 선동가가 득세하게 되어 어리석은 다수가 선거를 통해 독재자를 선출할 수도 있다. 히틀러도 선거에 의해 선출되었다.

4. 민주주의는 타락한 정치형태이다 - 플라톤

플라톤은 민주정치는 타락한 정치형태로서 중우정치이므로 국가는 현명한 철인 군주에 의하여 통치되어야 한다고 하였다. 시민권이 제한되어 있던 시점에는 시민의 특권에 의무가 따르는 것이 당연하였으나 오늘날은 시민의 의무를 다하지 않더라도 공직자가 되고 심지어 국가에 적대적인 행위를 한 사람도 선출되기만 하면 국가의 중요한 요직을 차지할 수 있다.

민주정치에서는 여론조작, 대중조작, 선동이 난무하고 대중은 군중심리, 비이성적 충동에 이끌려 감성적으로 의사결정을 하기 쉽다.

대중은 감정적이며 상대평가에 익숙하기 때문에 선동에 쉽게 현혹되어 사회는 하향 평준화 쪽으로 가기 쉽다. 대중은 오늘날의 복잡한 현안에 대하여 관심도 없고 이해도 부족하다. 그들은 자신의 이익을 중심으로 행동하기 때문에 불량정치인과 불량정책을 선택함으로써 정의로운 결과를 도출하지 못하게 되며 민주주의는 재난에 빠져 타락하게 된다.

- 정치인들은 표를 얻기 위해 선동을 한다. 선동하기 위해서는 공동의 적을 만들어야 하고 그러기 위해서는 편 가르기를 해야 한다.
- 선거에서 당선되기 위해서는 유권자에게 이익을 제공할 것을 약속해야 하고 세금을 줄이고 복지는 늘이고 군복무기간은 줄여야 한다. 이러고도 나라가 유지되기는 어렵다.

5. 일반의지는 국민의 공통 이익과 공동선을 목적으로 한다
- 루소

루소의 일반의지the general will는 사회계약의 중심이 되는 개념이다. 사회 구성원들이 사회계약을 할 때 구성원 각자는 자신이 가지고 있는 모든 권리를 공동체 전체에 양도한다. 각자가 모든 것을 양도하게 되면 각자의 조건은 평등하게 되고 이해관계가 일치되어 상호 간의 동질성이 형성된다. 일반의지는 동질적인 사회 집단의 구성원들이 다 같이 바라는 의지이며 공통의 이익과 공동선을 목적으로 한다.

한편 전체의지는 개별의지의 총합으로써 보편적 목적을 지향하지 못할 가능성이 있기 때문에 일반의지와 구별된다. 일반의지는 공동의 이익을 추구하는 의지로서 법의 근원이 된다. 일반의지의 주체는 모든 사회 구성원, 즉, 국민이며 주권자인 국민은 일반의지를 실행하는 최고의 권력이다. 권력은 국민의 공동이익을 위하여 정당하게 행사되어야 하며 일반의지를 실행하지 않는 권력은 정당한 권력이 될 수 없다.

• 루소가 말한 일반의지는 모든 개인의 공통된 의지, 사적 이익을 넘어서 공공의 이익을 추구하는 공적 인격의 의지이다. 사적인 이익에 우선하는 공적인 이익이 있음을 부정하지 않는다면 루소를 전체주의자로 생각하는 것은 오해이다.

루소는 이성 만능주의, 대중화, 평균화로 삶이 예속되는 것을 싫어하였고 인간의 자연스러운 천성. 선량함. 삶의 아름다움과 고유함을 강조하였기 때문에 루소의 일반의지는 개개인을 전체에 예속시키기 위한 것이 아니라 개개인의 자유롭고 고유한 삶을 보장하려는 것이었다. 루소는 "자연으로 돌아가라"고 하였으나 현실적으로 자연으로 돌아갈 수는 없기 때문에 다른 사람들과 공존하며 사회생활을 할 수밖에 없는 인간은 일반의지(법, 규범)에 따라야 한다고 하였다.

일반의지는 개인의 자유롭고 고유한 삶을 구속하고자 하는 예속의 논리가 아니라 대중화, 평균화로 나타나는 예속화의 경향을 이겨내고 인간의 고유하고 아름다운 삶을 가능하게 할 참된 자유를 향한 의지이다.

---

6. 민주국가의 시민은 투표장에 갈 때만 자유롭다

민주국가에서 모든 권력은 국민으로부터 나오지만, 국민은 권력자가 아니다. 진짜 권력은 정책을 만들고 집행하는 관료들에게 있다. 통치권자도 제한된 기간에 인사권만을 가질 뿐 권력을 조종하는 파워 그룹은 배후에서 작동되고 있다.

지식인, 관료, 재력가, 기업, 노조, 시민단체, 정책 연구소, 언론은 거대한 커넥션을 형성하고 서로의 약점과 비리를 보험 삼아 카르텔을 형성하고 있다. 자유롭게 투표할 수 있는 권리도 사실은 대중조작, 여론조작에 의해 좌우되는 경우가 많다.

결국, 국민은 자유롭게 투표할 수 있고 주권을 행사할 수 있다고 생각하는 힘없는 시민에 지나지 않는다.

7. 우리는 객관적 조건이 점점 더 어려워지는 상황 속에서 점점 더 많은 민주주의를 요구하고 있다 - 노베르토 보비오

아고라 민주주의는 모든 시민이 광장에 집합할 수 있는 크기를 가진 도시국가에 적합하다. 오늘날 그러한 소국가는 없으며 국가는 거대화되고 있다. 국가의 거대화, 기능의 증대에 따라 조직은 비대해지고 있고 과학기술의 발전으로 기술적 해결을 요하는 문제들은 증가하고 있다. 또 대중문화, 정치산업은 국민의 눈과 귀를 현혹시킨다. 이러한 상황에서 민주주의적 게임의 규칙을 존중하는 것은 점점 어렵게 된다.

8. 민주주의가 확대될수록 비민주적 위계 구조가 확대된다
- 노베르토 보비오

현대국가는 규모와 기능 면에서 증대하고 있고 이는 관료적 장치, 즉 민주적이지 않은 위계 구조를 가진 권력장치의 증대로 귀결된다(과두제의 철칙, iron law of oligarchy이 나타난다). 즉, 민주주의가 확대될수록 관료주의도 확대된다.

9. 민주주의가 확대될수록 무능한 사람들의 결정권이 확대된다
- 노베르트 보비오

민주주의 사회의 주역은 평범한 시민, 모든 군중이다. 오늘날 우리가 일상적으로 당면하고 있는 어려움은 그리스 시대와 비교할 수 없다.

거대 국가의 경제문제에 정통하고 과학기술이 가져온 위험사회에서 정확한 해결책을 제시할 수 있는 사람은 거의 없다. 이러한 상황에서 더 많은 민주주의를 요구한다는 것은 권능을 잃고 있는 사람들에게 결정권의 확대를 요구하는 결과가 된다.

• 민주주의는 선이고 독재는 악이라는 등식은 항상 타당한 것은 아니다. 민주주의에도 많은 결함이 있고 사회병리가 심각한 상황, 위기상황, 예측 불가능한 상황에서는 현명하고 뛰어난 소수가 강력한 추진력과 합리적인 판단으로 모두에게 이익이 되는 방향으로 이끌 수도 있다.

---

10. 대중문화 시대의 민주주의는 합리적 선택의 여지를 축소 시킨다 - 노베르토 보비오

민주주의 사회에서는 대중문화가 발달하고 문화산업과 함께 정치산업이 존재 한다. 대중문화는 잘 조직된 선전을 통하여 정치적 의사결정에 영향을 미치고 대중의 지지를 얻기 위해 동의를 조작하기 위한 기술들이 동원된다.

대중문화와 정치산업 결과는 모방적 행동, 순응주의로 나타나며 시민의 합리 적 선택은 점점 더 어려워지게 된다.

11. 민주주의는 선거로 뽑고 투표로 결정하는 것만으로는 충분 하지 않다 - 알렉시스 토크빌

평등에 대한 열정과 개인주의, 이기주의는 민주주의에 위험성을 초래한다. 민 주주의는 선거로 대표자를 뽑고 투표로 결정하는 제도만으로는 충분하지 않다.

이러한 제도에 더하여 시민들의 자유로운 결사생활과 그 속에서의 활발한 공 공 토론, 자기가 몸담은 사회의 공무에 참여할 수 있어야 하며 그 속에서 시민적 덕성을 발휘할 때 민주주의는 생동감을 얻게 되고 시민들을 진정한 주권자로 하 는 인간적인 정치체제로서 뿌리내릴 수 있다.

- 활발하게 움직이는 비영리적 시민 결사체들과 결사적 문화, 교육받은 다수의 중산층 존재, 시민적 덕성은 민주주의 발전에 중요한 요소가 된다.
- 모든 민주주의 국가에서 국민은 그들의 수준에 맞는 정부를 가진다. - 알렉시스 토크빌

12. 민주주의는 언제나 자기 자신에게만 매달리게 하며 인간을 고독한 존재로 가둘 위험을 안고 있다 - 알렉시스 토크빌

　민주 시대에 사회가 보다 평등해 짐에 따라 자신의 욕구를 충족시킬 수 있을 만한 교육과 재산을 확보한 사람의 수가 증가한다.

　그들은 다른 사람에게 빚진 것이 없으며 기대하는 바가 없다. 그들은 항상 홀로 지낸다는 생각을 하고 있으며 그들의 운명은 자신들의 손에 달려있다고 생각한다.

　민주주의는 모든 사회 구성원을 연결시켰던 끈을 파괴하고 고리의 마디를 잘라내 버렸다. 민주주의는 모든 사람으로 하여금 자기의 조상을 잊게 할 뿐만 아니라 후손에 대하여 무관심하게 하며 동시대인으로부터 고립시킨다. 따라서 민주주의는 언제나 자기 자신에게 매달리게 하며 인간을 고독한 존재로 가둘 위험을 안고 있다.

- 1931년 왕정에서 공화정으로 바뀐 에스파냐는 1936년 선거에서 인민전선 내각을 출범시켰다. 인민전선은 교회의 특권을 박탈하고 농민을 위한 토지개혁에 착수했으나 가톨릭 교회, 군부, 보수세력을 등에 입은 프랑코 장군은 이에 반발하여 사태는 내전으로 치달았다.
이때 헤밍웨이, 조지 오웰, 앙드레 말로 등은 의용군으로 지원하여 인민전선 정부를 위해 싸웠고 전 세계에서 약 4만 명의 의용군이 참여하였는데 이러한 현상은 개인주의를 바탕으로 하는 민주 시대에는 상상도 하기 어려운 일이다.

13. 지배적 여론은 정치적 억압보다 더 강력한 사회적 횡포를 행사한다 - J.S.밀

　사회는 지배적인 여론과 감정을 강제할 수 있고 그것을 통하여 사회는 다양한 종류의 정치적 억압보다 더 강력한 사회적 횡포를 행사한다. 이러한 사회적 압력은 지배적 관습에 순종하게 함으로써 개인의 발달에 대한 굴레가 된다.

- J.S.밀은 다수의 여론을 불신하였고 지성과 도덕성을 겸비한 엘리트들에게는 1인 2표를 부여해야 한다고 주장하기도 하였다.

14. 개인주의는 민주주의에 기원을 두고 있다 - 알렉시스 토크빌

개인주의는 개인을 절대적으로 수호되어야 할 하나의 독립된 개체로 여긴다. 민주주의는 개인주의를 핵심으로 하여 개인의 자유를 보장하고자 한다. 개인주의는 민주주의를 그 기원으로 하고 있으며 사회의 평등화에 비례하여 확산하고 있다.

15. 개인주의는 마침내 이기주의로 전락한다 - 알렉시스 토크빌

개인주의는 개개인이 가지고 있는 이성과 합리성에 대한 신뢰에 기반을 두고 있으며 인간활동의 동기가 자기 이익의 추구에 있다는 것을 인정한다. 성숙한 개인주의는 이기주의가 아니라 평온한 감정으로서 행동의 자유뿐 아니라 그 행동의 결과까지 철저히 개인에게 귀속시키고자 한다.

그러나 개인주의는 사회의 각 구성원으로 하여금 동료 인간으로부터 분리되게 하며 개인은 조그마한 성城을 형성한 후에는 타인의 일에 무관심하게 되고 기꺼이 사회를 잊어버린다. 개인주의는 처음에는 공공생활의 덕성을 좀먹다가 마침내 다른 모든 것을 공격·파괴하며 최후에는 이기주의로 전락한다.

• 개인주의 사회에서는 각자의 행동이 사회에 미치는 영향에 주목하지 않는다. 의사결정과정에서 타인을 무시하거나 다른 사람들을 잘 배려하지 않으며 여러 가지 사회적인 병폐에 관심을 두지 않는다. 개인주의는 낮은 투표율, 정치참여와 봉사활동의 저조, TV와 인터넷을 즐기며 보내는 시간의 증가 등으로 사회적 자본의 하락을 가져와 민주주의를 위협한다.

16. 이기주의는 모든 덕성의 씨앗을 마르게 한다 - 알렉시스 토크빌

이기주의는 자신에 대한 열정적이고 과도한 애착이며 모든 문제를 자기 자신과 관련시키고 자기 자신을 무엇보다도 좋아하게 된다.

- 개인주의를 핵심가치로 하는 민주주의 사회는 이기적인 사회가 될 수 있고, 이기주의는 모든 덕성의 씨앗을 마르게 하여 민주주의의 위기를 초래할 수 있다.

17. 민주주의는 사회적 갈등을 폭력에 호소하지 않고 해결하기 위한 공존의 테크닉을 보여주었다 - 노베르토 보비오

민주주의의 형식적 규칙 등은 적대자가 전멸되어야 하는 원수로서가 아니라 내일 우리를 대신해 줄는지 모르는 반대자로서 존재할 수 있게 함으로써 사회적 갈등을 폭력에 호소하지 않고 해결하는 공존의 테크닉을 보여주었다. 민주주의는 조용한 혁명들이 발화하고 확산할 수 있도록 허용한다.

- 민주주의 사회는 시민들이 자신의 이익에 따라 의사를 결정하고 미래를 스스로 선택할 수 있다는 점에서 열린 사회이며 급변하는 환경에 유연하게 대처할 수 있다는 장점이 있다.
- 독재 사회는 권력자가 쉽게 타락하고 소수의 권력층이 특정 집단의 이익을 대변하게 되어 계급사회가 되기 쉽다. 또 독재 정권의 정당성을 강조하기 위해 잘못된 선전과 교육, 정보의 왜곡과 은폐 등을 통해 억압적 체제가 되기 쉽다는 치명적 약점이 있다.

18. 현대 민주주의의 비극은 민주국가들이 민주주의를 실현하지 못했다는 데 있다 - 자크 마리탱

민주주의는 국민이 주인이 되고 국민 개개인의 선택과 행동이 존중되어야 하는 제도이다.

그러나 다수결의 원칙은 진실을 말하는 소수를 억압하고, 토론과 언변이 뛰어난 선동가가 다수의 지지를 얻어 우민 정치화될 수도 있다. 또 자유와 평등은 무한자유, 무한경쟁이 되어 약자에 대한 배려나 보호에 소홀히 하고 강자의 지배와 착취를 정당화할 수도 있다. 민주주의의 이상은 끊임없이 위협받고 있다.

- 민주주의는 교과서와 강의실에만 있는 제도이다.
- 민주주의가 검증된 정치체제이고 다수에 의해 의사가 결정되는 체제라는 점에서 상대적으로 우수한 것으로 평가되나 인격과 지혜, 도덕성, 사회 발전을 위한 능력을 갖춘 지도자를 선출할 수 없다면, 만약 독재자가 플라톤이 말한 철인 군주, 공자가 말한 군자, 세종대왕과 같은 사람이라면, 나아가 사회병폐가 심각하여 대수술이 필요하거나 국가건설의 초기상황, 위기상황이라면 민주주의는 선이고 독재는 악이라는 등식은 성립되기 어렵다. 어느 정치체제이든 불완전한 체제이며 소외되고 희생되는 집단이 있게 된다. 모두를 만족하게 할 수 있는 이상적 정치체제는 없다.

19. 만약 신이 국민이라면 그들의 정부는 민주적일 것이다 - 루소

민주주의가 제대로 작동되기 위해서는 민주적 소양과 시민의 덕목을 갖춘 국민이 필요하다.

그러나 대중은 욕망과 쾌락에 이끌리고, 변덕스럽고 이기적이며 감정에 따라 옳지 않은 선택을 하는 경우가 많다. 국민은 소수의 선동가나 파워 그룹의 유혹과 선동에 의해 휘둘리고 다수에 의한 지배는 다수의 폭정으로 변질될 수도 있다.

20. 민주주의가 남용되면 무정부주의가 된다 - 볼테르

민주주의는 인간의 존엄성을 구현하는 것을 이념으로 하여 개인의 자유를 보장하고 기존 권력에 대한 비판과 저항을 가능케 하는 반대세력을 허용한다는 점에서 윤리적인 정치제도라고 할 수 있으나 자유를 남용하거나 평등에 대한 열정으로 무질서와 극단적 개인주의로 치달을 수도 있다.

무한경쟁과 개인의 원자화는 물질 만능주의, 공동체의 해체와 도덕의 부재를 야기하여 무정부적 아노미 상태를 초래할 수 있는 것이다.

21. 민주주의는 해야 할 일을 제때 못하는 비효율적 정치형태이다

민주주의는 인간의 존엄성에 최고의 가치를 부여하고 이를 실현하고자 하는 정치라는 점에서 이념적 정당성을 가진다. 그러나 정치형태로서의 민주주의는 비효율적이다. 민주주의가 군주제나 전체주의 정치형태보다 나은 점은 권력의 남용을 방지할 수 있다는 것이다.

그러나 권력의 남용을 방지한다는데 초점을 두다 보니 좋은 지도자를 선출하는데 미흡하고 대중조작, 여론조작, 이미지조작, 선동 등에 의해 무능하거나 사악한 자가 지도자가 될 수 있다는 치명적 약점이 있다.

민주선거로 선출된 지도자가 세습군주나 독재자보다 못한 자일 수도 있는 것이다. 또 좋은 정책은 인기가 없더라도 야당과 국민의 반대를 무릅쓰고 해야 하는데 인기에 영합하는 정책을 펴다 보니 최선의 결과를 도출하지 못하고 대중을 속이고 피해를 증대시키는 결과를 가져오게 되는 경우가 많다.

결국, 민주주의는 훌륭한 지도자를 선출하기 어려운 정치형태이고, 해야 할 일을 제때 할 수 없는 비효율적 정치형태이기도 하다.

- 민주주의와는 거리가 멀었던 과거 군사정권이 적재적소의 인재 등용과 계획경제, 진보적 정책(의료보험, 산재보험 등)으로 자본이 거의 없던 우리나라의 경제성장 및 사회보장의 기초를 마련한 것과 대비하여 문민정부는 경제 동력 상실, 중산층 감소, 빈부차·갈등 확대, 범죄율 증가, 계층 이동의 어려움을 야기하였을 뿐 아니라 안보마저 불안하게 했다. 이것은 지도자의 결단력과 비전 제시 능력, 위기관리능력과 안목 부족, 문민정부의 지도자들이 더 현명하지도, 유능하지도, 정직하지도 않았다는 데 그 원인이 있지만, 민주주의 정치형태가 비효율적이라는 데도 그 원인이 있다.

- 민주정치가 중우정치의 재난에 빠지지 않으려면 능력과 도덕성, 안목을 갖춘 사람을 선발하고 검증하여 그중에서 지도자를 선출하도록 하는 것이 바람직하다. 능력과 자질이 부족한 사람이 뛰어난 사람을 이기는 데 쾌감을 느끼고 감정적으로 지도자를 선출하게 된다면 중우정치의 재난에 빠져 국가는 쇠퇴하게 된다. 민주주의는 현재까지 검증된 정치제도 중에서 그나마 낫다는 것이며 최선의 정치체제는 아니므로 정치 발전을 위한 부단한 노력이 필요하다.

제12절 자유

1. 자유를 누리는 것은 생존이 보장된 후에야 가능하다

인간은 삶의 목적을 생각하기 전에 일단 살아남아야 하므로 안전에의 욕구는 자유에의 욕구보다 우선한다.

홉스는 자연 그대로의 원초적 삶은 만인 대 만인의 투쟁상태에 놓이게 되는데 인간의 삶에 있어서는 안전과 평화가 무엇보다 중요하므로 국가가 폭력을 독점하게 하고 시민들은 그에 복종하도록 해야 한다고 하였다.

모두가 자유를 갈망하지만, 누구나 자유를 누릴 수 있는 것은 아니며 먼저 생존과 안전이 보장되어야 한다. 정치권력은 인간의 자유를 위협한다. 그러나 대부분의 사람은 생존과 안전을 보장받기 위해 자유를 저당 잡히고 있는 것이다.

2. 자유롭다는 것은 스스로 책임져야 한다는 것을 뜻한다

부모의 보호를 받던 아이들이 성년이 되어 모든 것을 스스로 결정하고 행동해야 한다는 것은 자부심을 느끼게 하지만 동시에 두려움을 안겨준다.

자유는 항상 이성적으로 생각하고 선택하고 그에 대한 책임을 져야 한다는 것인데 미성숙한 인간에게는 이것이 부담으로 작용한다. 스스로 생각하고 결정하고 책임지는 삶은 외롭고 고달프다.

3. 자유로운 인간은 실이 끊어진 연과 같다 - 사르트르

사르트르에 의하면 자유는 인간에게 선물이라기보다 부담스러운 과제이며 피할 수 없는 숙명과 같다.

자유는 유혹, 죄의 가능성을 주며 책임이 뒤따르기 때문에 두렵기도 하다. 항상 스스로 생각하고 결정하고 선택하고 자신의 삶에 책임을 진다는 것은 피곤한 일이며 너무 많은 선택의 가능성과 기로에서 누구도 대신 결정을 내려주거나 책임을 져주지 않기에 인간은 자유 안에서 고독하다. 자유는 해방인 동시에 안정과의 결별이며 두려움을 안겨준다.

이 때문에 자유로운 인간은 실이 끊어진 연처럼 땅에 떨어져 죽음을 맞이하기 전까지는 안식을 취할 수 없다.

4. 인간은 자유로부터 도피하기 위해 믿음이나 복종을 선택한다

자유는 책임을 동반하고 항상 스스로 생각하고 결정해야 하는 등 많은 노력이 필요하다. 모든 것을 스스로 결정하고 책임져야 한다는 것은 힘들고 피곤하기 때문에 사람들은 자유로부터 도피하기 위해 종교를 맹신하거나 정치적 이데올로기를 맹종하거나 타인의 생각에 쉽게 동조한다.

사람들은 책임을 회피하기 위해 믿음이나 복종의 안일함을 선택하거나 어쩔 수 없었다고 변명하거나 양심을 속이고 스스로에게 거짓말을 하기로 하는데 이러한 행동은 스스로 결정하는 자유로운 성인이 되기를 거부하는 태도로서 인간성을 포기하는 것이다.

5. 자유는 본성의 부재이며 문화적인 것이다

인간의 신체는 생물학적 법칙에 따르지만, 인간의 행동은 본능에 따르지 않고 불확정성을 지닌다. 인간은 동물과 같은 강한 본성이 없기 때문에 자신의 행동 양식을 스스로 만들어 가야 한다. 인류학적 관점에서는 '본성의 부재'를 자유라고 본다.

이러한 자유 때문에 인간은 무한한 가능성을 가지고 있으며 인간은 자연적 질서에 따르지 않고 다양한 문화를 만들어 나간다. 자유는 인간에게 선천적으로 부여된 원초적·자연적 독립성을 의미하는 경우도 있으나 한편 자유는 다양한 문화를 만들 수 있는 원천이 되고 문화적 공동체 속에서 실현되는 것으로서 그것은 문화적인 것이다.

- 자유는 인간에게 선천적으로 주어진다는 관점과 자유는 점진적으로 정복해야 하는 것이라는 관점이 있다.
- 문화는 자유에 기반을 두고 만들어졌지만, 인위적으로 만든 문화는 다시 인간의 자유를 제약한다. 자유는 사회라는 틀 안에서 제약을 받게 되고 자유는 재정복의 대상이 된다.

6. 자유를 잃은 인간은 스스로를 포기한 인간이다 - 루소

자유 의지는 동물과 구별되는 인간만의 능력이며 인간의 본질이다. 인간에게는 자유 의지가 있기 때문에 이성적으로 사고하고 도덕성을 발휘하고 자신의 행동에 대하여 책임을 진다.

자유는 인간이 가진 가장 고상한 능력으로서 인간성과 도덕성의 본질이며 노예 상태는 인간의 본성에 어긋나는 것이다. 자유는 인간성을 의미한다. 또 자유는 책임이다. 따라서 자유를 포기하는 것은 도덕성과 책임을 포기하는 것이며 인간으로서의 가치, 권리, 의무마저 포기하는 것이므로 인간이기를 포기하는 것이다.

7. 인간은 자유가 있다고 착각하는 데서 힘을 발휘한다 - 니체

니체는 인간은 자신의 행동을 결정짓는 원인을 모두 알 수 있는 절대 이성을 갖추지 못했기 때문에 자유롭다는 착각을 하지만 이러한 사실로부터 인간 본연의 힘을 발휘한다고 하였다. 일어날 모든 것을 알고 있는 신과 같은 존재라면 어떤 결정을 내리거나 행동할 필요가 없기 때문이라는 것이다.

8. 자유는 인간을 인간이게 하는 최상의 가치다

자유를 통해 인간은 자신이 누구인지를 알게 되고 자신의 행동을 통하여 삶과 세계에 의미를 부여한다. 타고난 자연적 성향(본능)과 반대로 행위를 할 수 있다는 것은 인간만의 능력이며 자유 의지가 있기에 인간은 이성적으로 사고하고 도덕성을 발휘하고 책임과 의무를 다하며 문화를 꽃피우고 인간적 세계를 만들어 나간다. 자유는 인간을 인간이게 하는 최상의 가치이며 자유를 통해서 인간은 진정한 행복을 맛볼 수 있다.

9. 인간이 자유가 있다고 자랑하는 것은 욕망을 결정하는 원인에 대해서 알지 못하기 때문이다 - 스피노자

고대로부터 인간은 주어진 운명을 피할 수 없다고 보았으며 세상사는 신과 운명에 의해 좌우된다고 믿었다.

스토아 철학자들은 자연의 질서는 조화를 이루고 있고 정당하고 선한 것이며 코스모스에서는 각자에게 타고난 자리가 있으므로 자연의 질서를 이해하고 그에 복종함으로써 참된 삶과 평화를 찾을 수 있다고 믿었다.

스피노자는 "현자는 신과 사물을 필연성에 따라 인식하며 영혼의 만족을 누린다", "인간은 욕망을 결정하는 원인이 무엇인지 모르면서 자유롭다는 착각에 빠져있다"고 하였다. 각각의 사건들은 수많은 원인의 결과에 불과하며 우주적 관점에서 본다면 모든 것은 필연일 뿐 자유와 우연이라는 것은 의미가 없다는 것이다.

이렇게 본다면 우리가 자유롭다고 느끼는 것은 착각에 불과한 것처럼 보인다. 자유롭다고 여겨지는 우리의 행동의 배경에는 어린 시절의 기억, 내가 속한 사회의 문화, 부모의 영향, 경제적 생존조건이 있고 자발적 행동인 것처럼 보이는 많은 것들이 사실은 어느 정도 운명 지어진 것임을 생각하면 허탈하기도 하다.

스피노자의 생각은 욕망의 진정한 원인을 이해하고 세상의 흐름의 필연성을 알고 내가 세상의 중심이 아니라는 것을 안다면 욕망으로 인한 괴로움에서 벗어나 좀 더 자유로워질 수 있다는 것이다.

• 고대의 우주관, 스토아 철학으로 이어져 온 코스모스적 질서에 순응하고 자연에 따라 살아야 한다는 사고방식은 "상황에 복종하라, 너 자신을 알라, 무엇이든 지나치게 하지 말라"는 절제와 순응의 윤리를 강조한다.

주어진 인간 조건과 운명, 우주의 필연성을 이해하고 그대로 받아들이는 것은 해탈에 가까운 현자의 자유로운 행동일 수도 있으나 수동적으로 세상에 대한 관조와 이해에 몰두하여 인간의 자유의지로 능동적으로 좀 더 나은 세상을 꿈꾸지 못하는 것은 아쉬움과 거부감을 남긴다.

10. 자유는 복지의 본질적 요소다 - 존 스튜어트 밀

인간은 타인에게 해를 입히지 않는 범위 내에서 자유로운 시각을 가지고 자신에게 적합하다고 생각되는 방법으로 다양한 생활을 영위할 수 있다. 억압적 정치체제나 틀에 박힌 전통과 관습은 개인의 독특한 취미 생활과 기이한 행동을 기피하여 개인을 생기 없고 무기력하게 하고 인간적 능력을 쇠퇴시키기도 한다. 인간이 고유한 능력과 잠재력을 개발하고 개성을 발전시키고 다양성을 추구하며 독창적이고 활력있는 삶을 살아가기 위해서는 자유가 필수적으로 요구된다.

J.S.밀은 사람들의 필요, 욕구, 능력은 모두 다르기 때문에 사람들은 자신의 개성과 독창성을 발전시켜야 하며 이렇게 함으로써 삶의 형태가 다양해지고, 인간 존재의 다양한 가능성을 열어주는 것은 개인의 복지에도 유익하고 사회에도 도움이 된다고 하였다.

• J.S.밀은 사회가 점점 대중 사회화되어 개별성이 쇠약해지고 상실되는 것, 개인이 상실되고 군중 속에서 무력해지는 것을 우려하였으며 자유와 다양성이 보장되는 사회를 옹호하였다. 자유는 인간으로 하여금 능동적이고 주체적인 인격체로 살아가게 하며 자유로운 개성 표현과 이를 통한 자아의 발전은 그 사회의 복지를 구성하는 핵심적인 요소가 된다.

11. 자유로운 행동은 의무에 따른 행동이다 - 칸트

자유는 원하는 대로 행동하거나 원하는 바를 방해받지 않는 것을 의미한다.

그러나 칸트는 쾌락을 추구하고 욕망을 채우고 고통을 피하려 하는 것은 욕망에 복종하는 것이며 그것은 자연적 필연성에 따른 행동 또는 경향성inclination일 뿐 자유로운 행동으로 볼 수 없다고 하였다.

칸트에 의하면 자유는 필연성의 반대말이며 자유로운 행동 = 자율적인 행동 = 내가 나에게 부과한 법칙에 따른 행동이다. 욕구를 충족시키는 행동은 물리법칙, 인과법칙에 행동으로서 자유로운 행동으로 볼 수 없고 그것은 타율적인 행동이다.

인간은 이성을 이용하여 자신에게 부과한 법칙에 따라 자율적으로 행동하며 외부에서 주어진 목적의 도구가 되지 않는다는 점에서 존엄성을 가진다. 자유로운 행동은 스스로 부과한 도덕법칙에 따른 행동이며, 옳기 때문에 하는 행동이다.

칸트는 의무감에서 나온 이러한 행동만이 자유로운 행동이며 진정한 도덕적 가치가 있다고 하였다. 자유로운 행동은 의무에 따른 행동이라는 모순되는 듯한 칸트의 말은 이렇게 이해할 수 있다.

12. 자유는 타인과의 관계 속에서 이루어지는 것이다

자유는 인간의 존엄과 가치를 실현하기 위한 가장 중요한 조건으로서 타인의 자유를 존중할 것을 전제로 한다. 이 때문에 자유에는 구속과 의무가 수반된다.

자신의 자유를 위해 타인과의 관계에서 대립, 갈등이 끊이지 않는다면 이는 독단과 자기애로 고립만을 초래하게 될 것이다. 자유는 완전히 개인적인 것이 아니라 사회라는 틀 안에서 타인과의 관계에서 이루어지는 것이므로 한 개인이 얼마나 자유로운가는 그가 남의 주장을 얼마만큼 수용하고 관용하며 열린 마음을 가지고 대할 수 있는가에 따라 결정된다.

13. 인간은 자유를 선고받았다 - 사르트르

자유는 인간에게 선물이라기보다 부담스러운 과제이며 피할 수 없는 숙명과 같다. 어릴 적에는 부모님이 모든 것을 알아서 해 주고 종교에서는 신의 명령에 따르고 복종할 때 평온과 안식을 얻게 된다.

그러나 인간은 매 순간 선택의 기로에 놓여 있으며 누구도 나 대신 결정을 내려주거나 결과에 대하여 책임져 주지 않는다. 항상 이성적으로 생각하고, 선택하고 자신의 삶에 책임져야 한다는 것은 고독하고 피곤한 일이며 에너지를 소모시키고 두려움을 안겨 준다. 스스로 생각하고 결정하고 책임진다는 것은 안일하고 편안한 삶과는 거리가 멀다. 자유는 안정과의 결별이며 자유를 부여받은 인간은 죽기 전까지 평화를 누릴 수 없다.

사르트르에 의하면 인간은 자유롭거나 자유롭지 않을 수 있는 것이 아니라 자유롭도록 운명지어졌다. 자유로운 선택과 결단을 통해 스스로의 모습을 만들어 나가는 것은 인간의 사명이자 숙명이라는 것이다.

· 인간이 자유를 포기할 수 없는 이유
  노예 상태는 인간의 본성에 어긋난다. 자유는 도덕성의 기초가 되기 때문에 자유는 곧 인간성이며 인간을 존엄하게 하는 요소가 된다. 인간은 자유를 통해 인생에 의미를 부여하고 자신의 선택과 행동에 대하여 책임을 지고 성숙해 짐으로써 스스로의 본질을 만들어 나간다. 자유는 인간을 인간답게 하는 최상의 가치이며 진정한 행복을 맛볼 수 있게 한다.

14. 인간은 자유롭게 태어났으나 어디에서나 사슬에 묶여있다
- 루소

인간은 사회생활을 하게 되면서 관습, 규범에 얽매이고 자기 형성 가능성을 틀 안에 가둔다. 사회에서는 항상 남들과 비교하고 타인을 의식하며 허영심이 강해지고 이기적으로 된다. 경쟁의식과 질시·불신에 시달려야 하며 타인을 의식하여 거짓말을 해야 한다. 주변의 기대와 강요 역시 인간의 자유를 억압한다. 자유로워 보이는 노예 주인 역시 노예들의 저항을 걱정하며 항상 조심해야 하기 때문에 자유롭지 못하다.

루소에 있어서 문명과 진보는 자연스러움과 선량함의 상실을 의미한다. 즉, 문명은 풍속의 향상과 양심에 기여하지 않았고 조작을 일삼고 잘못된 욕구를 일깨움으로써 오히려 인간을 타락시켰다는 것이다. 사회 속의 인간은 불신과 질시, 반사회적 자기애로 가득 차있다.

인간은 스스로의 내면에 따라 살아가지 못하고 다른 이들의 의견에 따라 살아가며, 타인의 판단을 통해서 존재감을 얻는다. 이들은 자기 자신으로 살아가지 못하고 질서와 경쟁의식의 지배를 받으며 자기 자신 밖에서 살아간다. 루소는 "자연은 인간의 진정한 스승이며 자연으로 돌아가라"고 하였다.

15. 인간의 역사는 자유의 확대과정이다 - 헤겔

고대 노예제 국가에서는 단 한 사람만이 자유를 누렸다. 중세 봉건국가에서는 소수의 귀족만이 자유를 누렸다. 그 후 근대에 이르러 천부인권사상이 제기되고 민주적 공화제가 일반화되면서 적어도 명목상으로는 모든 사람이 자유와 평등을 누릴 수 있게 되었다.

- 자유는 인간에게 선천적으로 부여된 자연적 독립성을 의미하는 경우도 있고 문화적 공동체 안에서 만들어진 개념으로 보는 경우도 있다. 인류의 역사적 경험은 자유가 적극적 행위를 통해 정복해야 할 대상이기도 하다는 것을 보여주었다.

16. 신의 섭리는 인간을 전적으로 독립적이지도 자유롭지도 않게 만들었다 - 알렉시스 드 토크빌

인간의 생활에는 누구도 넘어갈 수 없는 숙명적인 벽이 있으며 그 넓은 벽의 테두리 내에서만 인간은 자유롭다. 평등한 상황에서도 인간은 노예 상태로 전락하는 파국을 초래할 수도 있고 자유의 상태를 실현할 수도 있다. 자유에 따르는 잠재성을 발견하여 자신들에게 혜택이 되도록 하는 것은 인간의 능력이다.

17. 자유는 타인에게 해가 되지 않는 모든 일을 하는 능력이다
  - 세계 인권선언

자유롭다는 것은 타인의 이익과 욕망을 고려한다는 것이다. 법은 모든 구성원의 권리를 수호하는 것이며 자유는 공동체 안에서 다른 사람들에 대한 책임감과 함께 하는 것이어야 평화로운 공존 속에 사회 구성원의 행복이 보장될 수 있다.

- liberty는 어떠한 통제로부터의 자유, 제약이나 억압이 없는 상태, 소극적 자유를 의미하며 freedom은 스스로의 능력으로 주도하고 행사할 수 있는 적극적 자유를 의미한다.
- 모든 사람이 무한정의 자유를 누리려고 한다면 누구의 자유도 불가능하다(자유의 역설).

18. 자유는 본능보다 강하다

동물은 주어진 본능에 따라 살아가며 자연이 구축해 놓은 프로그램에 갇혀 있다.

그러나 인간은 자유 의지에 의하여 자연법칙을 거스를 수 있다. 인간은 약육강식, 적자생존이라는 자연법칙에 반하여 약자와 소수자를 보호하는 민주적 문화를 창조하였다.

반면 인간은 인간을 사냥하여 가축처럼 부리고 손톱을 뽑고 고문을 하고, 자연을 파괴하고 생물 종을 멸종시키는 등 악을 즐기고 악마적 속성을 드러내기도 한다. 자유가 있기 때문에 인간은 신이 될 수도 있고 악마가 될 수도 있는 것이다.

- 인간의 행동은 자유 의지에 따른 것이기에 도덕적 평가를 받게 되며 자유는 윤리의 토대가 된다.
- 자유는 본능보다 강하기 때문에 인간의 삶의 방향이나 운명은 미리 결정되어 있지 않다.
- 인간이 자유 의지에 따른 행동으로 평가받는다면 타고난 자질과 재능보다 그것을 어떻게 사용하느냐가 더 중요하므로 인간은 평등하게 된다. 따라서 자유는 인간의 윤리성, 존엄성의 근거가 되고, 평등, 민주 사상의 토대가 된다.

제13절 평등

1. 민주 시대에 있어서 인간을 지배하는 열정은 평등에 대한 호감이다 - 알렉시스 토크빌

민주 시대에 있어 평등은 희생이나 위대한 노력 없이도 쉽게 주어진다. 평등은 타인을 끌어내려서 배 아픈 것을 낫게 하고 나의 열등감을 만회시켜준다. 평등에 의한 이익은 즉각적으로 나타나며 평등은 고양된 기쁨을 주지는 못할지라도 일상생활에서 모든 사람에게 작은 기쁨을 수없이 부여한다. 아무리 고상한 정신의 소유자라 할지라도 평등에 무감각하지는 않으며 가장 저속한 사람들도 그것을 좋아해서 미쳐 날뛴다.

평등이 조성하는 정열은 강렬하고 전면적이며 평등은 인간의 본성 속에 영원히 내재되어 있기 때문에 그것을 자극하기만 하면 대중은 아주 쉽게 현혹된다.

2. 평등에 대한 열정은 인간의 가슴속으로 파고들어 거기서 확대 되며 마침내 인간을 사로잡는다 - 알렉시스 토크빌

평등에 대한 열정은 모든 면에서 인간의 가슴속으로 파고들어 거기서 확대되며 마침내 인간을 사로잡는다. 평등에 대한 열정은 열렬하고 탐욕스러우며 지칠 줄 모르고 제어할 수 없다.

그들은 자유 속에서 평등을 요구한다. 그러나 자유가 없을 때는 노예 상태에서의 평등마저 요구한다. 그들은 빈곤과 야만 상태는 참고 견디지만, 불평등은 참지 못한다. 배고픈 것은 참아도 배 아픈 것은 못 참는 것이다.

이처럼 배타적인 열정에 사로잡히게 되면 사람들은 이미 눈이 멀어 있기 때문에 얻고 싶어 하는 하나의 목적만을 인식할 수 있을 뿐 가장 귀중한 이익을 손상당하게 되고 자유를 잃게 될 수도 있다.

3. 평등을 향한 열정에 휩쓸린 다수에 의한 지배는 다수의 폭정이다 - 알렉시스 토크빌

평등을 향한 열정에 휩싸이게 되면 다른 가치가 도외시되고 남을 끌어내리는 데서 만족을 얻게 되어 사회 전반의 질적 저하를 가져온다.

계급의 장벽이 무너진 후 평등을 획득한 대중이 귀중한 보석에 얽매이듯이 평등에 집착한다면 그것은 다수에 의한 폭정으로 변질되어 자유를 잃게 될 수도 있다.

4. 평등으로 인해 인류에 대한 애정의 폭은 넓어지지만, 그 농도는 묽어진다 - 알렉시스 토크빌

민주 시대에는 개인의 권리와 의무가 분명해지고 그 의무를 다하면 되기 때문에 다른 사람을 위해 자기를 희생하거나 헌신적인 봉사를 하는 것은 드물게 된다. 인류에 대한 애정의 폭은 넓어지지만, 그 농도는 묽어진다.

5. 평등은 언제나 하나의 뚜렷한 목적을 가지고 주장된다 - 알렉시스 토크빌

평등은 언제나 뚜렷한 하나의 목적을 가지고 주장된다. 평등에 대한 요구는 열광하는 대중의 아래로부터의 힘으로 표출되거나 전제적인 지배자에 의해 위로부터 부과된다.

히틀러의 국가사회주의는 게르만 민족의 영광을 위해 비아리아 민족의 인권을 유린했고, 러시아 혁명 이후의 사회주의도 자본가를 타도하고 권력을 독점하기 위해 인민의 정치적 자유를 억압했다.

6. 평등은 다른 중요한 사회적 가치들을 밀쳐내 버린다 - 알렉시스 토크빌

평등은 언제나 하나의 목적을 가지고 주장되어 왔기 때문에 이 과정에서 다른 중요한 사회적 가치들을 주변으로 밀쳐내 버린다. 예컨대 경제적 평등은 정치적 자유와 제도화된 참여의 규칙을 압도할 수 있다. 평등에 의해 나타나는 악덕은 전제정치가 만들어내는 악덕과 일치한다.

7. 우리는 평등이 가져오는 위험을 지적하는 것을 회피한다

　- 알렉시스 토크빌

　극단적인 평등이 초래하는 악은 서서히 드러난다.

　그러나 그것은 점점 사회체제 속으로 침투하게 되고 이따금 드러나 보일 뿐이며 그것이 아주 파괴적인 상태가 되면 더는 느낄 수조차 없게 되어버린다. 평등에 대한 대중의 열정은 열렬하고 탐욕스러우며 제어할 수 없다.

　이러한 열정과 다투려고 하는 사람이나 권력은 모두 타도되고 파괴될 것이다. 이 때문에 사람들은 평등이 가져오는 위험을 지적하는 것을 회피한다.

....

- 평등은 질투심을 유발하여 남을 끌어내리는 데서 만족을 얻고 하향 평준화를 가져온다.
- 평등은 노동의욕을 상실시키고 게으름, 요령을 피우게 만들어 감시기구를 비대하게 한다.
- 감시기구의 비대는 권력의 집중과 독재를 초래한다.
- 문화혁명의 결과는 평등이 아니라 획일화였다. 절대적 평등주의는 문화의 다양성을 저해하고 자유를 해친다.

....

8. 자연적 불평등은 사회적 불평등을 낳는다

　사람은 신체적 능력, 지능, 용모, 피부색, 가정환경 등에 있어서 불평등하게 태어난다. 사람이 태어날 때 속한 계급, 국가, 가정환경 등은 그대로 사회적 불평등으로 전환되는 경우가 많다. 특히 인간의 성격이 유전자에 의해 결정된다는 생물학적 결정론 및 그에 바탕을 두고 있는 우생학은 선천적인 우열이 존재한다는 가정 하에서 열등한 사람들을 염치없이 번식만 일삼는 국가의 적으로 선포하고 무자비하게 다루어야 한다고 주장하였다. 그리고 열등 분자의 증식을 억제한다는 모토 아래 정신병, 유전성 기형, 혈우병 등의 환자나 범죄자를 단종시키는 정책을 시행하기도 하였다.

　인간이 평등하다는 것은 능력이 아니라 존엄성의 측면에서 그렇다는 것이므로 자연적 불평등을 근거로 사회적 불평등을 정당화할 수는 없다. 선천적 불평등을 정당화하는 것은 인간의 노력이나 자유 의지의 가치를 부정하고 인간을 숙명적 존재로 만드는 비인간성이 있다. 모든 인간은 동등하게 존중받아야 하며 자연적 불평등이 사회적 불평등이 되지 않도록 하여야 한다.

9. 자본주의 사회는 자연적 불평등에서 나오는 잔혹성을 확대 시킨다

자본주의 사회는 기회균등, 공정한 분배를 내세우지만, 선천적 능력의 차이에 대해서는 어떤 해결책도 제시할 수 없다. 무한경쟁과 평등한 기회는 강자를 더 강하게 만들고 불평등을 심화시킬 수 있다.

정치적·법적 규제에 의한 처벌은 완화되었지만, 경제적 논리에 따른 약육강식 현상은 더 강화되기 때문에 자본주의 사회는 자연적 불평등에서 나오는 잔혹성 을 확대시킬 수도 있다는 것이다.

10. 차이는 불평등의 원인이 아니라 그 자체로 존중되어야 한다

자연은 다이아몬드와 돌, 약초와 잡초 중 어떤 것이 우월하다고 말하지 않는 다. 자연계는 다양성 때문에 존재할 수 있는 것이며 모든 존재는 그 고유성 때문 에 고귀한 것이다.

자연적으로 물려받은 다름은 차이일 뿐 그것이 우열비교의 대상이 되거나 사 회적 불평등의 원인이 되어서는 안 된다. 차이가 불평등의 원인이 되지 않고 그 자체로 존중받을 때 평등한 사회에 더 가까이 다가갈 수 있다.

- 차이를 높고 낮음으로 받아들여서는 안 된다.
- 차이를 지나치게 강조하면 평등을 무시하게 되고 평등을 지나치게 강조하면 다양성을 해치게 된 다. 특수성과 차이를 절대적으로 고집하지 않고 상대화하면서 차이를 받아들이는 태도가 필요 하다.

11. 우리가 개탄해 마지않는 불공평, 바로 그것으로부터 우리는 얼마나 많은 이익을 얻고 있는가? - 밀턴 프리드먼

윤리적 문제는 '모든 사람에게 공평한 몫'이라는 극히 단순한 공식에 의해 해결되는 것이 아니다. 음악적 재능을 탁월하게 타고난 아이에게는 좋은 음악교육을 받을 수 있도록 해야 하고 다른 개인적 재능에 대해서도 마찬가지로 해야 할 것이다. 인생이란 결코 공평한 것이 아니다.

그러나 불공평, 바로 그것으로부터 우리가 얼마나 많은 이익을 얻고 있는가를 인식하는 것도 역시 중요하다. 우리가 음악을 감상하고 스포츠를 즐기고 과학기술의 혜택을 누리는 것은 자연의 불공평 덕택이었다.

뛰어난 운동선수가 부두 노동자와 같은 보수를 받게 된다면 엄격한 훈련과 절제생활을 감내하거나 훌륭한 경기력을 보여주지 못할 것이다. 모든 사람에게 공평한 몫을 추구하는 것은 그럴싸하지만 바람직하지만은 않다.

12. 평등을 구현하는 과정에서 독재가 등장하기 쉽다

어떻게 하더라도 결과의 평등이 보장된다면 사람들은 게으름, 요령을 피우게 되고 노동의욕이 상실되고 생산력이 저하된다. 이렇게 되면 이기심을 발휘하는 사람들을 적발·처벌하기 위한 감시와 교육이 필요하게 되어 국가기관은 비대하고 강력해져서 권력이 소수에 집중되게 된다.

인간의 이기적 본성으로 볼 때 소수의 권력자에게 공정한 일 처리를 기대하는 것은 무리이며 그들은 이익을 독점하고 권력을 유지하기 위해 자유를 억압하고 폭력과 기만, 세뇌, 선전, 우상화로 체제를 수호하고자 한다.

• 지나친 평등의 추구는 결국 소수 엘리트의 이윤 독점으로 인한 불평등 심화로 이어진다.

13. 지나친 평등의 추구는 자아실현과 사회 발전을 저해한다

평등을 지상목표로 하는 사회는 개인의 자유와 다양성을 억압하고 획일화된 삶을 강요한다. 지나친 평등의식은 질투심이 만연하게 하여 하향 평준화를 가져온다. 따라서 지나치게 평등에 집착하게 되면 자아실현과 사회 발전을 저해하게 된다.

- 결과의 평등을 추구하는 것은 개인의 다양성과 자유를 억압하게 된다. 오늘날 인정되고 있는 평등은 기회의 균등으로서 주어진 기회 안에서 스스로 판단하고 노력하여 결과에 책임을 진다는 것이다.
- 그러나 주어진 기회는 실질적으로 평등하지 않고 각자가 처한 조건과 출발점은 모두 다르기 때문에 형식적 평등을 실현하는데 따르는 문제점과 한계를 보완하려는 사회적 합의와 노력이 필요하다.

14. 사회적 편견은 구조적 불평등을 낳는다

사람들은 인품이나 능력에 의해 평가되기보다 집단의 정체성에 의해 평가받는 일이 많다.

이러한 사회적 편견은 인종차별, 지역 차별, 장애인 차별, 성차별, 결손가정 차별 등 구조적 불평등을 낳는다. 나아가 편견은 구조적 불평등이 제거된 뒤에도 집단구성원들의 의식에 남아 사람을 낙인찍고 차별을 재생산한다. 편견의 희생자는 주로 약자, 소수자들이다.

- 구조적 불평등은 편견을 낳고 편견은 다시 구조적 불평등을 낳고 차별을 재생산하여 불평등 → 편견 → 불평등 고착화의 악순환을 되풀이한다.

제14절 국가

1. 국가를 사랑하는 것은 개인의 자유를 존중하는 것과 같다 - 루소

개개인이 자신이 가지고 있는 모든 권리를 국가에 양도하게 되면 모든 사람의 조건은 평등하게 되고 이해관계가 일치되어 상호간에 동질성이 형성된다.

국가는 위와 같은 사회계약에 의해 성립되어 모든 구성원의 이익(공동선)을 추구해야 하므로 국가를 위한 일은 시민들 자신에게 유리하며 공동의 이익이 자신의 이익이 된다.

루소에 의하면 국가 없이 실질적인 개인의 자유는 보장될 수 없기 때문에 국가를 사랑하는 것은 곧 개인의 자유를 존중하는 것과 같다.

2. 애국심은 국가의 이익을 위해 자신의 이익을 희생하거나, 일반적으로 누릴 수 있는 약간의 불편함을 감수하는 것을 말한다 - 로버트 라이시

아리스토텔레스는 "명예로운 행동에 가담하는 자만이 진정한 시민이다"라고 함으로써 국민이 공공선에 적극적으로 참여하여야 한다고 주장하였다.

애국심은 자신과 이웃의 생존을 위해 필요불가결한 것이고 그것은 지역과 공동체에 대한 깊은 애정에서 나오는 것이기 때문에 사람들은 희생마저도 기꺼이 받아들이려고 한다.

로버트 라이시는 애국심은 "생명이나 재산 같은 거창한 것이 아니라도 최소한 일반적으로 누릴 수 있는 약간의 불편함을 감수하는 것을 말한다"고 하였다.

3. 국가는 냉정한 괴물이며 조직적인 부도덕성이다 – 니체

국가의 본질은 강제력이다. 국가는 법과 조직을 운영하여 개인에게 강제력을 행사하며 나아가 다양한 상징조작과 대중선동, 여론조작을 하기도 하며 전체주의 국가는 국가 이익을 최우선에 두고 개인의 희생을 요구하기도 한다.

국가의 정치는 효율적인 행동으로 국가의 이익을 추구하여야 하기 때문에 폭력과 억압을 행사하고 다른 나라를 침략하는 등 윤리를 저버릴 수도 있다.

4. 인간에 대한 사랑이 국경선에서 멈춰야 할 이유는 없다 – 칸트

자국의 이익을 우선시하여 인류 보편의 윤리를 저버릴 수도 있다는 왜곡된 애국심은 전쟁, 인종 학살 등 정의에 반하는 결과를 초래한다.

세상은 인류의 시각에서 바라볼 필요가 있다. 조국애는 결코 인류애가 아니다. 따라서 애국심을 가지더라도 인간을 인간답게 하는 윤리적 가치를 존중하는 태도가 필요하다.

• 국가는 국민의 행복과 도덕관을 존중해야 하며 애국심의 이름으로 개인의 인권과 도덕적 이상을 침해하거나 다른 민족을 부당하게 침해해서는 안 된다.

5. 국민의 융합은 자신을 방어할 필요성에서 생겨난다

사회적 융합은 한 사회가 다른 사회로부터 자신을 방어할 필요성에서 생긴다.

독일 제국의 시민들은 나폴레옹의 군대와 싸우면서 일체감을 형성하였고 미국은 영국과 독립전쟁을 치르면서 정체성을 의식하고 하나의 나라가 되었으며 고구려, 신라, 백제인들은 대몽항쟁을 통하여 한민족이라는 강한 일체감을 형성하게 되었다. 사람들은 외부의 공격에 대항하면서 다른 나라와 투쟁하는 가운데 강력한 공동체 의식을 느끼게 되고 사회적 융합을 이루게 된다.

6. 국가는 개인의 적이다

무정부주의자들은 개인은 국가 이전에 존재하며 국가는 권리와 자유를 제약하고 개인에게 의무를 부과하기 때문에 비윤리적 실체라고 한다. 또 사람들은 공동의 삶을 위하여 서로 자발적으로 협력할 수 있는 능력이 있기 때문에 국가가 불필요하다고 한다.

- 인간의 본성이 선하고 자발적 협력의 능력이 있다고 보는 것은 비현실적이다. 국가의 강제력이 없다면 평화와 안전을 확보할 수 없고 세금을 거둘 수가 없어 복지에 필요한 재원을 확보할 수도 없게 되며 공공재 문제를 해결할 수 없게 되어 공유지의 비극을 초래하게 된다.
  개인이 자신이 하고 싶은 대로만 한다면 개인의 자유공간은 오히려 축소되게 될 것이며 투쟁과 혼란으로 오히려 전체주의 사회를 초래하게 될 수도 있다.

7. 행복한 사회를 만들겠다는 국가의 정치는 더 억압적이거나 약탈적인 것이 되었다

국가 정치의 중요한 측면은 인간의 다양한 삶의 방식을 규제할 수 있다는 데 있다. 정치를 통해 국민의 행복, 복지를 최대화할 수 있다는 생각으로 역사상 많은 시도가 있었으며 '계급 없는 평등사회', '정의로운 사회'를 만들겠다는 유토피아의 실험이 강행되었다.

그러나 능력에 따라 일하고 필요에 따라 분배받는 사회, 인민의 낙원을 만들겠다는 국가는 모두 억압적이고 약탈적인 전체주의 국가, 일당독재와 개인숭배로 개인을 억압하는 국가가 되고 말았다.

개인의 필요를 충족시키는 것이 행복에서 중요한 요소이기는 하나 개인은 여가, 취미 생활, 사랑, 사생활의 자유를 통하여 행복을 누리고 있으므로 국가 정치의 목표가 과도하여 국가의 역할이나 사명을 지나치게 강조하다 보면 개인을 이롭게 한다는 명분으로 개인의 자유를 지나치게 제약하게 되어 국민을 불행하게 할 수도 있다.

- 국민을 미성년자로 보고 국가가 보호자, 후견인처럼 행세한다면 자유제한의 영역이 넓을 수밖에 없고 국민의 선택의 자유는 광범위하게 제한된다.
- 어떠한 혁명이나 법도 인간의 욕구 전체를 충족시키지는 못한다.

8. 국가는 그 자체가 목적이 될 수 없으며 국민의 행복을 지향하여야 한다

국가는 개인의 안전과 자유를 보장하기 위한 시스템이며 국가 없는 인간의 행복은 상상하기 어렵다. 국가는 목적을 수행하기 위해 물리적 강제력을 동원할 수 있다.

그러나 국가는 그 자체로 목적이 될 수는 없으며 모든 국민의 행복을 지향하여야 한다.

- 자유방임주의나 후견인적 보호주의는 모두 장단점이 있다. 국가는 질서유지, 공공재의 공급·유지, 사회 간접자본의 제공 등 일정한 공적 기능을 수행하고 개인은 각자의 판단에 따라 외부의 간섭과 제약 없이 생활을 자율적으로 설계하여 나가는 것이 필요하다.

9. 국가의 활동 목표는 국익의 극대화이다 - 한스 모겐소

인간의 본성은 자기중심적이고 이해타산을 추구한다. 정치는 이러한 인간 본성에 뿌리를 두고 있기 때문에 국가는 국익을 극대화하고자 한다.

국제 정치는 국익을 추구하기 위해 움직이는 국가들의 끊임없는 권력투쟁이고 이타적 상호관계란 헛된 희망이다. 현실을 도외시한 이상의 추구는 현실에서 비극적 결과를 가져오며 현실의 평화는 인간의 이기적 권력추구와 국가의 국익 극대화라는 현실을 제대로 파악할 때만이 성취할 수 있다.

10. 국가 권력의 근거는 국민의 자유로운 동의에 있다
- 사회계약론자들

홉스는 왕권은 신으로부터 부여받은 것이 아니라 시민들이 안전과 평화를 위해 권리를 군주에게 양도하고 군주에게 복종하기로 계약을 한 것에서 유래한다고 주장하였다.

로크는 인간은 신으로부터 천부인권을 부여받았으나 이러한 자연권을 확실하게 보장받기 위해서 권리를 국가에 일부 신탁하여 사회계약을 체결하였다고 주장하였다.

루소는 국가는 자연권을 지키고자 하는 인간의 의지가 모여서 국가가 성립되었기 때문에 국가에 복종하는 것은 인간이 자신의 의지에 복종하는 것이 되어 인간이 자유로운 존재가 된다고 하였다.

- 인간이 천부인권을 부여받았다든가 사회계약을 맺었다는 계약서나 다른 증거는 어디에도 없으며 자유롭고 대등한 국민이 공익을 추구하는 일반의지라고 하는 것도 상상의 관념에 지나지 않는다. 그럼에도 불구하고 사회계약설이 지지를 받은 이유는 사회계약설에 국가의 간섭을 배제하고 인권을 확보하려는 학자들의 의지가 담겨있기 때문이다.
  사회계약설에는 과학적 근거가 없다. 그러나 지배세력의 통제와 권력유지를 위해서 국가가 탄생했다고 보는 것보다는 사회계약에 의해 설명하는 것이 국가의 역할을 최소한으로 한정하고 개인의 자유와 인권을 보장하는 데 유리하다.

- 사회계약과 일반의지는 관념과 허구이다. 그러나 그것은 세상을 바꾼 대단히 유용한 관념이자 허구였다. 진실은 때때로 허구에서 나온다.

- 이론은 어느 쪽이 진리에 더 가까운가 하는 것보다는 어느 것이 현재의 목적에 더 유용하다는 실용적인 이유로 선택된다(패러다임이론).

제15절 민족, 민족주의

1. 피와 역사를 같이하는 민족이란 완연히 있는 것이어서 내 몸이 남의 몸이 못 됨과 같이 이 민족이 저 민족이 될 수는 없는 것이다 - 김구

민족은 눈에 보이는 것처럼 뚜렷하게 존재하는 것으로서 둘 이상의 민족이 합하여 하나가 될 수는 없으며 설령 합해지더라도 민족 간에 주종관계가 형성되어 부당하다.

이 때문에 김구 선생은 민족 간의 결합에 반대하고 우리 민족이 토대가 되는 자주적이고 독립적인 국가를 형성해야 한다고 하였다.

- 이러한 견해는 민족의 자주와 독립을 추구하는 저항적 민족주의의 모습을 보여준다.
- 저항적 민족주의는 한 나라를 결속시키고 외세의 침략을 막아내어 독립 국가를 수호하고 자국의 발전을 도모하는 데 도움이 된다.
- 우리나라의 민족주의는 외세의 침략이나 외세의 위협이 극에 달했을 때 저항적 이데올로기로 기능하면서 국가를 수호하는데 기여하였고 해방 후에는 산업화, 근대화, 경제발전의 동력이 되었다.

2. 나는 우리가 세계제일의 인종이고 우리가 사는 세계가 넓어질수록 인류에게 행운이라고 주장한다 - 세실 로즈

남아프리카 케이프타운의 영국 총독 세실 로즈는 영국이 통치하는 세계가 넓어질수록 인류가 행복해진다고 주장하면서 다른 나라를 통치권 아래에 두고자 하였다.

- 이러한 견해는 자민족의 이익을 위해 다른 민족을 마음대로 해도 된다는 배타적 민족주의의 모습을 보여준다.
- 배타적 민족주의는 우월한 민족이 열등한 민족을 침략하고 지배하는 것이 당연하다는 팽창적 민족주의, 국가주의, 제국주의로 변질되어 인류의 평화와 공존을 해친다.
- 내부의 혼란을 해소하기 위해 일본은 다른 민족을 침략하였고 히틀러는 유대인을 학살하였으며 유럽 국가들은 제국주의 정책으로 식민지를 지배하였다.

3. 민족주의는 한 국가가 형성되고 발전하는데 중심적인 역할을 담당하였다

근대 이전 유럽은 합스부르크 왕가, 부르봉 왕가 등 몇몇 가문이 여러 나라에 흩어져서 통치하였고 국가라는 개념이 희박하였다.

그러나 프랑스에서는 시민혁명으로 왕정을 무너뜨리고 계급을 철폐하여 다른 나라 왕족·귀족의 간섭을 받지 않고 같은 민족끼리 힘을 합쳐 나라를 세웠다. 프랑스 사람들이 같은 민족끼리 나라를 세우고, 같은 민족끼리 통치하는 것을 본받아 다른 나라에서도 근대 국민 국가가 세워지게 되었다.

민족주의는 국가성립을 촉진시켰고 이후 국가는 계급대립 등 소모적 갈등상황에서 벗어나게 되어 발전에 전념할 수 있게 되었다.

- 식민 제국으로부터의 독립, 산업화, 근대화 단계에서는 민족주의적 열정이 국가 발전에 많은 기여를 하였다.

4. 서양의 민족주의는 근대 시민혁명 이후 국민 국가의 건설 과정에서 등장하였다

근대 이전 서양의 귀족들은 주로 프랑스어를 사용하였고 경전 등 출판물은 라틴어로 되어 있었다.

한편 평민들은 지방어를 사용하여 사용하는 언어 자체가 달랐다. 결혼도 같은 신분끼리 하였기 때문에 귀족과 평민 간의 공동의 문화나 정치생활이 없었다.

그러나 17세기 영국에서 최초로 시민혁명이 일어나 계급 구분이 사라지고 군주의 권력이 제한되었다. 이후 시민들은 국가를 왕의 것이 아니라 우리들의 국가로 인식하였고 부분적으로나마 민주주의 원리를 터득하면서 공동 언어와 정치·문화·경제생활을 창출할 필요성이 대두되어 표준어를 제정하고 중앙정부를 세우고 단일한 시장경제를 이루려고 노력하게 되었다.

- 영어로 nation은 민족, 국민을 의미한다는 점에서 민족과 민족주의는 근대 국민 국가의 건설과정에서 등장한 것으로 이해할 수 있다.

5. 자본주의의 도래와 인쇄산업의 발전은 민족주의에 영향을 끼쳤다 - 베네딕트 앤더슨

자본주의 경제의 발달은 공통된 시장으로서 하나의 국가를 발전시키도록 하였고 국가의 발전은 민족의 재구성을 가능하게 하였다. 민족을 기반으로 국가가 만들어진 경우도 있지만, 경제적 필요에 의해 다른 사람들이 한 국가에 모여 집단을 형성함으로써 하나의 민족이 되기도 하였다.

또 인쇄술의 발달은 평민들도 읽을 수 있는 지방어로 출판물이 인쇄될 수 있게 함으로써 동일한 언어권 내에서 정보의 대량 유통을 가능케 하여 하나의 민족이라는 관념을 형성하는데 영향을 주었다.

6. 민족주의는 구체제에 저항하는 이데올로기로 등장하였다

 서양의 민족주의는 봉건세력의 억압에 항거하여 시민혁명이 일어나게 되면서 탄생하게 되었다. 계급의 구분이 철폐되고 절대군주의 권력이 제한되면서 사람들은 국가를 왕의 국가가 아니라 우리들의 국가로 인식하게 되었으며 이 과정에서 민족주의가 탄생하였다.

7. 민족주의는 왕조가 민족주의 복장을 하고 나타난 것이다
- 베네딕트 앤더슨

 사람들이 민족에 대해 애착을 가지는 이유는 특정 세력의 이해관계와 연관이 있기 때문이며 소수의 엘리트에 의해 민족주의가 주도되어 왔다. 민족주의를 표방하면서 나타나는 지속적인 특징은 국가 이익을 우선시한다는 것인데 이것은 식민지를 개척하던 왕조가 정통성을 유지하기 위해 민족주의라는 복장을 하고 나타난 것이며 제국주의는 민족주의적 색채를 강하게 띠고 있다.

8. 민족주의는 상상의 공동체이다 - 베네딕트 앤더슨

 민족이란 근대 자본주의의 발전과정에서 생겨난 구성물이며 특정 집단의 이익을 위해 고안되고 발명된 개념이다.

 유럽에서는 중세까지만 해도 국경이 분명하게 정해져 있지 않았고 사람들은 민족의 일원이라는 생각보다 특정 지역에 사는 지역민이라는 정체감이 더욱 강했다. 그런데 근대 국가가 성립되고 많은 전쟁을 거치게 되면서 프랑스 민족, 독일 민족 같은 식으로 나뉘게 된 것이다.

 민족은 역사적으로 구성된 실체이며 민족을 하나의 문화와 언어, 역사적 전통을 공유하고 혈연으로 맺어진 인간 집단으로 생각하는 것은 인간 특히 소수의 지식인이 창안해낸 상상이다.

 국가는 민족을 기반으로 만들어진 것도 있지만, 대부분이 경제적 필요에 의해서 형성되었고 국가가 다른 사람들의 집단을 하나의 민족으로 묶어 내기도 하였다. 예컨대 아메리카 합중국은 인디언과 백인 이주민들이 섞여서 국민을 구성하고 있고 미국의 남북전쟁은 두 독립 국가 사이의 전쟁이었는데 같은 민족끼리의 미국 시민전쟁으로 부른다. 시일이 지나면 여러 민족 사이의 다툼은 망각되고 공동의 역사만 남게 되는데 이러한 과정을 거쳐서 사람들은 국가에 도움이 되는 역사적 사실들을 기억하고 방해가 되는 사실들을 망각함으로써 민족이라는 공동체를 상상하는 것이 가능해진다.

앤더슨은 이렇게 해서 근대에 발명된 민족이라는 개념이 원초적이고 오래된 역사적 공동체인 것처럼 자리 잡게 되었고 사람들은 마치 자신의 공동체가 인류의 역사만큼 오래된 것이라고 상상하는 일이 가능하게 되었다고 주장하였다.

- 앤더슨에 의하면 민족에 애착을 느끼는 것은 이해관계 때문이며 민족과 애국심은 이해관계 및 상상의 산물이다.
- 앤더슨은 민족주의의 호전적 측면을 우려하며 민족주의의 해체·완화를 주장하였다.
- 상상의 공동체 이론은 민족의식이라는 주관적 요소에 집착하여 민족을 구성하는 객관적 요소(혈연, 언어 등)를 소홀히 하였다는 비판을 받는다.
  그러나 민족은 언제든지 새로 생겨날 수도 없어질 수도 있다는 점에서, 또한 민족의 동료의식·유대감도 결코 이익에서 벗어날 수 없다는 점에서 지지를 받고 있다.

---

9. 민족주의는 민주주의를 후퇴시킨다

민족주의의 열정은 민족의 독립, 산업화·근대화, 민주주의의 정착에 기여한 바 있다.

그러나 민족주의는 혈연, 민족의 이익에 집착하고 동료의식이나 유대감은 윤리보다 이익을 우선시하기 때문에 부정적 결과를 가져오기도 한다.

민족의 우수성을 강조하기 위해 불편한 역사를 숨기고 왜곡하고 단일민족을 강조하며 다른 민족의 존재를 무시하기도 한다. 또 민족주의의 벌떼가 되어 스포츠경기 등에서 결사항전의 살벌함을 보이고 같은 의견에 동참하지 않으면 비애국자, 배신자로 매도하여 따돌리고 이방인을 배척하기도 한다.

심지어는 자유와 평등, 인권이라는 인류 보편의 가치보다는 같은 민족이라는 이유만으로 북한의 세습독재체제를 감싸고 옹호하기도 한다. 이러한 왜곡된 민주주의는 민주주의를 후퇴시킨다.

- 민족이라는 특수성보다는 개인의 자유와 평등, 재산권 보장이라는 보편성이 더 중요하다.
- 민족주의는 순혈주의, 외국인 차별, 체제유지를 위한 배타적 이데올로기(주체사상, 우리 민족끼리 등)로 나타나 부작용을 초래하기도 한다.

10. 국가와 민족의 개념은 약화되고 세계화가 급속도로 진행되는 이 시대에 있어서는 민족주의의 새로운 방향을 모색해야 한다

우리가 지향해야 할 민족주의는 획일성을 배제하고 다양성을 추구하는 것이어야 하며 민족 고유의 정체성과 주체성을 유지하면서도 다른 문화를 존중하고 다양성과 차이를 수용할 수 있는 것이어야 한다.

민족주의는 배타적 민족주의에서 탈피하여 개방적 자세로 공존을 모색하는 열린 민족주의로 나아가야 한다.

- 앞으로의 민족주의는 다원주의, 상대주의, 상호존중을 바탕으로 공존공영을 추구하는 방향으로 나아가야 한다.

11. 한민족의 핏줄, 순수한 한국어는 상상 속에 존재한다 - 고종석

지금의 한민족은 여러 민족이 오랫동안 함께 어울려 살면서 형성된 것이며 순수한 한민족의 핏줄은 상상 속에만 존재한다. 고종석의 『감염된 언어』에 의하면 세종대왕 당시의 국어는 외국어만큼 다르고 한자어, 일본어, 영어 등과의 끊임없는 교류 속에 오늘날 한국어가 만들어졌다.

영어도 많은 부분이 외래어나 방언으로 되어 있고 세상의 모든 언어는 감염된 언어이다. 한국어는 깨끗한 언어이고 변하지 않고 그 모습을 그대로 지켜가야 한다는 언어 순혈주의 역시 민족 순혈주의에 뿌리를 두고 있다. 순수한 한국어 역시 상상 속에 존재한다.

- 민족 순혈주의는 세계화 시대에 배타적 민족주의, 닫힌 민족주의의 틀에서 벗어나지 못하게 하여 고립을 자초한다.
- 우리는 민족이라는 우상을 깨야 한다.
- 같은 민족이라는 이유만으로 북한 세습독재 체제에 동조하고 무조건 외국을 배척하고 남한을 자주성이 없는 나라라고 하는 주장도 맹목적 주장이며 시대착오적인 구시대적 억지이다.

12. 민족성은 역사에서 살아 움직이는 집단적인 의지로서 공감을 줄 수 있는 것이어야 한다 - 한스 콘

언어, 영토, 관습, 전통, 종교 등 민족을 이루는 객관적 요소 중 어느 하나도 고정불변의 것은 없다.

위와 같은 객관적인 요소가 민족성의 형성에 있어 중요하기는 하나 가장 본질적인 요소는 민족의 역사에서 살아 움직이는 집단적인 의지이며 그것은 많은 이들에게 공감을 주거나 줄 수 있는 의지여야 한다.

이 같은 민족성은 문화 창조와 발전, 복지 향상에 기여할 수 있는 민족주의의 이상적인 형태이다.

13. 민족주의는 역설로 가득한 복잡한 역사적 현상이다
- 스나이더L.L.Snyder

민족주의는 원래 구체제에 저항하는 이데올로기로 등장하여 프랑스 대혁명 이후 자유주의, 국민주의의 성격을 띠었고 근대 국민 국가를 형성하는데 크게 기여하였다.

그러나 19세기 이후 국민 국가는 제국주의 정책을 폈고 서구의 민족주의는 국가주의, 전체주의 이데올로기로 이용되었다. 우리나라의 민족주의는 몽고의 침입 시나 임진왜란, 구한말 외세의 위협이 극에 달았을 때 저항적 이데올로기로 기능하면서 국가를 수호하는데 기여하였고 해방 후에는 산업화, 근대화, 경제발전의 동력이 되었다.

그러나 최근에는 같은 민족임을 내세우며 '우리 민족끼리'를 주장하며 역사상 유례 없는 세습독재 북한을 추종하는 등 민족주의는 왜곡된 모습으로 나타나기도 하였다. 민족주의는 양면성을 지니고 있으며 역설로 가득한 복잡한 역사적 현상이다.

- 공산주의자들은 대중의 반발을 억제하기 위한 전략, 제국주의에 대한 대항논리로 민족주의를 내세웠다.
- 북한 및 남한의 주체사상 추종자들은 미국을 제국주의의 중심국가로 보고 반미논리, 한국과 미국의 동맹과 연대를 파괴하기 위한 논리, 김일성 일가를 신격화하는 흉악한 사이비 종교의 논리이자 반인륜적 세습독재의 교리인 주체사상을 따르기 위한 논리로 민족주의를 이용한다.

14. 민족주의는 역사적 결과물이다 - 에르네스트 르낭

민족은 영속적인 것이 아니고 사라지기도 하며 새롭게 만들어지기도 한다. 순수한 민족이나 혈통은 존재하지 않는다. 사람들은 함께 억압과 고통을 받으며 하나로 뭉치게 되고, 역사적 유산을 공유하고 발전시키면서 민족이라는 개념이 형성된다.

르낭은 민족이 종족, 언어, 종교, 지리적 요소에서 유래한다는 것을 부인하면서 민족은 시간의 흐름에 따라 많은 것을 함께 공유하고 잊어버리거나 모으는 과정에서 형성된 역사적 결과물이라고 하였다.

15. 진정한 민족성의 기준은 자발적으로 함께 살려는 의지이다
- 에르네스트 르낭

민족은 단순히 외적인 것만으로는 구성되지 않으며 진정한 민족은 공통의 목표와 의지를 갖춰야 한다. 르낭은 『민족이란 무엇인가』에서 순수한 민족이나 혈통은 존재하지 않으며 중요한 것은 어떤 것을 중심으로 이질적인 존재를 하나로 구성할 수 있는가 하는 데 있다고 하였다.

르낭이 제시하는 진정한 민족성의 기준은 자발적으로 함께 살려는 의지이고 소중한 유산을 공동으로 소유하고 계속 발전시켜 나가며 역사의 아픔과 고통까지 공동체적 운명을 함께하겠다는 의지이며 그것은 구성원 모두의 노력을 요구하는 일이다.

16. 팽창적 민족주의는 자국의 위기를 초래한다 - 에르네스트 르낭

르낭은 프랑스는 대혁명을 통해 봉건제도를 타파하고 자유·평등·박애의 정신을 기본으로 하는 국민 국가를 세움으로써 유럽에 모범이 될 수 있었음에도 나폴레옹의 팽창정책으로 주변 국가들의 반발을 불러왔고 이것이 프랑스 민족주의 후퇴의 요인이 되었다고 지적하였다.

이웃 나라의 침략, 식민지 획득 등의 팽창정책은 다른 국가들에게 피해를 주는 것은 물론이고 군국주의, 전체주의로 이어져 자국의 문화와 민주주의 발전을 가로막는다.

• 민족의 발전은 함께하는 것이어야 하며 평화로운 공존 속에서 문화의 발전과 진보를 이룰 수 있다.

제16절 전체주의

1. 전체주의는 인간이 필요 없는 유토피아를 건설하겠다는 목표로 인간을 쓸모없게 만든다 - 한나 아렌트

전체주의적 이데올로기의 목표는 결코 인간 실존의 조건을 개혁하는 데 있지 않으며 사회질서를 혁명적으로 변화시키는 데 있지도 않다.

전체주의는 권력의 독점을 위해 우리의 삶을 지배하고 인간의 본성 자체를 변형시키고자 하며 인간이 필요 없는 유토피아를 건설하겠다는 목표 아래 인간을 쓸모없게 만든다.

2. 선전은 전체주의의 수단이고 폭력은 그 본질이다 - 한나 아렌트

전체주의적 정부의 본질은 폭력과 기만이다. 전체주의 체제는 독재체제 수립 후에도 폭력을 계속 사용한다. 진짜 무서운 폭력은 주민이 완전히 무릎을 꿇은 다음에 행사된다. 폭력이 단순한 외적 영향력이 아닌 내적 영향력까지도 행사하고자 한다면, 즉, 정부가 단순한 권력 이상을 원할 경우 폭력은 선전을 필요로 한다.

전체주의 국가에서 폭력과 선전은 상호 보충적이다. 전체주의는 권력 독점을 위한 이데올로기를 주입하고 독재체제 유지를 위한 쓸만한 거짓말들을 계속 실현해 나가기 위해 반드시 선전을 필요로 한다.

3. 상품 광고와 전체주의 선전이 지향하는 것은 오직 하나, 독점이다 - 한나 아렌트

　전체주의 선전은 대중에게 과학성을 강조한다는 점에서 상품 광고와 별로 다를 것이 없다. 상품 광고와 전체주의 선전이 지향하는 것은 오직 하나, 즉, 시장과 권력의 독점이다.

4. 전체주의 선전이 상품 광고와 다른 점은 예언을 일삼는다는 사실이다 - 한나 아렌트

　전체주의 선전은 과학성을 강조한다. 전체주의는 과학성을 강조하면서 역사가 과학법칙처럼 맞아떨어져 필연적으로 일정한 방향으로 가고 있다고 선전한다. 전체주의가 과학성을 강조하고 예언을 하는 것은 전체주의 이데올로기의 개연성과 허구성을 필연적인 법칙인 것처럼 위장하기 위해서이다.

　전체주의 운동을 이끄는 독재자는 그의 정치적 의도를 예언의 형태를 빌어서 표현하며 예언이 이루어지지 않을까를 초조해한다. 이 때문에 예언의 실현을 위해 진짜로 사람을 죽이기도 한다(예: 유대인학살).

5. 전체주의 사회에서 지도자는 언제나 옳다 - 한나 아렌트

　과학성과 법칙성을 강조하는 전체주의 운동의 지도자들은 세계를 설계한 전지전능한 신의 뜻을 설파하는 종교에 입각한 결정론, 운명론처럼 역사법칙과 계급 투쟁의 법칙에 입각한 성공 가능성을 믿는다.

　전체주의는 과학적 주장과 예언, 지도자의 완전무결성을 반복선전하며 강조한다. 지도자는 언제나 옳다는 무오류성은 초자연적 또는 초역사적 힘과 연계되어 있다.

6. 미치광이들이 날조해내는 극단적 상황은 오직 전체주의 사회에서만 가능하다 - 한나 아렌트

　전체주의자들의 목표는 권력의 독점과 세계 지배에 있다. 이들은 그들 주장의 과학성과 예언의 실현 가능성, 완전무결함을 반복선전하며 모든 상황을 완벽하게 통제하고자 한다. 이 때문에 그들은 스토리를 날조해내고 그 스토리의 일관성을 유지하기 위해 폭력과 선동을 일삼는다.

　이러한 극단적 상황은 상식이 의미를 잃어버린 사회, 미치광이들이 날조해내는 전체주의 사회에서나 가능하다.

7. 전체주의는 자기 이론에 어울리는 허구세계를 날조해낸다 - 한나 아렌트

　전체주의 운동은 권력장악에 앞서 자기 이론에 어울리는 세계, 즉, 현실에서보다 인간적 욕구를 훨씬 더 잘 충족시킬 수 있는 일관된 허구세계를 날조해낸다.

　선전과 기만, 폭력에 의해 통제당하는 대중은 현실로부터 이 허구세계 안에서 상상력을 통해 편안함을 느끼고 외부세계와의 차단, 정보통제 하에서 자신들이 행복하다고 믿으며 살아간다.

제17절 열린 사회, 닫힌 사회

1. 열린 사회는 비판을 허용하는 사회이다 - 칼 포퍼

열린 사회는 행위의 규범들이 고정불변의 것으로 간주되지 않고 비판이 허용되며 필요에 따라 변경될 수 있는 사회이다. 열린 사회는 전체주의에 대립되는 개인주의 사회이며 개인들이 스스로 판단을 내리고 독자적인 결단을 내린다.

2. 닫힌 사회는 마술적 금기와 독단이 지배하는 억압 사회이다 - 칼 포퍼

닫힌 사회는 국가가 모든 시민 생활을 규제하려고 하며 모든 제도와 규범이 신성불가침이고 고정불변이며 마술적 금기와 독단이 지배하는 전체주의 사회이다. 닫힌 사회에서는 무엇이 옳고 그른지에 대한 판단을 국가가 내린다.

3. 역사는 열린 사회와 닫힌 사회의 투쟁이다 - 칼 포퍼

바람직한 사회는 비판이 허용되고 오류를 시정하며 개선될 수 있는 사회이다.
닫힌 사회는 전체의 이익을 위한다는 미명 하에 마술적 금기와 독단으로 인간을 억압한다. 열린 사회는 인류가 인간다운 삶을 유지할 수 있는 유일한 사회이며 역사는 열린 사회와 닫힌 사회의 투쟁이다.

4. 열린 사회는 전통적인 공리주의를 거부하는 사회이다 - 칼 포퍼

최대 다수의 최대 행복을 추구하는 공리주의는 전체주의적 독재를 위한 구실이 될 수 있으며 다수의 행복을 위해 소수를 희생시킬 수 있다.

• 칼 포퍼는 다수의 행복을 위해 개인이 희생될 수 있다는 집단주의와 엄격한 계급 구분에 의해 변화가 억제되는 것을 전체주의적이라고 비판하였다. 칼 포퍼는 플라톤의 유토피아주의는 돌멩이 하나라도 그대로 두지 않고 사회 전체를 개혁하고자 하는 완벽한 시도이며 비타협적 급진주의, 완벽주의, 탐미주의라고 비판하였다.

---

5. 열린 사회를 파괴하는 최대의 적은 역사주의다 - 칼 포퍼

역사주의는 고대의 선민사상에서부터 출발하여 플라톤, 헤겔, 마르크스로 이어지는 뿌리 깊은 사상이다. 역사주의자들은 사회 전체의 발전을 지배하는 거대한 역사법칙이 있다고 주장한다.

역사주의에 따르면 인류의 역사는 하나의 계획을 갖고 있고, 우리가 그 계획의 정체를 알게 되면 과거의 역사를 완전히 해석할 수 있으며 미래의 역사까지 예측할 수 있다고 한다. 역사주의는 전체로서의 사회의 청사진을 제시하여 이상국가를 실현하고자 하는 유토피아적 시도로 이어진다.

이러한 시도는 소수의 강력한 중앙집권적 지배를 요구하므로 독재체제로 흐르기 쉽다. 역사주의는 인류의 역사가 냉혹한 역사적 법칙에 의해 필연적으로 결정된다는 운명의 신화이며, 수많은 선남선녀를 전체라는 미명 하에 제물로 요구하는 전체주의의 미신이다.

제2장

논술 핵심 용어

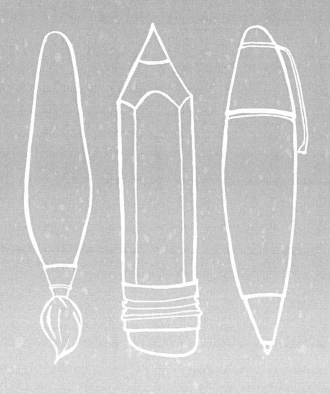

제1절 열려있는 존재
open being

 동물들은 처음부터 생존에 어려움이 없도록 완전한 기능을 가지고 태어나지만 죽을 때까지 그 기능만 사용하면서 본능에 의존하여 살아간다.

 그러나 인간은 자연의 프로그램(유전자), 본능instinct에 고정된 존재가 아니라 자유 의지free will에 의해 자신의 모습을 바꾸어 나갈 수 있다. 인간은 미완성의 존재로 태어나지만, 교육과 학습 등 부단한 노력을 통해 잠재력을 개발하고 보다 성숙한 존재로 나아갈 수 있다는 점에서 무한한 가능성을 가진 존재이며 인간의 삶은 미래를 향해 열려있다는 점에서 열려있는 존재이다.

 인간은 과거에 고정되어 있지 않고 자신의 모습을 계속 바꾸어 나간다. 인간의 자아는 완성된 그 무엇이 아니라 시간 속에서 지속되는 연속적인 팽창continuous expansion이며 나날이 새로움으로 변모해 간다.

• 인간이 동물과 구분되는 기준은 자유에 있다. 동물은 자연이 구축해 놓은 프로그램에 전적으로 따르며 스스로 발전할 능력이 없다. 그러나 인간은 자유 의지가 있기 때문에 스스로를 개선해 나가는 능력이 있다.

제2절 실존實存, existence과 본질本質, essence

　동물은 자연의 프로그램에 따라 본능에 고정되어 있다는 점에서 그 본질이 정해져 있다.

　그러나 인간은 자유 의지에 따라 자연이 짜놓은 프로그램을 벗어날 수 있으며 본능에 따라 정해진 길을 가지 않는다. 인간은 그 본질이 정해져 있지 않은 상태에서 현실적으로 존재하는 개별적 존재(실존)로서 일단 살아남아야 하며 자유 의지에 의해 스스로의 본질을 만들어 나가야 한다.

　실존은 본질에 앞선다. 즉, 실존에 앞서서 인간의 본질을 규정할 수는 없으며 인간은 스스로 그 가치와 본질을 구축해 나가야 한다. 인간의 본질은 무엇이고 어떻게 살아야 하는가? 그것은 철학으로 묻고 삶으로 답하는 것이다.

- 인간에게 주어진 본질이 있다면 인종과 성性에 고유한 본질이 있게 되고 인종차별주의, 성차별주의가 정당화될 수도 있다.
- 주어진 본질이 없다는 점에서 인간은 자유로운 존재이며 이 때문에 인간에게는 책임, 윤리의 문제가 대두한다.

제3절 인간의 과거過去, the past

인간을 규정하는 수많은 요소는 과거의 교육, 습관, 기억에 있다.

그러나 인간은 과거에 고정되어 있지 않고 자유 의지에 의해 자신의 모습을 계속 새로이 바꾸어 나간다. 인간의 과거는 고정되어 있는 것이 아니라 끊임없이 재해석, 재가공되는 것이며 내가 어떤 모습으로 변하는가에 따라 과거의 의미도 달라진다.

인간은 과거에서 교훈을 얻어야 한다. 그러나 과거를 필연성으로 인식하지 않고 과거의 무게에서 자유로울 때 인간은 발전할 수 있다.

....

과거에 대한 바람직한 태도

- 과거에 대한 미련, 집착을 버려라!
  인간은 과거 속에 살 수 없다. 과거에 지나치게 연연해 하거나 집착하는 것은 현재의 순간을 놓치게 하고 현재를 충실하게 살아가는 것을 방해한다.

- 과거를 통해 교훈을 얻어라!
  인간은 과거의 경험을 바탕으로 현재를 반성하고 문제의 어려움을 해결해 나갈 수 있다. 과거는 미래를 설계하고 바람직한 방향으로 나아가게 하는 이정표가 되어 준다. 과거를 모르면 과거가 삶을 짓누른다.

....

제4절 실존의 3단계

키에르 케고르는 인간이 자신의 삶에서 진정한 주체가 되기 위해서는 저급한 단계에서 고차원적인 단계로 나아가야 한다고 하였다.

○ 미적 실존의 단계

쾌락을 추구한다. 명예에 집착하거나 학문적·예술적 성취를 통해 존경을 받고자 한다. 이것은 대부분의 보통 사람들이 추구하는 삶의 모습이다.

• 미적 쾌락의 추구는 진정한 만족감을 주지 못하며 쾌락에 탐닉할수록 공허감, 불안감이 남는다.

○ 윤리적 실존의 단계

미적 쾌락에서 벗어나 의미를 추구하고 보편적 가치와 윤리에 따라 철저하고 엄격하게 살아간다.

• 욕망을 억제하고 고행, 학대로 만족을 얻고자 하는 것 역시 마조히스트와 같은 쾌락을 추구하는 것이며 절대적 도덕주의자는 극단적 쾌락주의자와 통한다. 이러한 삶 역시 허무를 극복하기 위한 처절한 몸부림에 지나지 않는다.

○ 종교적 실존의 단계

삶에는 합리적으로 설명할 수 없는 근본적인 부조리가 있음을 인정하고 부조리를 겸허하게 받아들인다. 인간은 대중, 여론 속에 도피할 것이 아니라 대중의 가면을 벗고 고독한 단독자로서 신 앞에 마주 서야 한다(신 앞의 단독자)

제5절 자아自我, ego

프로이트는 인간 의식의 구조를 이드id, 자아ego, 초자아superego로 구분하였다.

이드는 충동과 욕망의 덩어리다. 자아의 역할은 본능적 욕구와 충동을 억압하고 조절하는 것이다. 자아는 본능적 욕구와 사회규범 사이에서 욕망을 조절하고 원하는 것을 이루기 위해 끊임없이 운동한다. 초자아는 인간이 사회생활을 하면서 부모, 학교, 종교 등으로부터 습득하게 되는 가치이며 금지와 도덕적 규율의 영역에 속한다.

프로이트의 자아의 심리학에 의하면 이드, 자아, 초자아의 세 부분이 원만한 관계를 유지해야 건강하게 생활을 영위할 수 있다.

그러나 라캉은 이드의 욕망을 자아가 통제하는 것, 자아의 회복은 기존의 규범에 복속시키는 과정이며 이데올로기적 순응화에 지나지 않는다고 비판하였다.

라캉에 의하면 자아는 실체가 아니라 한 개인이 자신이라고 착각하는 이미지이며 가상적인 이데올로기의 효과에 불과하다.

우리는 욕망을 절제하고 사회적 기준에 맞추어 표현할 수 있는 자아를 자신과 동일시하며 하나의 주체로 간주하지만, 주체는 스스로 자신이라고 믿는 허구적인 가상이며 실체가 아닌 기호라는 것이다.

제6절 주체主體, the subject

인간은 이성을 가진 주체로서 개성을 가진 독립적 존재이다. 그러나 라캉은 주체는 스스로 자신이라고 믿는 허구적인 가상, 실체가 아닌 기호라고 하였다. 예컨대 대학교수는 교수라는 지위에 맞추어 충동을 억제하고 사회적 지위에 걸맞게 살아가고, 김정일 정권의 인민들은 스스로를 수령의 총알과 폭탄으로 생각한다.

라캉에 의하면 주체는 사회적 관계에 의해 만들어진 임시의 지위이며 실체가 아니라 가상이다. 라캉은 우리의 세계는 실체가 아닌 가상적 기호에 의해 형성된 세계로서 상징계라고 하였는데 주체는 상징계에서의 허구적인 상상의 산물로서 타자他者이다. 인간은 상징적 세계로 들어가서 기호, 상징이라는 타자와 자신을 동일시함으로써 주체가 된다는 것이다.

- 알튀세르는 이데올로기는 주체를 생산하는 기능을 한다고 하였다. 주체가 된다는 것은 사회적 관계에서 하나의 지위를 획득하는 것이며 이데올로기의 효과에 불과하다. 우리가 스스로 주체라고 믿는 것은 이데올로기의 효과에 불과하다는 것이다.

- 라캉은 자신의 기호, 상징을 자신이라고 믿는 것은 봉합縫合, suture이라고 하였다. 봉합 속에서 인간은 일시적 평안과 행복을 누릴 수 있다.

- 라캉에 의하면 상징계는 실재의 세계가 아니라 실재의 세계를 은폐한다. 실재는 상징의 죽음이며 파괴의 모습을 띤다. 실재를 깨닫는 순간은 욕망이 사라져 버리는 처참한 순간이며 욕망으로부터 느끼는 온갖 구속으로부터 자유로워지는 해탈解脫의 과정이기도 하다.

- 인간이 세계의 주체라는 것은 근대적 신화이며 허구적 상상력의 산물이다.

제7절 호명呼名
(명칭부여, name endowment)

호명呼名은 명칭을 부여한다는 말이다. 명칭이 부여됨으로써 인간은 사회적 관계에서 하나의 지위를 획득하게 되고 주체가 된다. 호명에 의하여 인간은 자신의 모습과 상관없는 호칭, 기호가 되고 그것이 자신과 동일시된다.

한국인은 한국인으로서의 신분증을 가질 때 계좌를 만들고 투표를 할 수 있으며 사회생활의 주체가 될 수 있다. 또 야구선수 또는 축구선수는 포지션을 부여받을 때만 야구선수나 축구선수가 되며 그 포지션에 따라 역할이 주어진다. 공을 던지는 투수가 홈런을 치면 그의 타력은 예외적 현상이 되고 골키퍼가 골을 넣어도 그것은 예외적 현상이 된다.

• 개인에게 부여된 호칭은 인격 그 자체가 아닌 사회적 관계에 의해서 형성된 기호일 뿐인데도 개인은 그러한 이데올로기적 호칭을 자신과 동일시한다.

• 여성은 소극적, 수동적이고 요리를 하고 가사를 돌보아야 한다는 주체로서의 특성부여는 사회적 조건에 의해 만들어진 인위적 산물이다.

제8절 현존재現存在, das Dasein

하이데거Martin Heidegger에 의하면 인간이라는 존재는 다른 존재자들과 구분되는 현존재現存在이다. 현존재는 구체적으로 어떠한 상황에 있게 되는데 인간은 특정한 상황, 시간의 흐름 속에 놓인 현존재이다.

인간은 현재의 한순간에 머물지 않고 과거와 미래의 중첩 속에서, 즉, 과거를 떠올리고 미래를 예측하면서 현재를 살아간다. 인간은 살아 있는 동안에도 언젠가는 죽게 될 것이라는 사실을 알고 있다.

죽음은 현재와 상관없는 미래의 사건이 아니라 살아 있는 동안에도 항상 경험하는 것이다. 현존재로서의 인간은 유한성을 자각하고 자신의 존재에 대하여 물음을 제기하고 불안을 안고 살아간다.

인간은 죽음의 불안에 직면하여 끊임없이 존재의 본래 모습에 귀를 기울이게 되므로 죽음은 현재의 삶을 반성하고 새 삶을 기획하도록 만드는 동력이 된다.

제9절 군자君子

○ 군자는 원래 통치자만을 의미하는 말이었으나 공자의 출현 이후 도덕과
지식을 갖춘 자라는 의미가 추가되어 자기 스스로에 대한 도덕적 성찰 과
정을 통해 타자와의 조화로운 공존을 추구하는 자로 규정되게 되었다.

○ 공자의 군자론
  - 군자는 끊임없이 자신을 새롭게 학습시키는 인간이며 이 과정을 마음 깊이
   기뻐할 줄 아는 자(호학好學하는 인간)이다.
  - 군자는 배우고 익힌 것을 다른 이들과 공유할 줄 아는 자(겸선兼善하는 자)이다.
  - 군자는 남이 알아주지 않거나 정치할 기회를 얻지 못하더라도 분노하지 않
   을 정도로 내적 수양이 된 사람(도덕적 인격자)이다.

○ 전인적 인간全人的 人間으로서의 군자
  군자는 도덕과 지식을 갖춘 자로서 정치·사회 등 삶의 모든 분야에서 전체적
  이고 통일된 인식체계의 행위를 할 수 있는 전인적 인간형을 말한다. 군자는
  지智(지혜), 인仁(어짊), 용勇(용기)의 세 가지 덕(삼달덕, 三達德)을 갖춘 인물이며 공
  익의식 + 책임의식 + 도덕적 의지 + 열린 사고를 갖춘 인물이다.

- 군자의 특성
  - 끊임없이 자기를 성찰한다.
  - 보편적 질서와 공적 의로움을 중시한다.
  - 자기 이익을 위해 분파를 형성하지 않는다.
  - 잘못의 원인을 남에게 돌리지 않고 화를 다른 사람에게 옮기지 않는다.
  - 자기가 하고 싶지 않은 일을 남에게 시키지 않으며 타인을 배려한다.
  - 열린 사고를 하고 포용력이 있다.
  - 중용을 택할 줄 알고 공존·공생을 도모한다.
- 소인의 특성
  - 사사로운 이익을 추구하고 이익을 위해 분파를 형성하고 수단 방법을 가리지 않는다.
  - 공공의 질서의식이나 의로움이 없고 이기심을 추구하며 비열하다.
  - 당장의 편안함으로 사람을 사랑한다.
  - 학문을 귀로 듣고 입으로 내뱉는다.
  - 혼자 있을 때 좋지 못한 일을 계획한다.
- 군자의 인간상을 강조하게 되면 인격 수양에 치중하게 되고 법과 제도에 소홀히 하게 되어 사회의 효율성, 현실성, 구체성이 떨어지는 문제가 있다. 그러나 법과 제도, 시스템으로 해결할 수 없는 문제, 인간의 근본문제에 집중함으로써 결과주의로 인한 문제점, 사회 갈등문제에 대한 본질적 방안을 모색할 수 있다.

제10절 시민市民, citizen

　시민은 민주주의를 존중하고 법과 제도, 합리적 시스템을 중시하며 인권의식과 시민의식을 갖추고 이성의 공적 사용, 합리적 질서의식, 비판 정신으로 건강한 공동체 사회를 건설하려고 노력하는 인간을 말한다. 시민은 이기심을 토대로 이익의 확보를 중시하며 도덕성보다 계약, 규칙, 법을 신뢰한다.

- 시민의 인간상을 강조하게 되면 법치주의가 확립되고 제도와 시스템에 의존하게 되어 효율적이고 현실성·구체성이 있다. 그러나 시민들이 이성을 공적으로 사용한다는 보장이 없고 법과 시스템이 훌륭해도 도덕적·인격적으로 문제가 있다면 사회와 삶을 개선할 수 없다는 점에서 문제가 있다.

- 유교의 이상적 인간인 군자의 인간상은 법과 시스템으로 해결할 수 없는 문제, 인간의 근본문제에 집중함으로써 결과주의로 인한 문제점, 사회갈등 문제에 대한 본질적 방안을 모색할 수 있다.

제11절 악의 평범성banality of evil, 무사유無思惟, thoughtlessness

한나 아렌트Hannah Arendt의 『예루살렘의 아이히만』에 의하면 유대인 학살의 주범 아이히만Adolf Eichmann(나치스 친위대 대령)은 인간의 탈을 쓰고 있는 악의로 가득 찬 괴물, 잔혹한 인물, 이상인격자sociopath가 아니라 관료사회에서 주어진 규칙을 잘 지키고 승진을 꿈꾸었던, 근면하고 성실한 평범한 독일인이었다.

한나 아렌트는 만약 히틀러가 훌륭한 인격자였다면 그는 훌륭한 관료로서 역사에 남는 인물이 되었을 것이라고 하였다.

한나 아렌트Hanna Arendt는 그로 하여금 엄청난 범죄자가 되게 한 것은 어리석음이 아니라 철저한 무사유이며 생각 없음이라는 악의 평범성에 있다고 주장하였다.

한나 아렌트에 의하면 인간이 끔찍한 악행을 저지르는 가장 중요한 이유는 그 사람의 잔혹성이나 이상 인격, 어리석음에 있는 것이 아니라 생각 없음(무사유)이라는 악의 평범성에 있다. 무사유는 인간 속에 존재하는 모든 악을 합친 것보다 더 많은 파멸을 가져올 수 있다. 우리 안에도 아이히만이 살고 있다. 사유는 인간의 능력이 아니라 의무다.

• 생각 없이 사는 일상적 삶이 악의 근원이 된다. 따라서 인간의 사유능력을 일깨우고 무지를 시정하기 위해 교육해야 하는 것도 인간의 의무다.

제12절 정신적 존재spiritual being, 윤리적 존재ethical being

맹자는 "사람들은 살기를 원하지만 삶보다 더 간절히 바라는 것이 있으므로 구차하게 삶을 얻으려 하지 않는다"고 하였다.

대부분 인간은 살기 위해 아무 짓이나 저지르며 살아가지는 않는다. 인간은 정신적 윤리적 존재로서 이상과 가치를 추구하며 생명의 위협을 무릅쓰고서라도 이를 지키고자 한다.

생물학적 삶에 만족하지 않고 정신적 가치와 이상을 추구하는 사람들, 생명을 인간의 유한성을 초월하는 정신spirit, 영혼soul, 신성divine nature의 의미까지 포함하는 것으로 보는 사람들은 육체의 생명보다 더 소중한 것이 있다고 생각한다.

- 윤리는 인간이 삶을 초월한 가치를 상정하는 순간부터 대두한다. 높고 신성한 것으로 보이고 그것을 위해 고생할만하고 희생까지 감수하겠다는 판단이 선다면 그것을 윤리라고 부를 수 있다.

- 인간은 정신적·윤리적 존재로서 생물적 목숨을 바쳐서라도 정신적 목숨을 보전하고자 한다. 인간이 이상과 가치를 포기하고 생리적 욕구만을 충족시키며 살아간다면 동물과 별다른 것이 없게 될 것이다.

- 인간을 육체적 존재로만 본다면 유전자 결정론에 빠질 수가 있고 인격이나 도덕적 주체성을 부정하게 되어 윤리적 행위가 불가능하게 될 것이며 책임회피, 가치 붕괴의 상황을 맞이할 수 있다.

제13절 즉자존재卽者存在, being in itself, 대자존재對者存在, being for itself

샤르트르Jean Paul Sartre는 사물들은 자기 존재에 대한 의식이 없이 자신에게 고정되어 그 자리에 그 상태로 있는 즉자존재卽者存在, being in itself인데 반해 인간은 자기 자신을 대상화하여 스스로를 바라볼 수 있는 대자존재對者存在, being for itself라고 하였다.

인간은 반성적 자기의식을 가진 존재로서 타인의 시선을 의식하여 살아가며 자신에 대하여 반성을 할 줄 안다.

인간은 현재의 자신을 반성할 수 있다는 점에서 본질이 미리 정해져 있지 않고 스스로의 본질을 만들어 나갈 수 있다. 따라서 인간은 미래의 삶을 결정할 수 있는 자유를 확보하게 된다.

제14절 반성反省, self-reflection, self-examination

인간은 반성을 통해 잘못을 뉘우치고 스스로를 책망하며 참회를 통해 새로운 인간이 될 수 있다.

그러나 엄격한 자기 기준에 따른 지나친 반성은 자학self-torture이 될 수 있고, 반성에 따른 자기합리화self-justification나 도덕성 과시showing off one's morality에 그칠 수도 있다. 반성은 진정성이 뒷받침 되어야 하며 참회repentance가 행동으로 나타날 때 진정한 의미가 있다.

> 반성하지 않는 삶은 살 가치가 없다. - 소크라테스

막스 베버에 의하면 진정한 반성은 후회regret, 자책remorse, 참회repentance로 이어진다. 실천이 결여된 의지는 참된 도덕적 행위라고 할 수 없으며 참된 도덕적 행동은 실천에 의해 뒷받침되어야 한다. 즉, 심정윤리(心情倫理, ethic of disposition)는 책임윤리(責任倫理, ethic of responsibility)로 실행되어야 한다.

- 일본이 과거 역사에 대하여 반성을 하지 않는 이유
  - 일본의 국학과 신도사상은 태양신의 후예인 일왕을 중심으로 화합하여 살아가는 것이 일본의 길이고 일왕의 통치행위에 대하여 정당성을 따지거나 의문을 제기해서는 안 된다고 가르친다.
  - 사무라이 문화에서는 승리는 선이고 패배는 악이다. 따라서 반성은 전략적 가치가 있을 때만 한다.
  - 2차 대전 후 냉전시대, 서방세계는 공산주의 세력의 팽창을 막기 위해 일본에 대하여 가혹한 제재를 하지 못하고 오히려 일본을 지원해야 했기에 일본은 전쟁 책임에도 불구하고 비약적 발전을 거듭하여 번영을 누리게 되었다. 이러한 경험은 일본인들로 하여금 과거 역사에 대한 반성 없이도 문명의 진보를 이룰 수 있다는 착각을 가능케 하였다.

제15절 호모 소시알리스무스
Homo Socialismus(사회적 인간)

인간은 사회적 동물로서 사회를 떠나서 살 수 없다.

인간人間은 사람人과 사이間를 합친 말로서 사람은 사람 사이에서만 인간일 수 있음을 나타낸다. 인간은 태어나면서부터 가족, 학교, 지역사회, 국가 등에 소속되어 다양한 사회적 삶을 살아가고 있고 우리가 하는 모든 행동은 타인의 시선을 전제로 한다.

사회적 관계가 없다면 열정을 쏟아 작품을 만들 필요도 없고 신체를 치장할 필요도 없으며 거짓말을 할 필요도 없다. 인간의 삶은 사회를 떠나서는 아무런 의미가 없다.

- 인간은 혼자서 수많은 욕망을 충족시켜줄 다양한 수단을 확보할 수 없고 자연상태에서는 안전을 확보할 수 없기 때문에 사회적 삶을 선택한다.
- 언어를 배운다는 것은 타인의 세계 또는 사회라는 세계로 들어가는 것이며 그로 인해 우리는 하나의 질서체계에 편입되어 사회적 존재가 된다.
- 사람은 집단과 사회 속에서 소통하며 인간미를 나누고 다른 사람들에 대한 진정한 이해와 화합을 이룰 때 인간다운 삶이 가능하다.

제16절 타인의 시선
the eyes of others

　우리는 언어를 통해서 의사소통하고 사회생활을 한다. 우리는 타인의 시선을 의식하지 않은 채 살아갈 수 없고 타인의 시선의 노예가 되는 우리는 거짓말을 할 수밖에 없는 상황이 된다.

　사회생활에 따른 필요성과 의식은 인간으로 하여금 거짓말을 하게 만들고 타인과 더불어 살기 위해 어쩔 수 없이 거짓말을 해야 하는 경우가 많다. 결국, 거짓말을 하게 됨으로써 사회적인 삶이 가능하게 된다는 것이다.

- 인간이 자기 자신으로 살지 못하고 타인의 시선에 매여 타인의 인정을 받는 일에 열중하고 타인의 기준을 쫓는 삶을 살아간다면 자기 충족감을 느낄 수 없고 소외감, 공허감을 느끼게 된다.

　인간은 사회에서 마음대로 감정을 드러내거나 행동할 수 없고 사회적 시선의 제약을 받기 때문에 섀도shadow(개인의 폭력적 성격, 하이드)를 숨기고 겉으로 포장된 사회적 자아인 페르소나persona(인간의 사회적 이성적 특성, 지킬박사)로 살아간다. 이렇게 본다면 인생은 가면무도회와 같다.

- 타인의 시선에 비친 '나'는 대부분 위선자의 특성을 보이고 있으며 본래의 모습(섀도)를 숨기고 겉으로 포장된 사회적 자아(페르소나)로 살아간다.
- 인간은 인간답게 살 수 있는 토대를 구축하고 자기답게 산다는 것이 무엇인지를 찾으며 자기다움을 형성하며 살아야 한다.

제17절 위선僞善, hypocrisy, 위악僞惡, assumed evil

　사회생활에서의 조롱mockery, 쑥덕거림secret talk은 위선을 강요한다. 인간은 사회생활에서 자신의 감정을 그대로 드러내거나 감정대로 행동할 수 없고 타인의 시선에 의해 제약을 받기 때문이다.

　사람들은 타인의 시선에 둘러싸여 남들이 지켜보는 중인환시衆人環視의 감옥에서 살아간다. 위선이나 위악은 사회적 인간으로서 타인의 시선을 받으며 살아가는 가운데 과장된 몸짓으로서 자신을 납득시키기 위한 의도적 행위라는 점에서 공통점을 가진다.

- 나쁜 척하는 위악적 행동, 예컨대 옷을 벗고 칼자국을 보여주는 등의 행동은 자신의 요구사항을 들어주거나 자신을 건드리지 말라는 의사 표현이다. 악한 체하는 것은 의도적으로 조롱, 비난, 쑥덕거림 등을 유도하여 그것을 넘어서려는 잘못된 의지에서 발생한다.

- 위악은 대중의 분노를 사게 하여 관심을 끌기 위한 목적 또는 마케팅을 위한 목적(노이즈 마케팅)으로도 이용된다.

- 패리스 힐튼의 위악적 언동
  - 같은 옷을 두 번 입는 것은 수치다.
  - 스트레스는 쇼핑으로 푼다.
  - 뚱뚱해지느니 가난을 택하겠다.
  - 비행기 타고 학교에 간다.
  - 소변이 마렵다고 헬기를 비상 착륙시킨다.
  - 비싼 옷을 한 번만 입고 친구에게 준다.
  - 수영장이 딸린 으리으리한 개집과 200만 원짜리 강아지 가방을 공개한다.
  패리스 힐튼의 위와 같은 언동에는 패션 디자이너와 사업가로 활동하며 자신의 브랜드에 대한 대중의 관심을 끌기 위한 노이즈 마케팅의 계산이 깔려 있다.

제18절. 인간의 미덕human virtue

　고대의 질서는 '코스모스'였다. 코스모스cosmos는 정당하고 아름다운 질서이며 완벽한 구조를 이루고 있다. 코스모스의 구조와 질서 속에서 만물은 타고난 본질이 있고, 목적성이 각인되어 있다.

　자연은 만물의 위계를 정하고 있으며 각자에게는 타고난 자리가 있다. 인간에게 부여된 특성은 이성이므로 인간은 이성에 따르는 삶을 살아야 하며 고유의 기능을 잘 발휘하여 살아가야 한다.

　간과 신장이 자리를 바꾸면 안 되는 것처럼 모든 이는 각자의 자리를 지켜야 하며 타고난 자질과 재능이 최대한 현실화되도록 하는 것, 그것이 인간의 미덕이다. 고대에는 자연에 순응하고, 상황에 복종하며, 절제하는 것, 즉 중용의 태도가 인간의 가장 중요한 미덕이었다.

　중세의 질서는 '신의 뜻'이었다. 인간은 신의 피조물로서 신의 의지를 구현하며 살아가는 것이 미덕이었다.

　그러나 그 후 근대과학의 발달로 변하지 않는 코스모스나 신의 의지 같은 것을 믿지 않게 되었고 인간의 타고난 자질과 재능보다는 의지와 노력을 중요시하는 공덕 위주의 윤리관이 형성되었다. 근대적 윤리관에 의하면 개인은 알아서 자제하고 자연의 자유를 제한하고 평화와 존중의 인간관계를 정립해야 한다. 또 이기적 본성에서 벗어나 타자를 배려하고 공동선을 추구해야 한다.

　근대에 있어서 인간의 미덕은 자유 의지를 바탕으로 한 이타적 행위여야 하며 또한 보편성을 갖추어야 한다(이타성+보편성).

• 근대적 윤리는 자연적 속성에 대한 인간의 투쟁을 중요시한다. 인간의 미덕은 타고난 자질과 재능이 아니라 자유(개인의 노력과 투쟁)에 있으며 인간은 자연적 이기심으로 기우는 본성을 극복하고 스스로 자유를 제한하며 남을 배려하고 공공선을 실현해야 한다.

제19절 관용寬容, tolerance

관용은 부분적 차이를 견뎌내는 능력이며 타인을 향한 존중의 의무로서 민주적 생활의 기초가 된다. 똘레랑스는 나와 다르다는 이유로 남을 배척하지 않으려는 프랑스 사회의 지성적인 분위기를 말한다.

스피노자는 "신은 시간과 공간 속에 흩어져 있는 정신성이다. 세계에 영혼을 부여하며 흐르는 의식이다"라고 하였으며 독선적 광신주의를 경멸하고 진실은 한 가지가 아닌 여러 가지 가능성 속에 나타날 수 있다고 하였는데 이것은 유럽 관용정신의 기반이 되었다.

볼테르는 "나는 당신을 반대한다. 그러나 목숨을 걸고 당신이 말할 권리를 방어하겠다"고 하였다. 나아가 "우리의 어리석음을 용서할 수 있는 것은 인간의 전유물이며 차이가 증오와 박해의 표시가 되어서는 안 된다"고 하였다.

관용해야 하는 이유

○ 독선과 편견으로 인한 종교전쟁, 박해와 갈등, 폭력과 테러의 역사적 경험
○ 인간의 관점은 주관적이고 불완전하며 오류 가능성이 있다.
○ 차이를 인정하고 타인을 존중하는 자세는 민주주의의 기초이며 타자 이해, 합의, 갈등 해결에 필수적이다.

• 한국사회는 분단상황, 학연, 지연, 혈연의 뿌리 깊은 감정으로 토론과 합의보다는 싸우는 데 익숙하고 경직성을 가지고 있어 갈등 해결에 어려움을 겪고 있다.

관용의 한계

○ 타인을 존중하지 않는 행위
○ 모든 윤리적 요구를 묵살하는 행위
○ 관용적 사고방식을 파괴하려는 행위

위와 같은 행위에는 관용은 베풀기 어렵다.

제20절 노블리스 오블리주
noblesse oblige

노블리스 오블리주noblesse oblige는 귀족noble과 의무oblige가 결합된 말로서 귀족은 그 신분에 걸맞게 책임 있는 행동을 해야 한다는 것이다. 이것은 가진 자의 도덕적 의무, 지도층의 솔선수범을 강조하는 말이다.

노블리스 오블리주의 역사
로마 시대에는 고위층의 공공봉사와 기부·헌납이 의무인 동시에 명예로 인식되었으며 최상류층 클라시쿠스는 전쟁이 나면 재산을 국가에 바치고 먼저 전쟁터로 달려갔다.

영국에서는 왕으로부터 작위를 받은 귀족은 전쟁이 나면 가장 먼저 싸움터로 달려갔고 참전하지 않은 귀족은 작위와 토지를 빼앗겼다.

워터루 전투에서는 순수지원병으로 구성된 영국군이 승리하였는데 그때 전사자는 이튼 갈리지 출신 귀족자제들이 많았다고 한다.

노블리스 오블리주에 대한 평가
노블리스 오블리주는 사회통합을 이루기 위한 상층집단의 바람직한 윤리적 의무로서 자본주의의 취약점을 보완해준다는 견해가 있고 한편으로는 상층집단의 지배를 정당화하는 수단으로서 상징적 행위를 통하여 부와 지위를 독점하는 구실로 삼고자 하는 것(상층집단에 대한 사회적 거부감을 악화시켜 지위를 유지하기 위한 전략)이라는 시각이 있다.

노블리스 오블리주는 여유로운 자의 자비로운 선택의 문제가 아니라 사회존립의 문제와 직결되는 문제이며 공동체의 일원으로서 당연히 가져야 할 윤리이다. 노블리스 오블리주는 진정한 의미에서 사회적 약자를 배려하는 태도로 실행되어야 하며 사회통합과 조화로운 어울림을 지향해 나가는 것이 중요하다.

제21절 호모 하빌리스Homo habilis
(도구적 인간, 손재주 좋은 사람)

인간은 동물에 비하여 불완전한 신체적·생리적 조건으로 태어나지만, 도구를 만들어 사용하면서 불리한 신체조건을 극복하고 자연에 적응하면서 살아나간다. 동물들도 나뭇가지를 이용해서 먹이를 먹거나 돌로 알을 깨는 등 도구를 사용하지만, 인간의 도구사용은 동물들의 도구사용과는 본질적인 차이가 있다.

첫째, 인간은 자연물을 그대로 이용하는 것이 아니라 가공하여 새로운 물건을 만들고 농기구, 무기, 교통수단 등 자연에 없는 도구를 만들어낸다.

둘째, 인간은 유형의 도구 이외에 언어, 문자, 법과 제도 등 무형의 도구를 만들어 이용한다.

셋째, 인간은 과거에 한 번 사용한 도구를 보관하고 재사용한다는 점에서 자신을 현재에 가두어두지 않고 과거와 현재를 바탕으로 미래의 새로운 가능성을 열어나간다.

- 도구의 남용은 핵무기 개발, 전쟁, 생태계 파괴 등의 부작용을 초래하여 문명을 위협한다.
- 도구와 기술은 인간의 육체적 능력과 자율성을 저하시킨다. 도구에 지나치게 의존하게 되면서 인간은 도구와 기술에 종속되게 되었고 도구가 오히려 인간을 지배하고 삶의 목표를 설정하기에 이르게 되었다.

제22절 도구적 이성instrumental rationality, 성찰적 이성reflective mind

　이성이 도구화되었다는 것은 인간의 인식활동이 계산기나 컴퓨터처럼 되었다는 것이며 이것은 인간이 기계나 사물로 변질되었음을 뜻한다.

　근대적 이성은 자연을 정복하고 최대한 이용해야 한다고 생각한 나머지 타당성, 가치보다 효율성, 효용성에만 중점을 두게 되었으며 이러한 이성을 도구적 이성道具的 理性이라고 한다. 근대사회 이후 이성은 자본에 굴복하여 인간은 자연을 지배하고 더 많은 재화를 소유하는 데 집중하였고 이성은 본연의 힘을 상실하고 자본증식의 도구가 되어 버렸다.

　도구적 이성은 과학에 대한 맹신, 환경파괴, 전쟁, 도덕성 상실, 인간소외, 삶의 질 저하 등 병리적 부작용을 초래하였다. 이성의 사유는 끊임없이 생각하고 반성하는 것이다. 인류가 진정한 진보를 이루기 위해서는 도구적 이성에서 벗어나 성찰적 이성省察的 理性을 회복해야 한다.

　인간이 기능과 이용가치로만 평가된다면 인간관계는 도구적 관계가 된다. 이것은 인간 대 인간의 관계가 사물의 관계처럼 되어버리는 것이다. 도구적 관계는 계약으로 유지되고 언제든지 대체될 수 있다.

　반면 신뢰와 사랑을 기반으로 하는 관계는 대체가 불가능하고 서로를 존중·배려하며 친밀감, 유대감, 정서적 안정감을 확보하게 된다.

• 도구적 이성은 자연과 인간을 도구화하고 더 많은 재화를 소유하고자 한다. 그러나 인간다운 삶은 더 많은 재화를 소유하고 자연과 인간을 지배하는 것이 아니라 다른 사람들로부터 인정을 받고 서로 소통하고 협력할 때 가능하다.

제23절 문화적 존재
cultural being

　동물은 처음부터 생존에 어려움이 없도록 완전한 기능을 가지고 태어난다. 그러나 인간은 동물에 비하여 약한 본능을 가지고 있고 육체의 기능이 고도화되어 있지 않기 때문에 생존을 위해서는 여러 가지 방도를 생각하지 않을 수 없다. 그러다 보니 사유능력과 지능이 발달하여 도구를 제작·이용하게 되었고 교육과 학습을 통하여 잠재력을 개발하고 문화를 습득하고 전달하면서 삶을 영위해 왔다.

　인간은 교육, 학습, 모방, 전달을 통하여 집단의 행동 양식과 지식을 공유하게 됨으로써 종족 차원에서 진화가 이루어졌고 문화적 존재가 되었다.

- 인간은 자유 의지를 가지고 있기 때문에 자연법칙을 거스를 수 있고 자연과 대립하는 문화를 창조하였다. 자연의 법칙은 약육강식, 적자생존이지만 인간은 약자와 소수자를 보호하는 민주적 문화를 만들었다.
- 교육, 학습, 모방, 전달을 통한 문화적 진화는 생물학적 진화에 비해 월등하고 빠르다. 인간은 바다를 건너고 하늘을 나는 데 있어 물고기, 새, 곤충처럼 수백만 년이 걸리지 않았다.

제24절 호모 루덴스homo ludens
(유희적 인간)

인간은 생존에 필요하지 않은 것들을 욕망한다. 인간은 생존이라는 현실적 목적에서 벗어나 재미와 여가를 위해 놀이나 예술 등의 활동을 한다는 점에서 유희적 인간(호모 루덴스, homo ludens)이다. 생존에 반드시 필요하지 않은 행위를 한다는 것은 인간의 삶을 보다 인간답고 가치 있게 만든다.

놀이는 일과 일상의 논리(효율성)에서 벗어난 자발적인 활동이고, 비생산적 활동이며 재미와 여가를 누리고 즐기기 위한 활동이다. 놀이는 사치, 낭비가 아니라 욕구를 해소하고 정신을 만족시켜 삶을 행복으로 이끄는 중요한 활동이다.

- 요한 호이징가Johan Huizinga는 저서 『호모 루덴스homo ludens』에서 산업혁명 이후 자본주의, 물질만능주의가 팽배하면서 일과 놀이가 분리되었고 놀이의 자유는 축소되고 놀이의 정신이 퇴색하였다고 주장하였다. 그에 의하면 인간의 문화는 놀이적 성격을 가지고 있고 놀이를 통해 문화가 발전하였다.

  요한 호이징가는 생존을 위해 수단과 방법을 가리지 않고 타인을 억압하고 투쟁하는 인간성을 극복하고 놀이 본래의 페어플레이fair play 정신을 회복할 때 인간의 존엄성을 찾을 수 있으며 놀 권리를 찾아야만 창의적인 활동과 인간적인 삶이 가능해진다고 하였다.

제25절 놀이와 문화 창조

놀이는 전개과정이나 결과가 미리 정해져 있지 않기 때문에 승리를 위하여 최선을 다하는 과정에서 자유롭게 창조적인 사고를 하게 되고 상상력을 통해 인간의 한계를 뛰어넘게 된다. 따라서 놀이는 창조성과 예술성, 새로운 문화 창조로 이어진다.

페니실린을 발견한 플레밍Flemming에게 있어서 미생물 연구는 골치 아픈 연구가 아니라 박테리아와 하는 놀이였으며 에디슨에게 발명은 재미있는 놀이였다. 또 철사와 구리를 가지고 노는 것을 좋아하던 칼더Calder는 모빌조각가가 되었다.

잘 노는 아이는 어른이 되어서도 어린이의 마음으로 살고, 좋아서 하던 놀이는 직업이 되고, 그 일을 다른 사람들에게도 행복을 준다.

- 우리는 지금까지 외국의 성공사례를 모방하여 재빠른 2등 전략fast second strategy으로 고도성장을 이룩하였다.
  그러나 창조성이 결여된 일 중심의 문화는 성장이 벽에 부딪힐 수밖에 없다. 일이 곧 재미있는 놀이가 될 때 즐겁게 놀면서 일하는 행복한 인생이 될 것이다.
- 인간은 생존에 반드시 필요하지 않은 것들을 욕망한다. 이러한 욕망의 비효율성은 인간의 삶을 보다 높은 경지로 이끌었고 문화 창조와 진보의 원동력이 되었다.

제26절 밈meme

　리처드 도킨스Richard Dawkins는 인간의 문화는 생물학적 유전자가 아니라 문화 요소인 밈meme을 통해 전파되고 확장되어 진화된다고 한다. 사상, 노래, 의복 양식 등 인간의 문화는 유전자가 전이되는 것처럼 모방을 통해 복제되어 뇌에서 뇌로 건너다니고 전파된다는 것이다.

　리처드 도킨스에 의하면 밈은 뇌를 통하여 바이러스가 숙주 세포에 기생하는 것과 같은 방식으로 전파된다. 밈은 유전적인 전달이 아니라 모방이라는 매개물로 전해지는 문화유전자라고 할 수 있다. 생명체가 유전자의 자기 복제를 통해 자신의 형질을 후세에 전달하는 것처럼 밈도 자기를 복제하여 널리 전파하고 진화한다.

　밈은 좁게는 한 사회의 유행이나 문화 전승을 가능하게 하고, 넓게는 인류의 다양하고도 개성 있는 문화를 만들어 나가는 원동력이 된다. 밈을 통한 문화유전은 생물학적 유전에 비해 훨씬 빠른 속도로 광범위하게 진행된다.

　이것은 인간만의 특징이며 인간은 교육, 학습, 모방, 전달을 통하여 집단의 행동양식과 지식을 공유하게 됨으로써 종족 차원에서 진화한다.

• 교육, 학습, 모방, 전달을 통한 문화적 진화는 생물학적 진화에 비해 월등하고 빠르다. 인간은 바다를 건너고 하늘을 나는 데 있어 물고기, 새, 곤충처럼 수백만 년이 걸리지 않았다.

제27절 심신이원론心身二元論, mind body dualism

　육체와 정신은 엄격히 구분된다는 견해. 서양의 철학자들은 육체와 정신을 구분하여 오랫동안 육체를 부인하고 경시해 왔다. 즉 육체는 탐욕, 악, 전쟁, 질투 등 인간을 비윤리적이고 동물적인 상태로 이끄는 요인으로 보았고 육체를 영혼의 감옥, 정신의 장애, 정신의 껍데기, 도구, 정신에 종속되는 것으로 보았다.

　에피쿠로스는 삶이란 하나의 시체를 끌고 가는 영혼의 발자취라고 하였고 기독교에서는 몸은 원죄를 담고 있는 곳이자 극복해야 할 대상이었다.

　데카르트는 정신은 사유를 특징으로 하고 육체는 물질로서 기계적 법칙을 따른다고 하였다.

- 니체는 육체를 경멸하는 것은 생을 경멸하고 인간을 부정하는 행위라고 하였다. 니체에 의하면 육체를 경멸하는 자들은 불행으로부터 달아나기 위해 신과 피안에 대한 환상을 만들어내고 피안의 세계를 위하여 지상의 삶을 저버린 채 가식과 속임수로 살아가는 자들이다.
- 정신과 물질을 구분하는 이원론적 사고는 육체를 사물로 한정시켜버리는 문제점이 있다.
- 인간의 몸은 단순한 사물이 아니라 인간의 생생한 현실이다. 육체를 억압되고 경멸해야 할, 그리고 극복해야 할 대상으로 보는 것은 정신철학의 횡포이다.

제28절 심신일원론心身—元論, mind body monism

　　인간은 육체와 정신의 복합체라는 견해. 욕망은 인간의 본질적인 동시에 생명의 원동력이며 육체의 부정은 인간 본성의 중요한 부분을 부정하는 것이다. 인간은 육체와 정신의 복합체로서 육체와 정신은 서로 영향을 미친다.

　　육체의 운동은 정신작용에 의해 이루어지고, 정신은 육체의 틀에 의해 드러나게 된다. 육체와 정신은 서로 영향을 미치는 것이며 인간은 육체와 정신의 복합체로서 육체이면서 정신이다.

- 신체와 정신은 다른 실체가 아니라 모두 신(자연)의 속성이다. - 스피노자

- 색色(물질)과 공空(실체가 없는 무한한 에너지)는 둘이 아닌 하나이며 정신과 물질, 마음과 몸은 하나이다. - 불교

- 나는 육체이며 영혼이다. 육체는 커다란 이성이고 의미가 있는 다양한 실체이며, 전쟁인 동시에 평화이며, 양 떼인 동시에 목자이다. - 니체

- '나'라고 하는 존재는 몸으로 존재하고 몸으로 지각된다. 우리는 몸을 통해 세계를 이해하고 타자와 만나게 된다. 육화된 의식으로서 정신은 신체에 체화되어 있다. - 메를로 퐁티

- 현상세계의 운동은 기氣(우주 만물을 구성하는 질료. 감각적 욕구, 움직임 에너지)에 의해 이루어지는 것이며 이理(사물의 필연적 법칙. 인간의 선한 본성)는 기氣와 틀 없이 드러날 수 없다. - 성리학의 이기론理氣論

- 물질적 풍요와 정신적 풍요를 함께하는 삶이 인간다운 삶이며 우리는 육체와 정신의 조화 속에서 진정한 인간성을 구현할 수 있고 진정한 행복을 누릴 수 있다.

제29절 외모지상주의
lookism

　외모지상주의는 외모가 우열, 인생의 성패를 좌우한다고 믿어 외모에 집착하는 경향, 사회풍토를 말한다.

　정신적 내면적 가치보다 감각적·외형적 가치를 중시하는 자본주의 물질문명, 상업주의와 이에 편승한 대중매체의 영향, 경쟁사회의 절박함이 그 원인으로 거론되고 있다. 이에 대해서는 개인의 노력이 부가되지 않은 자연적 구별을 능력과 자질인 것처럼 가치 우열의 판단으로 삼는 것으로 인간에 대한 모독, 폭력이라는 평가가 지배적이다.

　외모에 대한 집착보다는 자신만의 정체성을 바로 세우고 개성을 발전시키며 나만의 아름다움을 살리는 것, 자신만의 매력과 인간적 미덕, 삶의 향기를 갖추는 것이 중요하다.

• 모든 사람은 무엇과도 교환할 수 없고 비교할 수 없는 자신만의 가치를 지니고 있다. 인간이 온전하고 가치 있는 삶을 살아가기 위해서는 따사로움과 인간적 향기를 갖추고 다른 사람도 행복하게 할 수 있는 성격과 자세를 갖추는 것이 필요하다.

Celebrate everyone's uniqueness!(모든 사람의 독특함을 축복하라!)

Be irreplaceable one!(무엇으로도 대체할 수 없는 사람이 되어라!)

Beauty without virtue is like a rose without scent.

(덕 없는 아름다움은 향기 없는 장미와 같다.)

Beauty is a fragile gift.

(미美는 깨지기 쉬운 재능이다.)

제30절 유전자 결정론
gene determinism

오늘날 유전자 결정론은 큰 지지를 받지 못하고 있다. 복잡한 인간행동은 유전자에 의해 1:1로 결정되지 않는다. 또 유전자도 외부의 영향을 받으며 우리의 행동이 유전자에 영향을 미치기도 한다. 인간의 행동에서 유전자가 차지하는 비중은 일부에 불과하며 유전자에 과도한 의미를 부여하는 것은 무리한 견해라는 것이다.

자크 모노의 『우연과 필연』에 의하면 단백질의 결합방식은 분자의 모양이라는 우연적 요소에 의해 결정되며 자식은 부모를 닮지만, 부모와 완전히 똑같은 자식은 없다. 인간은 유전자의 꼭두각시가 아니며 유전자에 의해 규정되지 않는 열려있는 존재, 가능성의 존재이다.

> 인간은 정해진 목적을 위해 만들어진 것이 아니며
> 진화의 방향도 미리 결정된 것이 아니다.
> 인간은 자기가 우연히 출현했던
> 이 무감각하고 망망한 우주 속에 홀로 서 있으며
> 그의 운명이나 기호는 어디에도 기록되어 있지 않다.
> - 자크 모노 『우연과 필연』

• 인간의 행동에는 자유 의지가 작용하기 때문에 삶의 방향이나 운명은 미리 결정되어 있지 않다.

제31절 인간의 욕망
human desire

　동물의 욕망은 감각에 닿아있는 것, 주어져 있는 것에 그친다. 그러나 인간은 욕망의 대상을 감각할 수 있는 것, 현재 있는 것에 한정시키지 않고 현재 없는 것, 있어야 할 것까지 확장시킨다.

　인간은 욕망 충족의 대상을 자연에서만 찾지 않고 부, 명예, 권력, 향락을 추구한다. 인간의 욕망은 무한하며 이에 따라 불안정성, 불행의식이 수반된다. 그렇다고 욕망을 무조건 억압할 수도 없다. 욕망은 억압하면 사라지는 것이 아니라 오히려 무의식의 차원으로 물러나서 심리적 콤플렉스가 되어 신경증, 정신불안증을 초래할 수도 있다.

　욕망은 생명의 원동력driving force이자 우리를 인간답게 살아 있게 하는 본질적 요소이므로 그것을 무조건 억압할 것이 아니라 가치 있는 욕망을 추구하고 바람직한 방향으로 이끌어가는 것이 중요하다.

　마르쿠제는 산업사회에서는 자유로운 선택처럼 보이는 인간의 자유는 강제적인 선택이며 이것은 기만적 자유, 거짓된 욕구에 불과하다고 하면서 모든 것을 교환가치, 상품가치로 평가하는 일차원적 사유one-dimensional thinking에서 벗어나 욕망을 거부할 수 있는 주체적인 삶을 회복할 것을 주장하였다.

· 술을 모든 사회악의 근원으로 간주하고 주류의 생산, 운송. 판매, 소비를 금지한 1919년도 미국의 금주법prohibition law은 불법주점, 밀주제조, 주류밀수, 마피아들의 수입증대, 이권 다툼을 위한 갱들의 전쟁, 스트레스와 자살자 수의 증가 등 엄청난 부작용을 초래한 끝에 폐지되었다.
이것은 욕망을 거스르는 법은 실패한다는 것을 보여준 대표적 사례로 거론된다. 욕망은 어쩔 수 없는 인간의 본성이며 억눌러야 하는 것이 아니라 조절하고 관리해야 할 대상이다.

제32절 선욕善慾, chanda, 갈애渴愛, tanha

　불교에서는 생존유지에 반드시 필요한 것으로 충족되어야 하는 욕망을 선욕善慾이라고 하여 생존에 필요한 이상의 지나친 욕망으로 그 충족이 반드시 필요하지 않은 욕망, 갈애渴愛와 구분하였다.

　에리히 프롬은 생존을 위한 소유는 살기 위해 자발적으로 추구하는 것으로 존재와 갈등을 일으키지 않는다고 하였다. 이러한 구분은 생존에 필요한 수단을 확보하고 정신적 이상과 가치를 추구하며 생물적·정신적 생활의 조화 속에 행복한 삶을 영위해 나가야 하는 사람들에게 욕망의 방향을 제시해 준다.

제33절 아타락시아ataraxia
(마음의 평정)

에피쿠로스에 의하면 선善의 기준은 쾌락에 있다. 그러나 성욕의 충족이나 안락한 생활, 사치스런 삶으로 욕망과 탐욕을 충족시키는 생활은 심신의 건강을 해치는 등 나중에 고통과 불안을 가져다주기 때문에 진정한 쾌락은 육체의 고통과 정신적 공포에서 벗어나 정신적 자유를 얻는데 있다. 에피쿠로스는 인간의 목표는 유다이모니아eudaimonia(내면의 선한 영혼)에 도달하는 것이며 진정한 쾌락은 세속적 욕망에서 벗어난 마음의 평정상태 아타락시아ataraxia에 있다고 하였다. 아타락시아는 지나친 열정에서 벗어난 흔들림 없는 고요한 상태이다.

수면 위로 바람 한 점 불지 않을 때 바다가 고요해지듯이 아무런 혼돈에도 뒤흔들리지 않을 때 영혼은 평온히 자유를 찾는다. - 에피쿠로스

풍족해지고 싶거든 재산을 늘리지 말고 욕망을 줄여라. 풀로 엮은 잠자리에서 근심 없이 잠드는 것이 황금 침대에서 잠 못 이루는 것보다 낫다. - 에피쿠로스

평생 행복을 누리기 위해 지혜로 준비해야 할 것은 우정이다. - 에피쿠로스

- 에피쿠로스학파의 철학은 정치와는 거리를 두고 세속을 등지고 자연의 법칙에 순응하며 마음의 평정상태를 유지하면서 은둔자의 삶을 살아가는 것을 이상적인 상태로 생각하였다. 이들은 울타리 안에 자신들을 가두고 세상의 유혹에 흔들리지 않는 것을 쾌락(선, 善)으로 여기며 살았다.

- 에피쿠로스학파는 철학과 음악 등 지적 활동이 가져다주는 쾌락이야말로 영혼의 균형을 가져오고 참된 행복으로 인도한다고 주장하였다.
  에피쿠로스는 삶이 끊임없이 배워가는 과정이라고 하였으며 개인적인 인간관계를 유지하고 가꾸는 것을 중요하게 생각하였다. 또 학교에서 얻는 배움, 가족이나 의지할 수 있는 연장자, 친구에게서 듣는 조언도 영혼의 평화에 다다르는 중요한 길이 될 수 있다고 하였으며 우정을 매우 중요시하였다.

제34절 억압된 욕망
suppressed desires

　인간은 도덕과 규범을 통하여 스스로 욕망을 억제하는데 그 과정에서 죄책감이 생겨난다.

　프로이트는 문명은 이러한 죄책감sense of guilt 때문에 만들어진 강력한 체제이며, 죄책감이 폭넓게 공유되고 있는 문명사회에서 인간이 순수한 행복을 얻는 것은 불가능하고 하다고 하였다.

　문명사회에서 억제된 욕망은 사라지지 않고 무의식에 남아 있는데 죄의식에 사로잡혀 있는 상태에서는 그 불만을 해결하기가 어렵기 때문에 행복할 수 없다는 것이다.

　문명사회에서는 욕구의 억압, 욕구의 승화 과정에서 갈등으로 인해 불신이 쌓이게 되고 그것이 공격성과 집단히스테리로 폭발할 가능성이 있다.

　또 문명사회에서 사람들의 특정 대상에 대한 성적 욕망은 거대한 규모로 이루어지기도 한다. 대중은 어떤 대상을 자신들의 초자아로 간주하거나 자신들의 자아와 똑같다고 여기게 되는데 이렇게 될 경우 개성이 사라지고 개인의 비판적 사고는 정지되어 위험한 개인숭배로 이어질 수도 있다.

• 프로이트는 무의식을 연구함으로써 현대문명이 가질 수 있는 공격성과 집단적 히스테리를 경계하였다. 프로이트가 예견한 집단히스테리는 나치즘, 파시즘이라는 광기의 역사로 나타나 인류역사의 비극을 가져왔다.

제35절 왜곡된 욕망distorted desire, 허위 욕망false desire

　욕망이 신체의 감각과 유리되어 구체성을 잃고 추상화되었을 때는 자기 독립성을 가지게 되고 감각과 분리된 의식만으로 욕심을 채우려고 하게 된다. 의식이 만들어낸 욕망은 추상적·관념적이어서 그 한계가 없고 충족될 수도 없기 때문에 왜곡되거나 허위 욕망이 될 가능성이 있다.

　자본주의 사회는 욕망을 창조하고 재생산하며 통제·조작한다. 그 주된 목적은 욕망을 상품화하여 판매하고자 하는 것이다. 인간의 욕망에는 여러 가지가 있을 수 있는데 자본주의 사회는 모든 욕망을 물질적 욕망으로 전환시키고 인간을 좁은 세계에 가두고 있다.

　나의 욕망은 끊임없이 욕망을 만들어내야 하는 자본주의 사회구조로 인하여 생성된 것일 수도 있고, 대중매체에 의해 조작된 것일 수도 있으며 신분상승의 욕구에서 비롯된 착각일 수도 있다.

• 자본과 광고에 현혹되어 자신이 무엇을 진정 원하는지도 모른 채 왜곡된 욕망, 허위 욕망의 노예가 되어 살아간다면 남의 눈치만 보면서 세상이라는 무대의 주인공으로 당당히 살아갈 수가 없을 것이다.

제36절 행복을 추구할 권리
the right to pursue one's happiness

우리에게 만족감을 주는 행복감은 오래 지속되지 않는다. 인간은 행복을 갈구하지만 지속적으로 그것을 느끼지는 못하도록 프로그래밍 되어 있다. 산 정상에 올랐을 때의 환희와 함성은 다음에 어떻게 내려갈 것인가에 대한 걱정만 남기게 되어 정상의 느낌과 행복은 오래가지 않는다.

그러나 등반가는 그 후에 등산 계획을 세우고 준비를 하여 또 다른 산을 오른다. 인생의 여정은 이와 비슷하며 행복은 머물지 않는다. 따라서 우리는 계속 그것을 찾아 나가야 한다. 행복은 일상에 의미를 부여하면서 우리가 평생 끊임없이 찾아가야 하는 것이다.

행복은 초식동물이 매일 먹는 풀처럼 주변에 얼마든지 널려있는 것이고 우리가 계속해서 찾아나가야 하는 것이므로 머물러있는 영원한 행복은 존재하지 않는다. 그렇다면 지속적 행복을 얻기 위해서는 생활 속에서 수많은 작은 기쁨의 순간들에 집중하여 그것을 발견하고 느끼는 것이 중요하다.

행복은 소유의 대상이 아니기 때문에 각국의 헌법은 행복을 소유할 권리가 아니라 행복을 추구할 권리를 갖는다고 규정하고 있다. 행복은 우리가 끊임없이 찾아 나가야 하며 정신적 성숙과 관련이 있다. 지혜와 덕성을 갖추고 더 나은 상태를 위하여 끊임없이 노력하는 과정에 행복이 있는 것이며 행복을 추구하는 삶 자체가 행복한 것임을 알아야 한다.

제37절 다르게 욕망하라
change the way you desire!

우리는 자본주의 메커니즘 속에서 모든 것을 화폐라는 동일가치로 판단하고 행복의 수위마저 계량하여 남들과 비교하면서 스스로를 불행하다고 여긴다.

모두가 같은 것을 욕망한다면 그만큼 경쟁이 치열해지고 스트레스로 인해 불행에 빠지기 쉬우므로 우리는 이러한 욕망구조를 청산하고 욕망체계를 재정립하는 것이 필요하다. 행복은 주관적 만족에 따르는 개인적 사안으로서 나의 행복은 내가 찾아야 한다. 행복과 불행은 주관성, 개인적 감수성에 관련된 요소들이 많아 보편화할 수 없고 근본적으로 스스로 마음먹기에 달려있다.

자신의 개성을 발휘하여 자기답게 사는 것, 자신의 행복을 얻는 것이 각자의 행복이며 다르게 욕망함으로써 우리는 경쟁 없는 행복의 블루오션을 찾을 수 있다. 사람들은 스스로 즐길 수 있는 일을 찾아 나섬으로써 각자 행복의 바다에 이를 수 있으며 그러기 위해서는 어느 정도의 정신적 성숙이 필요하다.

제38절 고통pain, 시련ordeal

　사람들은 대체로 고통을 두려워하고 가능한 한 문제를 피하려고 한다. 때로는 무시하거나 잊어버리려고 하고, 문제가 없는 것처럼 여기려고 한다. 심지어는 고통을 잊어버리기 위해 현실도피를 하거나 약물에 의존하여 자신을 마비시키기도 한다. 그러나 인생은 문제의 연속이며 고통스러운 삶의 문제는 끊임없이 우리에게 다가온다. 문제와 고통을 피하려는 태도는 정신건강을 해치게 되고 노이로제 등 신경증을 악화시키기도 한다.

　고통과 시련은 인간에게 가르침을 주고 정신적 성숙으로 이끈다.

　사람들은 고통과 시련을 겪은 후 다른 사람들의 고통에 대하여 좀 더 관용적으로 되고 다른 사람들을 더 이해하게 된다. 또 고통은 위기 관리, 위기 대처 능력을 길러주어 인생의 어려움을 더 잘 극복할 수 있게 하여 더 큰 불행을 막아준다. 삶에서 고통이 제거된다면 인간은 행복을 느낄 수도 없을 것이며 고난을 통해서 얻을 수 있는 선물을 잃게 된다.

　인생의 고통과 시련은 현자의 돌philosopher's stone을 얻기 위해 치러야 할 값비싼 대가이며 고난의 의미를 자각하고 이를 극복해 나가는 사람에게는 고통이 불행이 아니라 나를 한층 성숙·도약시키는 축복이 될 수 있다.

　고통은 가면 쓴 기회의 신이다.

제39절 고해苦海
(고통의 세계, the bitter human world)

싯다르타는 어린 시절 성 밖으로 나가 밭 가는 농부의 농기구 아래의 흙더미 속에서 꿈틀거리는 벌레를 보았다. 하늘에서 작은 새가 날아와 그 벌레를 낚아채 갔다. 어디선가 나타난 독수리는 다시 작은 새를 물고 날아올랐다. 생명체는 자신의 생존을 위해 다른 존재에게 고통을 주어야 하고 인간의 상황도 마찬가지다. 이 때문에 붓다는 삶은 고해苦海라고 하였다.

사람들은 자신 또는 자신이 속해 있는 집단만이 고통스러운 문제를 안고 있다고 생각하지만 삶은 문제의 연속이며 감당하기 어려운 문제는 끊임없이 계속된다. 그러나 당면한 문제를 해결해 나가는 전체 과정에 삶의 의미가 있으며 고통을 회피하면 문제에 직면하여 이를 해결해 나가면서 정신적으로 성장할 수 있는 기회를 잃게 되고 인간의 정신은 시들게 된다.

정신과 의사들은 삶의 고해라는 평범하고 위대한 진리를 받아들이고 문제와 고통을 피하지 말고 마주하라고 한다. 문제에 맞서서 고통을 체험하고 의지와 사랑으로 극복해 나가는 가운데 정신적 건강과 성장을 획득할 수 있고 이렇게 함으로써 삶은 고통스럽지 않게 되고 삶의 의미를 찾게 된다는 것이다.

제40절 불안anxiety

키에르케고르는 불안은 삶의 조건이며 삶은 하나의 불안을 다른 불안으로 바꾸어 나가는 과정이라고 하였다. 그에 의하면 불안의 원인은 자유를 가진 인간이 스스로 결정해야 하는 데 있는데 불안은 인간의 실존에 대한 자각이다.

한편 더글러스 밀러는 불안은 삶의 균형을 잡으라는 신호라고 하였다.

인류의 역사는 시대를 초월하며 항상 불안으로 점철되어 왔으며 위험과 불안을 극복하려는 인간의 도전과 응전이 인식과 발상의 전환을 가져와 문명과 새로운 역사를 창조할 수 있게 하였다.

알랭 드 보통은 저서 『불안status anxiety』에서 불안은 지위status와 관련이 있다고 하였다.

그에 의하면 신분이동에 제약이 있었던 중세 사회에 비하여 신분상승의 가능성이 주어진 현대는 더 불안이 심화되었다. 즉, 계급의 장벽이 붕괴되고 평등사상의 확산과 함께 자본주의적 생산양식이 전개되어 신분이동 가능성과 삶의 물질적 수준이 높아지면서 지위(수입, 성취)로 인한 불안의 수준이 더 높아졌다고 한다.

알랭 드 보통은 인간은 스스로의 판단으로 자기 인생을 만들어 나가야 하며, 지위불안을 넘어서 사랑의 힘, 기쁨의 힘, 감탄의 힘을 모두 결합하는 삶이 되어야 하고, 이런 것들이야말로 진정한 부富로서 고귀하고 행복한 인간을 길러낸다고 하였다.

제41절 의미부여ascription of meaning, 소명의식vocation

정신적 외상trauma과 믿음이 삶의 질에 미치는 영향에 대한 심리학자들의 연구결과에 의하면 인간은 아무리 어려운 환경에 처하더라도 그 상황에서 의미를 발견할 수 있으며 이러한 의미부여를 통해 허무와 절망에서 빠져나올 수 있다면 누구도 빼앗을 수 없는 의지와 신념, 내적 자유를 얻게 된다고 한다.

파울로 코엘료Paulo Coelho의 『연금술사alchemist』에서는 인생의 시련과 고통에는 삶이 부여한 신호signal가 있기 때문에 그 신호를 잘 읽어야 한다고 강조하고 있다. 심리학자들은, 나에게 왜 이런 고통이 주어졌고 그것이 내 인생에 어떤 의미가 있는지, 나에게 주어진 사명이 무엇인지를 자각하고 이를 잘 극복하여 나를 한층 더 도약·성숙시키는 계기로 삼아야 한다고 한다.

치욕과 고통 속에서 살아가면서도 소명의식vocation을 가지고 성취를 이루며 고통을 극복하고 훌륭한 업적을 남긴 사람들도 있다.

사마천은 궁형(거세, castration)이라는 치욕스런 형벌을 받고 사기史記를 저술하면서 임안에게 보내는 편지에서 자신의 심정을 이렇게 표현하였다.

> 저도 생명을 아까워하는 비겁한 자에 불과하지만,
> 거취만은 분명히 하는 사람입니다.
> 저 또한 자결하려 했으면 언제든지 할 수 있었습니다.
> 그러나 고통과 굴욕을 참아내며 구차하게 삶을 이어가는 까닭은
> 가슴 속에 있는 숙원이 있어 비루하게 세상에서 사라질 경우
> 후세에 문장을 전하지 못함을 안타깝게 여겼기 때문입니다. - 사마천

제42절 몰입
commitment, immersion

　미국의 심리학자 칙센트미하이Csikszentmihalyi는 주어진 환경 속에서 한계를 가지고 살아갈 수밖에 없는 현실에서도 인간은 주도적으로 자신의 삶을 선택함으로써 평범한 일상을 값지게 만들 수 있는데 그것은 자신과 일에 대한 몰입이라고 하였다. 그에 의하면 몰입은 산만하게 흩어져 있던 의식이 한 곳에 집중되어 깊이 빠져드는 것을 말한다. 그것은 관심과 동기, 주변 여건이 조화를 이룬 상태이며 고요하게 집중된 상태로 일의 흐름을 따라감으로써 자신을 잊고 흐름 속에 몸을 맡기는 상태, 무아지경trance을 표현하는 말이다.

　그것은 집중보다 더 나아간 단계로서 완전히 몰두하여 이른바 미쳐있다고 말할 수 있는 단계이다. 칙센트미하이는 몰입은 재능을 능가하여 성숙한 지능으로 이끌고, 의식을 고양시키며 삶의 질을 향상시킨다고 하였다. 칙센트미하이에 의하면 인간 발달의 최고단계는 어디서나 몰입이 가능한 상태이며 몰입은 인생을 훌륭하게 가꾸어주고 행복하게 한다.

- 인생을 훌륭하게 가꾸어주는 것은 행복감이 아니라 깊이 빠져드는 몰입이다.
- 몰입은 배움으로 이끄는 힘이며 재능을 능가하여 성숙한 지능으로 이끈다.
- 몰입을 경험하는 사람은 삶의 질이 올라가게 된다.
- 몰입에 뒤이어 오는 기쁨은 의식을 고양시키고 차원 높은 행복으로 이끈다. - 칙센트미하이

제43절 천박함shallowness, 속물근성snobbery

모 TV 프로그램에서는 부자와 결혼해서 왕비처럼 사는 여자 Best 5를 선정하여 하루 1,000만 원짜리 호텔에서 자고 한 잔에 200만 원짜리 커피를 마시고 프러포즈 때 5억짜리 다이아몬드 반지와 2억 원짜리 승용차를 받았다는 얘기를 늘어놓는다. 그 사람들은 모두 행복하고 그 정도가 아니면 불행하거나 하찮은 인생이라는 듯한 그 발상이 치졸하다.

쇼펜하우어는 이 세상에서는 외로움이나 천박함이나 둘 중 하나를 선택해야 할 수밖에 없다고 하였는데 자본주의적 생활양식에 부응하며 휩쓸리자니 천박하고, 혼자서 독자적 가치를 추구하며 살자니 외롭게 된다.

속물근성snobbery은 재산, 지위 등 인간의 극히 일부분을 가지고 그 사람의 전체를 평가하고 상속자들을 존경하며, 행복을 수량화함으로써 스스로를 불행하게 만든다.

제44절 행복경제학happiness economics, 국가만족도 지수national satisfaction index

행복경제학happiness economics은 돈이 행복을 완성하는데 어느 정도 기여를 하는지, 소득income과 소유ownership가 한 사회의 행복과 성공을 측정하는 척도index가 될 수 있는지를 연구대상으로 삼고 있는데 학자들의 설문조사 결과 미국의 실질소득과 생활 수준standard of living은 1950년대에 비해 약 2배 정도 상승하였지만, 피조사자가 스스로 행복하다는 정도는 반세기 동안 일정한 수준을 유지하였고, 연간소득이 2만 달러를 넘어서면서부터 체감행복은 소득증가에 비례하여 높아지지 않았다고 한다.

그 근본적인 이유는 사물을 구매할 때만 일시적으로 행복할 뿐 그 후에는 금방 익숙해져서 새로운 욕구가 즉시 그 자리를 채우기 때문이라는 것이다. 또 부유하다고 느끼는 기준은 주변 사람들과의 비교에서 오는 것이기 때문에 만족을 느끼기 어렵다. 행복경제학자들happiness economists은 인간관계, 먹을거리, 스포츠, 스스로 유익한 일을 한다는 자부심, 건강, 자유가 행복에 있어서 중요한 요소라고 한다. 행복경제학은 우리 인간성뿐 아니라 사회 전체의 시스템이 물질적 기반 위에 세워져 있기 때문에 발생하는 문제점을 지적한다.

돈의 가치를 과대평가하게 되면 높은 소득을 위하여 자유와 자기결정권을 포기해야 하고 물질적인 욕망의 추구는 만성적인 불만족chronic dissatisfaction, 상실에 대한 두려움fear of loss을 초래하므로 행복할 수가 없다는 것이다. 행복경제학자들은 국가의 행복을 측정하는데 국민총생산GNP: Gross National Product보다는 이혼율divorce rate, 실업률unemployment rate에 더 관심을 가진다. 이들은 국민의 행복과 국가의 성공을 평가하는 데 있어 국민총생산gross national product개념 대신에 국가만족도지수national satisfaction index를 별도로 개발할 필요가 있다고 한다.

> Lack of money is no obstacle, lack of idea is an obstacle.
> 경제적 빈곤이 문제가 아니라 생각의 빈곤이 문제다.

- 부탄 국민의 행복

부탄은 국민소득이 낮다. 부탄에는 돈이 될만한 자원도 거의 없다. 부탄의 헌법 제1조 제1항은 전체 토지의 60%를 산림으로 유지하라고 되어 있으며 생태계가 잘 보존되어 있다. 부탄 국왕은 행복이 가장 중요한 목표라는 신념 아래 국가총행복(GHN)에 국정우선권을 두고 있다. 부탄 국왕은 관광수입이 늘어나더라도 국민들이 행복해하지 않는다는 이유로 관광객 수를 제한하였다. 부탄에서는 지속가능한 개발, 문화 진흥, 환경 보전, 좋은 통치를 국정의 4대 핵심으로 삼는다. 부탄 국민들은 교육수준은 높지 않으나 지식인 숫자는 많다. 국왕은 옥스포드대학 출신인데, 왕궁이 너무 크다며 그냥 작은 집을 짓고 살며 결혼도 평민과 하였다. 부탄 국민들은 지금의 절대왕정체제를 선호하기 때문에 2002년도에는 국왕이 오히려 민주주의를 하자고 국민들을 설득하기까지 하였다. 부탄의 국가 정책은 행복지수를 높이는 데 있고 국민 총행복위원회는 예산을 책정하는 막강한 부서이다. 친척과 주변 이웃이 노인과 아이들을 돌보기 때문에 노인정, 유치원이 필요 없다. 모두가 전통의상을 입기 때문에 옷으로는 빈부차를 느낄 수 없다. 인스턴트식품은 해가 된다고 맥도날드도 못 들어오게 하였다. 부탄의 행복지수는 항상 최상위권을 차지하고 있다. 부탄 국민들은 스스로의 행복과 미래를 결정할 수 있는 힘이 자신들에게 있다고 믿는다. 부탄에서는 돈이 없어도 행복하다.

제45절 도道, 무위자연無爲自然,
leaving nature as it is

○ 도道는 우주 만물의 근원이며 모체이다.

　천지간에 생명이 계속 태어나고, 우주 자연이 사라지지 않고 이어지는 것, 만물이 끊임없이 생겨나고 변화하는 것은 도道가 있기 때문이다.

○ 도는 자연스러운 변화이다.

　봄이 오면 싹이 돋고 풀이 나오고 모든 존재는 자연 속에서 편안히 존재한다.

○ 도는 세상에서 하나뿐인 본보기이다.

　도는 작게 보이지만 가장 큰 것이며 모든 것을 다 포용한다.

　도는 언제나 하는 일이 없면서도 하지 않는 일이 없다. 이것이 진짜 도의 모습이다. 도는 겉으로 보면 고요하고 움직임이 없어 하는 일이 없는 것처럼 보이지만 실제로는 한시도 쉬는 일이 없다(도상무위道常無爲·이무불위而無不爲).

　가장 좋은 지도자는 자연의 도를 본받아 무위로 다스리는 자이고 지도자나 정치가 있는지조차 잊어버리게 하는 정치가 가장 좋은 정치이다. - 이것은 관심을 끊는 것이 아니라 오히려 관심과 보이지 않는 손길로 나라를 다스리는 차원 높은 정치이다.

• 무위無爲는 아무것도 하지 않는 것이 아니라 의도적이고, 부자연스럽고, 계산적이며 위선적인 모든 행위를 하지 않는 것을 말한다. → 무위자연의 도에 따라 겸손하고, 욕심을 버리고 만족함을 아는 것, 분수를 지키고 마음을 비워두는 것이 행복의 지름길이다.

• 저절로 우러나오는 자발적이고 희생적인 행동은 무위無爲에 가깝다.

제46절 상선약수上善若水
- 최고의 선은 물과 같다

○ 물은 낮은 곳으로 흘러간다.

　물은 모든 사람이 싫어하는 낮은 곳에 즐겨있다.

　물은 한 곳에 머물지 않으며 고집을 부리지도 않고 집착하지도 않는다.

　- 겸손·겸허의 미덕

○ 물은 흐르다가 장애물이 있으면 피하거나, 돌아가거나 기다렸다가 간다.

　- 평화의 미덕

○ 물은 사람들이 가기 싫어하는 곳(소외된 곳, 억압받는 곳)으로 흘러간다.

　물은 흐르다가 웅덩이가 있으면 채워주고 간다.

　물은 모든 생명에 이로움을 주고 만물을 살린다.

　- 사랑·자비의 미덕

○ 물은 부드럽고 연약하며 그릇에 따라 모양을 바꾸고 조금도 거역하는 일이 없다. 그러나 물은 자유자재로 변화하며 거대한 배를 운반하기도 하고 바위를 뚫는 등 부드러움으로 강함을 이긴다.

　- 온유·강건의 미덕

• 위와 같은 모든 미덕(겸허, 평화, 사랑, 온유 등)을 갖추고 있는 물은 모든 선善의 원천이면서, 자신이 선의 원천임을 의식하지 않는다. 그러므로 물은 도道에 가깝고, 최고의 선은 물과 같다.

제47절 인仁, benevolence

인仁에 대하여 공자는 질문한 이의 특성, 자질, 학문의 깊이에 따라 각기 다르게 대답한다.

○ 인仁은 몸과 마음을 정결하게 하고 경건한 자세로 사람을 대하는 것이다.

○ 인仁은 사람다움이다(인자인야, 仁者人也)

○ 인仁은 나의 처지와 마음으로 미루어 다른 사람의 입장과 마음을 헤아리는 것(추기급인, 推己汲人)이다.

○ 인仁은 자기를 극복하여 예로 돌아가는 것(극기복례, 克己復禮)이다.

○ 인仁은 사람을 사랑하는 것이다.

• 인仁은 '사람을 사랑하는 것'(너그러운 마음, 어진 마음, 배려)이며 사회적 존재로서 인간의 아름다움(사람다움)이다.

인仁의 실천

○ 효孝와 제悌(형제간의 우애)

부모에 대한 효도와 형제간의 우애를 실천하는 것은 인仁의 출발이며 안정된 사회를 이루는 첫걸음이 된다.

○ 충서忠恕

충忠은 맡은 일에 정성을 다하는 것(자기성실)을 뜻하며 서恕는 내가 하고자 하지 않는 바를 남에게 시키지 말라(기소불욕己所不欲 물시어인勿施於人)는 윤리를 나타낸다. 충서忠恕는 결국 안으로 맡은바 최선을 다하고 밖으로 타인을 배려하는 것이며 인仁을 구체적으로 실천하는 방법이 된다.

인仁은 공존의 논리

○ 인仁은 인간이 본성적으로 갖추고 있는 도덕성, 내면의 가치이며 타자와
　관계성을 전제로 타자와의 공존공영을 추구하는 관념이다.

　仁 = 人(사람) + 二(둘), 공존의 논리

○ 인仁은 자기가 원하지 않는 것을 타인에게도 행하지 않는 소극적 의미를
　가짐과 동시에 자기가 원하는 것을 타인도 이루게 하는 적극적 실천윤리
　이기도 하다.

○ 인仁은 타인을 사랑하는 것이며 자연 세계에 대한 보편적인 생명 정신이다.

　인仁은 가족 → 이웃 → 나라 → 인류 → 자연으로 확대되어 나가야 한다.

공자는 왜 차별적 사랑을 주장하였나?

　공자는 '오직 사람다운 사람만이 정말 남을 좋아할 수 있고 남을 미워할 수 있
다.'고 하였다. 따라서 공자의 인仁은 옳고 그름을 따져 옳은 것을 좋아하고 악한
것을 미워하는 분별 있는 사랑이다.

　묵자는 겸애兼愛(무차별적 사랑)를 주장하며 공자의 별애別愛(차별적 사랑)를 비판하
였다. 그러나 내 자식과 남의 자식을 똑같이 사랑하는 것이 바람직하기는 하나
평범한 사람들에게는 이러한 것을 기대하는 것이 불가능하다.

　공자는 인간 사랑을 단계적으로 실천하여 가족 → 사회 → 국가 → 인류로 확
대시켜 전체적 조화를 이루는 것이 더 현실성 있는 방안이라고 생각하였다.

공자의 도덕 정치·문화정치론

　공자는 형벌과 강제에 의한 정치보다 자발성에 근거한 도덕과 그것의 외적 표
현인 의례에 의한 정치가 낫다고 하였다. 공자는 인仁을 중심으로 하는 도덕 정
치와 예禮를 중심으로 하는 문화정치로 조화로운 공존과 정의·질서가 이루어지
는 사회를 건설하고자 하였다.

　공자의 도덕 정치론과 문화 정치론의 배경에는 인간이 평등하다는 도덕적 평
등주의와 노력 여하에 따라 계층 이동이 가능하다는 개방적인 사회관이 깔려 있
는데 이는 도덕성과 능력을 중시하는 사고방식으로서 그 당시로써는 획기적인
발상이었다.

제48절 정명사상正名思想

　사회 구성원은 누구나 이름이 있고 자기 위치에 맞는 본분이 있으며, 그에 상응하는 의무와 책임이 있으므로 각자가 지켜야 할 도리를 실천하여야 한다는 사상이다.

　공자孔子는 "임금은 임금다워야 하고, 신하는 신하다워야 한다. 어버이는 어버이다워야 하고, 자식은 자식다워야 하고 윗사람은 실천으로 모범을 보여야 한다"고 하였다. 사회의 모든 구성원이 자신의 본분과 책임을 다할 때 질서는 저절로 잡히게 된다는 것이다.

　공자가 살던 시대는 혼란스러운 시대였고, 공자는 각자 맡은 직책과 의무를 다하지 못하여 이러한 혼란이 생기는 것으로 생각하여 이름을 바로 잡고, 대의명분(사람으로서 지켜야 할 도리, 본분)을 바로잡아 질서와 신뢰를 구축하는 것이 중요하다고 생각하였다.

　플라톤에 의하면 국가는 생산자, 전사, 통치자라는 세 계급으로 구성되고 생산자 계급(노예)은 근면과 절제, 국가를 방어하는 전사에게는 용기, 통치자에게는 지혜가 미덕이다. 현명한 철인 군주에 의해 통치되고 계급에 따라 역할분담이 이루어져 저마다의 역할을 온전하게 수행하여 사회가 조화를 이룰 때 국가의 정의가 실현된다는 플라톤의 사상은 공자의 정명사상正名思想과 통한다.

제49절 의義, righteousness, justice, 호연지기浩然之氣, great spirit

의義는 옳고 그름을 구분하는 사회적 정의를 말한다. 인仁이 개인적 관점에서의 인간관계의 원리라고 한다면 의義는 사회적 관계로서의 인간관계에 대한 원리이다.

맹자孟子는 전국시대의 혼란 속에서 인仁의 따뜻하고 조용한 사랑만으로는 인간의 도덕성을 회복할 수 없다고 보고 의義를 통해 혼란을 극복하고자 하였다.

의義는 외부에서 가져오는 것이 아니라 마음속에 있는 의義를 드러내는 것이므로 심물망心勿望(마음에서 잊지 않음), 물조장勿助長(억지로 조장하지 않음)해야 하며 의義를 생활 속에서 계속 실천하여 차곡차곡 쌓이도록(집의集義 - 의를 축적함) 해야 한다.

호연지기浩然之氣는 지극히 크고 굳세며 올곧은 기운, 즉, 세상을 꽉 채울 수 있는 도덕 기운을 말한다.

맹자는 인간의 본성을 잘 따르고 수양을 게을리하지 않으며 생활 속에서 의義를 실천하게 되면 마음을 구속하거나 사욕에 빠지지 않게 되고 도덕적 용기가 생겨 호연지기great spirit의 경지에 이르게 된다고 하였다.

맹자는 끊임없는 도덕적 실천을 통하여 호연지기를 얻은 사람을 대장부大丈夫라고 하였다. 대장부는 부귀의 유혹에도 흔들리지 않고, 위협이나 무력에도 굴복하지 않으며 가난 같은 어려운 상황에도 탓하지 않는다.

부귀불능음富貴不能淫(부귀도 나를 타락시킬 수 없다)
빈천불능이貧賤不能移(빈천도 나를 움직일 수 없다)
위무불능굴威武不能屈(어떤 위세와 무력도 나를 굴복시킬 수 없다)
행천하지대도行天下之大道(천하의 가장 큰 도를 행한다)

맹자는 집의集義(의를 축적함)와 양기養氣(기를 기름)를 통하여 의義를 천지 사이에 가득 차게 하면 도덕적 용기가 길러지고, 마음이 중심이 서게 되어 중요한 일이 눈앞에 있어도 두려움이 생기지 않게 된다고 하였는데, 이것이 맹자의 부동심不動心, imperturbable mind이다.

제50절 왕도정치王道政治,
politics by virtue

　　왕도정치王道政治는 인의仁義와 덕德을 바탕으로 하는 도덕정치이다. 통치자의 인의仁義가 선정善政으로 나타나면 왕도王道이고, 이익을 좇아 권력을 휘두르거나 힘에 의존하면 패도覇道이다.

○ 왕도정치는 민생 안정과 인간다운 삶의 성취를 목적으로 하며 문제는 강제력이 아니라 통치자의 인격과 덕에 의한 평화적, 물리적 방법으로 해결하고자 한다.

• 맹자는 물질적 부국강병책을 기대했던 위나라 양혜왕에게 진정한 이익이란 인의仁義의 도덕 정치라고 하였다.

　　왕도정치를 하기 위해서는 지도자가 선한 본성을 자각하고 지키는 것이 중요하다. 지도자가 민심을 외면하고 인의를 실천하지 못하면 잔악하고 도적 같은 일개 필부일 뿐 군주라고 할 수 없다(방벌론, 放伐論).

　　유교에서 생각하는 이상적인 정치는 지도자가 백성의 마음을 헤아려 즐거움을 같이 나누는 마음을 가져야 한다는 여민동락與民同樂인데, 이 사상은 맹자의 민본사상民本思想을 잘 나타내고 있다.

　　맹자는 항산恒産(안정된 직업)이 있어야 항심恒心(안정된 마음)이 있다고 하여 인민의 생계가 보장되지 않는 정치는 백성을 범죄로 몰아넣게 된다고 하였다. 맹자가 말한 양민養民은 최소한의 생계보장이 아니라 복지 차원까지 제공되는 상태를 의미한다.

　　공동체 구성원들의 생계를 보장하고 복지를 제공하는 것은 정치의 기본적 임무이며 양민은 왕도정치의 일차적 토대가 된다.

그러나 인간의 삶은 물질만으로 충족될 수 없고 도덕적·정신적 만족이 요구되므로 인간은 금수와 구분되는 인간다운 인간이 되어야 한다. 맹자는 인간이 인간다움(도덕성, 윤리성)을 갖추기 위해서는 수양修養이 필수적이나 인격수양을 위해서는 개인적인 노력 이외에도 국가 차원의 노력(교민, 敎民)이 필요하다고 하였다.

맹자의 왕도정치는 결국 백성의 생활을 안정시키는 양민養民으로 시작되어 윤리성·도덕성을 길러 인간다운 인간으로 만드는 교화敎化로 완성된다.

이것은 통치자가 백성의 마음을 얻고 백성이 통치자를 아끼게 만드는 방법이다.

제51절 중용中庸,
middle path, golden mean

기쁨, 슬픔, 즐거움, 분노가 밖으로 나타나지 않는 상태를 중中이라 하고, 이러한 감정이 나타나 모두 절도節度에 맞는 것을 화和라고 한다.

이것은 인간의 선한 본성이 나타난 상태, 당위로서 나타나야 할 구체적인 상태이며 진정한 슬픔, 즐거움, 분노가 인간적 실천으로 나타나는 것이다.

중용은 기뻐해야 할 때 기뻐하고, 슬퍼해야 할 때 슬퍼하며, 즐거울 때 즐거워할 줄 알고, 분노해야 할 때 분노할 줄 아는 삶(왜곡되지 않은 삶)을 누리기 위한 것이며 이 때문에 『중용』에서는 중용(중화, 中和)은 천하에서 가장 중요한 근본이며, 가장 보편적인 도덕이라고 하였다.

중용을 실천하게 되면 천지가 제자리를 찾고 만물이 제대로 자라게 된다(각득기소各得其所) → 지극한 선(지선至善의 상태, 이상적인 상태)에 이르게 된다.

서양 철학에서는 중용을 약간 다른 뉘앙스로 설명한다. 아리스토텔레스는 "중용은 넘치거나 모자람이 없이 적절한 비율로 조절된 상태로서 인간이 도달할 수 있는 최상의 상태"라고 하였다. 용기의 덕은 비겁과 만용의 중용이며, 절제의 덕은 금욕과 방탕의 중용이다. 아리스토텔레스에 의하면 모든 사람이 공통적으로 추구하는 선善은 행복이며 행복은 이성의 작용을 통해 비이성적인 부분을 조절하고 덕德을 실천함으로써 얻을 수 있다.

- 군자화이부동君子和而不同 - 군자는 조화하나 부화뇌동附和雷同하지 않는다.

  화和는 개성을 살리면서 그것들을 조화시켜 큰일을 이루어 내는 것이다. 군자는 말과 행동에 있어 지나치거나 부족함이 없어야 하며 때에 맞게 처신해야 한다.

- 과하지욕袴下之辱 - 가랑이 밑을 나오면서 느꼈던 굴욕

  푸줏간 패거리들은 항상 칼을 차고 다니는 한신을 놀려대면서 사람을 죽일 용기가 있으면 찔러보든지 바짓가랑이 밑을 기어 나가든지 하라고 하였다.

  한신은 잠시 생각한 후 묵묵히 그의 바짓가랑이 밑을 기어 나왔다. 참는 용기가 진정한 용기이며 이 사건은 중용中庸의 도를 설명하는데 자주 인용되고 있다.

제52절 수기치인修己治人

대학大學에서는 정치의 목표는 밝은 덕을 밝히고, 백성을 새롭게 하며 지극한 선에 머무는 것이라고 하면서 그것을 실천하는 방법을 제시하였다.

○ 격물格物, 치지致知

격물과 치지는 만물의 존재 이치를 규명하여 객관적 인식에 이르고자 하는 것을 말한다.

○ 성의誠意, 정심正心

성의와 정심은 진실된 마음으로 뜻한 바를 공평하게 처리하는 것을 말한다.

○ 수신修身

수신은 언행을 바르게 하고 자기를 수양하는 것을 말한다.

○ 제가齊家 치국治國 평천하平天下

제가齊家는 가족과 친족을 통솔하여 평화롭고 안락하게 만드는 것을 말한다.

치국治國은 국가와 백성을 태평하고 안락한 생활로 이끄는 것이다.

평천하平天下는 세상 모든 사람이 태평하고 안락하게 생활할 수 있도록 노력하는 것이다.

격물格物, 치지致知, 성의誠意, 정심正心, 수신修身까지는 수기修己에 해당하고, 제가齊家, 치국治國, 평천하平天下는 치인治人에 해당하는 방법이다(수기치인론, 修己治人論).

결국 대학大學에서는 미래의 정치지도자를 교육하기 위한 큰 학문(대학, 大學)은 자기 자신으로부터 바르게 하여 국가와 세상을 편안하게 하는 단계로 나아가야 한다고 밝히고 있다.

제53절 중도中道

싯다르타는 인생을 지배하는 네 가지 괴로움(생生, 노老, 병病, 사死)을 극복하기 위해 6년간 고행과 정진 끝에 참다운 깨달음은 극심한 고통을 통해 이루어지는 것이 아님을 알고 고행을 멈추었고, 쾌락과 고통에 치우치지 않는 중도中道의 수행을 강조하게 되었다.

중도中道는 몸과 마음의 조화를 유지할 수 있는 적당한 상태의 길이며, 도道를 추구하는 사람은 양극단에 치우치지 않고 우주의 본질과 현실의 중간에 있어야 한다는 이론이다.

우주의 본질은 공空이지만 현실은 현실대로, 진리는 진리 그대로 추구하여야 한다는 것이다.

- 현실과 진리가 멀리 떨어져 있지 않다는 것을 믿고 현실 속의 대중과 함께하는 것은 붓다의 중도 사상에 부합한다. 신은 교회나 절 같은 곳에 있는 것이 아니라 우리의 삶 속에 있는 것이므로 자기 일에 최선을 다하지 않으면 결코 행복에 이를 수 없다.

- 삶에 있어서는 육체의 양식과 마음의 양식이 모두 중요하며 어느 하나도 소홀히 할 수가 없다.

- 정치, 조직관리, 자식 교육에 있어서는 너그러움과 엄격함, 사랑과 위엄, 청렴성과 포용력, 동정심 과 결단력이 균형을 갖추어야 한다.

- 관련 고사성어
  - 낙불가극樂不可極: 인생을 즐기되 지나치지 마라.
  - 화간반개花看半開: 꽃은 반쯤 피었을 때가 아름답다.
  - 주음미취酒飲微醉: 술은 적당히 취했을 때가 좋다.
  - 관맹득중寬猛得中: 너그러움과 엄격함의 균형을 잡는다.
  - 교우수대交友須帶 삼분협기三分俠氣: 친구와 교제할 때는 의협심을 3할만 발휘하라. - 의리만 믿고 함부로 보증을 서주거나 싸우면 큰 화를 당한다.
  - 과유불급過猶不及: 지나친 것은 모자라는 것과 같다.

제54절 인과응보因果應報, punitive justice, 업業, Karma

　우리가 경험하는 모든 일은 원인에 따른 결과이며 이 결과는 또 다른 결과의 원인이 된다. 향 싼 종이에서는 향내 나고 생선 싼 종이에서는 생선 냄새가 나며 콩 심은 데 콩 나고 팥 심은 데 팥 나며 선인선과善人善果, 악인악과惡因惡果의 법칙은 피할 수 없는 원리다.

　업業은 습관의 에너지가 뭉친 것이다. 우리가 어떤 사고나 행동을 반복하면 정신적·육체적 습관이 되어 똑같이 반복할 가능성이 커지는데 이처럼 사고와 행동이 업業을 만들고, 이 업業이 자신의 길을 만들고 수많은 환생을 만들어낸다.

　인간이 받는 고통과 불행, 행복, 만족스러운 삶은 과거의 생 또는 현재의 생에서 저지른 잘못의 결과이다. 즉, 인간의 고통은 신神 등의 외부적 요인에 의한 것이 아니라 자신에서 근거하는 것이다.

　붓다는 신에게 제사 드리는 것보다 선한 행위를 하는 것이 행복을 준다고 하였으며 누구에게나 불성佛性이 있고 인간은 누구나 스스로 자신의 삶을 꾸려나갈 능력이 있으므로 누구에게도 의지하지 말고 스스로 수행하여 깨닫고 베푸는 삶을 살아야 한다고 하였다.

....

- 붓다는 계급은 신에 의해 결정된다는 카스트제도, 신들을 기쁘게 하기 위해 살생으로 제물을 바치는 희생제의에 반대하고 그럴 여력이 있으면 남에게 보시布施, dana, buddhist alms하는 것이 낫다고 하였다.

- 관련 고사성어
  - 화복무문禍福無門 - 화와 복은 들어오는 문이 따로 없다. 내가 불러들일 뿐이다.
    하늘을 원망하지 말고(불원천, 不怨天), 사람을 탓하지 말라(불우인, 不尤人).
  - 천망회회天網恢恢, 소이불실疎而不失 - 하늘의 그물은 성기지만 하나도 놓치는 것이 없다(노자는 하늘의 법칙 - 천도天道 - 은 인간 사회에서도 빈틈없이 적용되고 있으며 누구도 그것으로부터 벗어날 수 없다고 하였다).

....

제55절 빈자일등貧者─燈,
a widow's mite

　붓다가 밤에 지나갈 때 사람들은 저마다 좋은 기름을 구해서 등을 밝혔다. 시간이 지나자 등이 하나둘씩 꺼졌으나 오랫동안 꺼지지 않고 있는 환한 등이 하나 있었다.

　그것은 향기나는 좋은 기름으로 만든 등이 아니라 가난한 노인의 등이었다.

　그것은 어려운 형편이지만 자신이 할 수 있는 최선을 다한 것이었으며 무엇보다 진심이 담겨있는 등이었기 때문에 오래오래 빛날 수 있었던 것이다.

- 양나라의 무제는 달마에게 자신이 무수히 많은 절을 짓고, 경전을 만들었으며, 수많은 공양을 하였으니 공덕이 얼마나 되느냐고 물었다. 이에 대해 달마는 아무런 공덕이 없다고 하였다. 순수한 마음에서가 아니라 자신의 이름을 드러내려는 욕심에서 나온 행동, 자아에 집착하고 자신을 뽐내고자 하는, 스스로 높아지려는 교만에서 나온 행동은 공덕이 없다는 것이다.

- 진실한 공덕이란 아집도 없고, 내 것이라는 집착도 없는 순수한 마음으로 진심을 담아, 자신이 할 수 있는 최선을 다한 것이어야 한다.

- 진정한 보시布施(베푸는 것)는 순수한 마음에서 우러나온 것으로, 보시를 행하면서도 선행(공덕)에 집착하지 않고 그 대가를 바라지 않는 무주상보시無住相布施여야 한다. 기부나 봉사를 할 때도 이 같은 정신으로 해야 한다.

제56절 보살菩薩,
bodhisattva, buddhist saint

보살bodhisattva은 보디bodhi(깨달음)와 사트바sattva(중생)를 합한 말로서 깨달음을 얻은 중생, 깨달음을 추구하는 중생이라는 뜻이다.

보살은 위로는 진리를 추구하고(상구보리, 上求菩提) 아래로는 중생을 제도하려는 노력(하화중생, 下化衆生)을 하는 사람으로서 중생을 구하고자 자신을 희생하고 자비를 베푸는 사람이다.

• 예수는 위로는 하나님을 사랑하고 아래로는 이웃을 내 몸과 같이 사랑하라고 하였는데 예수의 사랑의 율법은 보살의 정신과 통한다.

보살은 다음과 같은 6바라밀(바라밀波羅蜜, paramita - 완성을 위한 노력)을 실천함으로써 궁극의 깨달음을 얻을 수 있다.

○ 보시布施: 베푸는 것
○ 지계持戒: 계율을 지키는 것
○ 인욕忍辱: 욕된 일을 참고 자비를 베푸는 것
○ 정진精進: 깨달음을 얻기 위한 노력
○ 선정禪定: 마음을 가다듬고 정신을 통일하여 번뇌를 끊고 진리를 깊이 생각함
○ 반야般若: 사물에 집착하지 않고 차별하지 않는 지혜

중생의 괴로움이 있는 한 보살은 괴로움에서 벗어날 수 없다. 보살의 진정한 가치는 중생 속에 뛰어들어 그들과 동고동락하면서 중생을 인도하는 데 있다.

보살은 깨달음의 세계에 도달하였다 하여도 그곳에 머물지 않고 연꽃이 되기

위해 스스로 진흙이 되고자 하는 사람이며 그러기 위해서는 연꽃의 뿌리처럼 진흙(중생) 속에 깊이 뿌리를 박아 중생을 깨달음으로 인도하고자 한다.

보살은 특별히 선택된 사람이 아니라 마음의 눈을 떠, 자신보다는 먼저 다른 사람을 위하고자 하는 사람, 다른 사람의 행복을 우선으로 생각하는 수행자이며 바라밀을 통하여 자비를 실천하고 반야般若(지혜)의 세계로 나아가는 자이다.